CÓDIGO DE PROCESSO CIVIL COMENTADO

V. 1

Arts. 1º a 69

LÚCIO DELFINO

Prefácio
Eduardo José da Fonseca Costa

CÓDIGO DE PROCESSO CIVIL COMENTADO

V. 1

Arts. 1º a 69

2ª reimpressão

Belo Horizonte

FÓRUM
CONHECIMENTO JURÍDICO

2022

2021 1ª Reimpressão
2022 2ª Reimpressão

FORUM
CONHECIMENTO JURÍDICO

Luís Cláudio Rodrigues Ferreira
Presidente e Editor

Coordenação editorial: Leonardo Eustáquio Siqueira Araújo
Aline Sobreira de Oliveira

Rua Paulo Ribeiro Bastos, 211 – Jardim Atlântico – CEP 31710-430
Belo Horizonte – Minas Gerais – Tel.: (31) 2121.4900
www.editoraforum.com.br – editoraforum@editoraforum.com.br

Técnica. Empenho. Zelo. Esses foram alguns dos cuidados aplicados na edição desta obra. No entanto, podem ocorrer erros de impressão, digitação ou mesmo restar alguma dúvida conceitual. Caso se constate algo assim, solicitamos a gentileza de nos comunicar através do *e-mail* editorial@editoraforum.com.br para que possamos esclarecer, no que couber. A sua contribuição é muito importante para mantermos a excelência editorial. A Editora Fórum agradece a sua contribuição.

Dados Internacionais de Catalogação na Publicação (CIP) de acordo com a AACR2

D313c Delfino, Lúcio
Código de Processo Civil Comentado/ Lúcio Delfino. 2. Reimpressão.– Belo Horizonte : Fórum, 2020.

314p.; 14,5cm x 21,5cm
v. 1. Arts. 1º ao 69

ISBN: 978-85-450-0767-8

1. Direito Processual Civil. 2. Direito Constitucional. 3. Direito Público. I. Título.

CDD 341.46
CDU 347

Elaborado por Daniela Lopes Duarte - CRB-6/3500

Informação bibliográfica deste livro, conforme a NBR 6023:2018 da Associação Brasileira de Normas Técnicas (ABNT):

DELFINO, Lúcio. *Código de Processo Civil Comentado*. 2. Reimpr. Belo Horizonte: Fórum, 2020. 314 p. (v. 1: Arts. 1º ao 69). ISBN 978-85-450-0767-8.

Sempre a você, papai; sobretudo a você.

Obrigado!

A opinião é segregada pela vontade; não vem do conhecimento mas de um apetite. O mecanismo da opinião pode ser descrito como uma interposição da vontade entre a inteligência e o objeto. A justa proporção com o objeto fica prejudicada, só podendo existir quando a inteligência está em livre confronto com o objeto, isto é, na contemplação. Gostaria de tornar bem clara a imensa gravidade dêsse problema e a importância vital do restabelecimento, na estrutura de nossa pessoa, dêsse respeito pelo objeto, dessa abertura para fora pela qual tanto a inteligência como a vontade, a boa vontade, aspiram à suma objetividade. O grande desvio do pensamento moderno tem origem nessa inversão interior, pela qual a vontade se arroga um direito de conquista onde somente à inteligência cabe o primado. Todos nós, mais ou menos europeus, estamos impregnados de idealismo filosófico até a medula dos ossos, estamos convencidos que nossa dignidade mais alta reside nesse subjetivismo obstinado que tenta reduzir todas as coisas do céu e da terra a meia dúzia de opiniões. Muita gente pensa que isso é grandeza e marca de caráter e que a personalidade humana se define por esse fechamento diante dos objetos e se engrandece por essa deformação interior. Diante dos objetos mais simples o homem liberal, que agasalha suas opiniões, que desconfia de tudo que não seja o morno recôncavo de sua interioridade, cai em guarda numa posição crispada; a vontade mete-se de permeio entre a porta dos sentidos e a inteligência, e como o seu cominho é mais curto, ou porque seja ela mais ágil, sua sugestão chega antes do conceito e gera o preconceito. A inteligência perde a liberdade e a vontade então convence o sujeito que êle é um livre-pensador. É nessa questão nevrálgica da liberdade que a vontade mais se excita, e, no diálogo interior, clama que lhe pertence exclusivamente a decisão nessa matéria. Como na vida exterior vive sendo ofendida, esbarrando, chocando-se, atritando-se, a vontade procura se desforrar e volta-se para dentro. Volta-se contra o próprio sujeito, enrola-se no cerne nobre da pessoa e morde a inteligência. A liberdade voluntariosa, nascida no conflito com as objetividades, substitui a liberdade ontológica que tem raiz na adequação entre a inteligência e o ser. O primado da inteligência é usurpado, e então, em vez do reto juízo, nasce a opinião.

(CORÇÃO, Gustavo. *A descoberta do outro*. 4. ed. Rio de Janeiro: Livraria Agir Editora, 1952. p. 66-67)

LISTA DE SIGLAS E ABREVIATURAS

ABDPro	Associação Brasileira de Direito Processual
AC	Apelação cível
ADC	Ação Declaratória de Constitucionalidade
ADCT	Ato das Disposições Constitucionais Transitórias
ADI	Ação Direta de Inconstitucionalidade
ADPF	Arguição de Descumprimento de Preceito Fundamental
Ag	Agravo
AgIn no REsp	Agravo interno no recurso especial
AgRg no Ag	Agravo regimental no agravo de instrumento
AgRg no AREsp	Agravo regimental no agravo em recurso especial
AgRg nos EREsp	Agravo regimental nos embargos de divergência em recurso especial
AgRg no RE	Agravo regimental em recurso extraordinário
AGU	Advocacia-Geral da União
art.	artigo
arts.	artigos
CADH	Convenção Americana de Direitos Humanos
CC	Conflito de Competência
CF/88	Constituição Federal de 1988
c/c	combinado com
cf.	conforme
CDC	Código de Defesa do Consumidor
CEPAJ	Centro de Estudos e Promoção ao Acesso à Justiça
CLT	Consolidação das Leis do Trabalho
CNJ	Conselho Nacional de Justiça
CPC/1939	Código de Processo Civil de 1939
CPC/1973	Código de Processo Civil de 1973
CPC/2015	Código de Processo Civil de 2015
CP	Código Penal
CPP	Código de Processo Penal
Des.	Desembargador
DJe	Diário do Judiciário Eletrônico
EDcl	Embargos de Declaração
EI	Embargos Infringentes
EId	Estatuto do Idoso
ENFAM	Escola Nacional de Formação e Aperfeiçoamento de Magistrados
HC	*Habeas Corpus*
HD	*Habeas Data*
IAB	Instituto dos Advogados Brasileiros
IAMG	Instituto dos Advogados de Minas Gerais
IIDP	*Instituto Iberoamericano de Derecho Procesal*
Inf. STF	Informativo STF
Inf. STJ	Informativo STJ
IPDP	*Instituto Panamericano de Derecho Procesal*

IRDR	Incidente de Resolução de Demandas Repetitivas
IUJur	Incidente de Uniformização de Jurisprudência
LC	Lei Complementar
LINDB	Lei de Introdução às Normas do Direito Brasileiro
Min.	Ministro
MP	Ministério Público
MS	Mandado de Segurança
n.	Número
p.	página
pp.	páginas
p. ex.	por exemplo
RAM	Revista de Arbitragem e Mediação
RBDF	Revista Brasileira de Direito de Família
RBDFS	Revista Brasileira de Direito das Famílias e Sucessões
RBDPro	Revista Brasileira de Direito Processual
Rcl	Reclamação
RDDP	Revista Dialética de Direito Processual
RDP	Revista de Direito Público
RDL	Revista Direito e Liberdade
RE	Recurso extraordinário
REDP	Revista Eletrônica de Direito Processual
rel.	Relator
RDFJ	Revista Direitos Fundamentais & Justiça
RePro	Revista de Processo
REPC	Revista Eletrônica de Processo Coletivo
REsp	Recurso especial
RHC	Recurso Ordinário em *Habeas Corpus*
RISTJ	Regimento Interno do STJ
RISTF	Regimento Interno do STF
RJ	Revista Jurídica (Ed. Notadez)
RLDP	*Revista Latinoamericana de Derecho Procesal*
RMDCPC	Revista Magister de Direito Civil e Processual Civil
RMS	Recurso em Mandado de Segurança
RO	Recurso Ordinário
ROHD	Recurso Ordinário em *Habeas Data*
SEC	Sentença Estrangeira Contestada
segs.	seguintes
STF	Supremo Tribunal Federal
STJ	Superior Tribunal de Justiça
TJDF	Tribunal de Justiça do Distrito Federal
TJMG	Tribunal de Justiça de Minas Gerais
TJPR	Tribunal de Justiça do Paraná
TJRJ	Tribunal de Justiça do Rio de Janeiro
TJSC	Tribunal de Justiça de Santa Catarina
TRF	Tribunal Regional Federal
TST	Tribunal Superior do Trabalho
v.	veja
v.g.	*verbi gratia*
vide	verificar

SUMÁRIO

PREFÁCIO

Comentários constituem importante gênero jurídico-literário. Costumam trazer anotações interpretativas à margem de cada um dos dispositivos que compõem um código ou uma lei de alta relevância social. Elas partem de um arcaboiço metodológico-conceitual para subsidiar os práticos. Daí por que mal servem aos estudantes. A partir de comentários não se aprende uma disciplina inteira. Não têm finalidade propedêutica. São analítico-hermenêuticos na estrutura e essencialmente pragmático-acionais na função. Socorrem no cotidiano quem enfrenta problemas concretos ao redor de dispositivos específicos. São, enfim, livros de consulta profissional. É inegável que determinados comentários se tornaram autênticos monumentos doutrinários, que encerram todo um sistema de pensamento dogmático (ex.: *Comentários ao Código Penal*, de Nelson Hungria; *Comentários ao Código de Processo Civil*, de Pontes de Miranda; *Comentários à Lei de Falências*, de Trajano de Miranda Valverde; *Código de Processo Penal Brasileiro Anotado*, de Eduardo Espínola Filho). Todavia, a excelência da estruturação não apaga a força da finalidade. No Brasil recente, porém, o comentarismo decaiu. É gênero sem a viveza de outrora. Por força da sanha editorial, precipitam-se comentários multiautorais tão logo publicado o texto de lei a comentar-se. O produto não poderia ser outro: coletâneas constitutivamente heterogêneas de primeiras impressões *ad hoc*. Essa tem sido, aliás, a feição da maioria dos comentários ao CPC de 2015. No entanto, não se comenta com apuramento um código procedimental ainda casto. É preciso sujeitá-lo a meditação cuidadosa, experimentação forense, comparação com sistemas estrangeiros, controle de constitucionalidade e imersão na tradição histórico-legislativa. Mais: é preciso compreender [= «co-apreender»] epistemologicamente todos esses aspectos à luz de um sistema unívoco de pensamento dogmático. Eu mesmo – que participei de algumas obras coletivas sobre o CPC – ignorei parte dessas exigências; logo, renego parte do que escrevi. Sou grato a quem me convidou, mas cônscio de que não trabalhei bem. Ademais, o pensamento garantista – hoje minha profissão de fé – ainda não se assentara em mim. Por isso, só após quatro anos de vigência podem aflorar valiosos comentários ao novo Código. É o caso desta obra de Lúcio Delfino. E as razões são várias. O espírito *analítico* do autor lhe foi transmitido pelo doutorado na PUC-SP sob a orientação do Professor Donaldo Armelin; o espírito *hermenêutico*, pelo pós-doutorado na UNISINOS sob a orientação do Professor Lenio Streck; a espírito *pragmático*, pela intensa advocacia em Uberaba/MG sob a orientação de seu pai, o grande advogado Dr. Claudiovir Delfino; o pendor *garantista*, pelo mestrado na Universidade Nacional de Rosário (Argentina) sob a orientação do Professor Alvarado Velloso; o temperamento *humilde, discreto, suave, simpático* e *conciliador*, pelas mãos prodigiosas e carinhosas de sua querida mãe, Dona Alda Dias Delfino. E dessa síntese encantadora surge um homem de personalidade comovente, que nasceu fadado a se casar com Michelle, a ser o pai de Benício e Sofia, a fazer uma imensidão de amigos e a protagonizar marcos importantes da história jurídica contemporânea. Relançou a *Revista Brasileira de Direito Processual – RBDPro*, dela fazendo o mais bem avaliado periódico processualístico brasileiro. Reascendeu a Escola Processual do Triângulo Mineiro, ladeando nomes como Edson Prata, Ronaldo Cunha Campos e Jacy de Assis. É um dos coordenadores do Congresso de Direito Processual de Uberaba, que em 2019 teve a sua 12ª edição e é um dos principais eventos do calendário jurídico nacional. É Membro Fundador e, pela segunda vez consecutiva, Diretor de Publicações da Associação Brasileira de Direito Processual – ABDPro. E, com todo esse cabedal humano e intelectual, teve a sábia paciência de esperar o momento adequado para dar a lume seus comentários ao CPC de 2015. Trata-se, no Brasil, dos primeiros comentários *garantistas* a um código. Neles, cada linha teve cozimento brando e refletido. Nada se preparou de afogadilho. É livro de quem não tem pressa, mas não tem tempo a perder. É, enfim, livro de maturidade. Das páginas aos olhos salta o movimento circular que Lúcio empreendeu ao seu pensar. Divisam-se os lanços doutrinários perfazendo-se sem atalhos, dentro de uma comedida demora, a partir de uma circum-abrangência dinâmica, que criticamente revolve Constituição, leis, doutrina e jurisprudência sob a convicção resoluta de que o processo é garantia do cidadão, não instrumento do Estado. Também se divisa uma obra excepcional, à qual o autor – com a quietude e o labor que o notabilizam – saberá imprimir as lentas, contínuas e inevitáveis reestruturações, correções, integrações e atualizações. Afinal, o CPC é só o retrato pálido de um sistema procedimental civil vivo e pulsante. Lúcio nasceu com a vocação mineira para a Liberdade. Não sem razão, é dos melhores garantistas desta Nação. E, como gente de Minas, avista os problemas do processo sempre do alto e do centro. Decerto há um Alguém que o predestinou a grandes feitos. E estes *Comentários* confirmam a sina feliz do seu grande autor.

Ribeirão Preto, fevereiro de 2019.

Eduardo José da Fonseca Costa
Juiz Federal em Ribeirão Preto/SP. Bacharel pela USP. Especialista, Mestre e Doutor pela PUC-SP. Membro Fundador e ex-Presidente da Associação Brasileira de Direito Processual (triênio 2016-2018). Diretor da *Revista Brasileira de Direito Processual – RBDPro*. Membro do Instituto Pan-Americano de Direito Processual.

APRESENTAÇÃO

A ideia de produzir uma obra como esta persegue-me desde há muito. Desejava examinar, de pouco em pouco, os dispositivos que compõem a lei geral de procedimentos civis e dedicar a cada um descrições, respostas aos problemas que deixam em aberto e mesmo elogios e críticas, sempre de maneira objetiva, mas sem cair em superficialidades.

Nada criativo ou inovador. Era só o vislumbre de um projeto que pudesse me ajudar a avançar em meus próprios estudos, no aprofundamento da pesquisa sobre os temas envolvidos e, quem sabe, trazer uma e outra contribuição.

Foi com a publicação da Lei nº 13.105, de 16 de março de 2015 (Código de Processo Civil), que a escrita se principiou, alavancada pelas análises que me vi compelido a fazer por exigência da advocacia e até para enfrentar a imensidão de palestras e cursos que pululavam àquele tempo. Já me sentia mais maduro intelectualmente e tinha como poderosa aliada a experiência na lida forense que se acumulou durante mais de duas dezenas de intensa atividade.

Pois uma coisa levou a outra, o empreendimento foi ganhando corpo e hoje inicia-se com este primeiro livro que inaugura uma série de tantos outros cuja elaboração já sigo paulatinamente desenvolvendo. Aqui, neste volume, apresento o resultado do exame dos dispositivos legais que tratam das *normas fundamentais do direito processual, da aplicação das normas processuais, dos limites da atividade jurisdicional, da cooperação internacional, da competência e da sua modificação, da incompetência* e *da cooperação nacional*.

Sou adepto do *garantismo processual*, sendo natural que cada página já escrita e as que virão na sequência tragam essa marca, ou seja, tem-se aí certamente o fio condutor e unificador do trabalho em sua inteireza. Não quer isso significar, porém, um impeditivo para que referências e citações sejam feitas às muitas obras e artigos concebidos por partidários de outras linhas teóricas, pois não é incomum que estudiosos com visões díspares acabem por atingir, em suas análises, respostas exegéticas idênticas ou bem semelhantes.

De outro lado, alusões a outras produções intelectuais são necessárias não apenas com o intuito de reforçar posicionamentos, senão ainda para fins de diálogo. Afinal de contas, não se pode esquecer que a boa ciência é construída pela via do contraditório, de modo que as críticas são absolutamente necessárias. Sem elas não se evolui, a miopia não é corrigida, os erros naturalizam-se e atingem *status* de verdade, o que, no âmbito jurídico, é demasiado ruim em vista das consequências práticas que o direito impinge à vida dos indivíduos.

Nota final: não se despreze que a doutrina tem inegável importância por dar concretude à voz dos juristas, expandindo seu alcance para coadjuvar a solução dos inúmeros problemas técnico-jurídicos com os quais se deparam os profissionais que lidam com o sistema de justiça. Longe de representar mero verniz subserviente à jurisprudência, deve ser produzida sobretudo em atenção ao seu papel crítico-fiscalizador, apontando erros e mostrando o bom caminho.

Contudo, o doutrinador precisa alimentar em si o hábito do autopoliciamento para não se lhe atribuir função que não tem. A matéria-prima com a qual trabalha é o ordenamento jurídico, é dele que extrai, *em respeito às conexões sistêmicas possíveis e aos marcos semânticos*, suas descrições e impressões. É claro que pode censurar regras mal formuladas, apontar seus equívocos e, mormente, sugerir alternativas em auxílio a uma possível reforma legislativa. Sob nenhuma circunstância, no entanto, deve confundir o *de lege lata* com o *de lege ferenda*, *aquilo-que-é* com *o-que-idealmente-deve-ser*, ou seja, colocar de escanteio o empreendimento interpretativo para se arvorar, *sem ter legitimidade para tanto*, numa tarefa inventiva que não raro vai de encontro à própria legislatura. Tão ruim quanto o ativismo judicial é igualmente o ativismo doutrinário, até porque o último, fruto da mente de autoridades intelectuais, serve de fomento ao primeiro, a ponto de corroborar para o atual estado de desdém ao direito posto e de esquizofrenia decisória, em favor de mais insegurança e imprevisibilidade.

A *farra principiológica*, que tem feito da interpretação mais criação que operação cognitiva, utilizada como fundamento para alforriar o aplicador-intérprete dos pesados e indispensáveis vínculos que lhe impõem a legalidade, é uma empresa antidemocrática e antirrepublicana, cujos *pés de barro* estão afundados num mar de lamaçal metafísico, pois insiste em apostar na figura fictícia de um aplicador super-humano, sensivelmente apto a captar de modo objetivo fatos sociais prevalecentes, princípios de justiça, valores morais superiores e linhas vetoriais de equidade e razoabilidade. Um *conto de fadas* de gosto duvidoso, com bases teóricas anêmicas, que precisa ser denunciado e combatido vigorosamente pela doutrina, jamais idealizado como solução miraculosa para as mazelas enfrentadas pelo sistema judiciário.

O leitor tem em mãos um trabalho *permanentemente* inacabado porque "vivo", sujeito a erros, mudanças de entendimento, atualizações intermináveis e avanços reflexivos, que leva em consideração os influxos da doutrina e resultados da práxis dos tribunais, dependente, para seu próprio aperfeiçoamento, de novas e continuadas edições. Oxalá que possa atingir seu público-alvo e ajudá-lo de alguma maneira!

Uberaba, 12 de fevereiro de 2020.

PARTE GERAL

Livro I

DAS NORMAS PROCESSUAIS CIVIS

Título Único

DAS NORMAS FUNDAMENTAIS E DA APLICAÇÃO DAS NORMAS PROCESSUAIS

Capítulo I

DAS NORMAS FUNDAMENTAIS DO PROCESSO CIVIL

Art. 1º O processo civil será ordenado, disciplinado e interpretado conforme os valores e as normas fundamentais estabelecidos na Constituição da República Federativa do Brasil, observando-se as disposições deste Código.

Correspondente

Não há correspondência no CPC/1973.

Estruturação: o CPC/2015 está estruturado em três seguimentos: *Parte Geral* (Das Normas Processuais Civis; Da Função Jurisdicional; Dos Sujeitos do Processo; Dos Atos Processuais; Da Tutela Provisória; Formação, Suspensão e Extinção do Processo), *Parte Especial* (Do Processo de Conhecimento e do Cumprimento de Sentença; Do Processo de Execução; Dos Processos nos Tribunais e Dos Meios de Impugnação das Decisões Judiciais) e *Livro Complementar* (Das Disposições Finais e Transitórias). Merece destaque o Capítulo I da Parte Geral, intitulado *Das Normas Fundamentais do Processo Civil*, por trazer um elenco de comandos legais cuja índole é constitucional e que se interligam e dialogam com todo o sistema procedimental-jurisdicional-processual positivado (CPC/2015 e legislações processuais extravagantes), novidade por tempos clamada pela doutrina, como verificado, por exemplo, em escritos de Egas Dirceu Moniz de Aragão e José Carlos Barbosa Moreira.

Parte Geral: a doutrina, desde há muito, censura parcela do arranjo estrutural eleito para o CPC/1973, em específico por prescindir de regramento sistematizador de todo o universo legislativo *procedimental, jurisdicional* e *processual*. O CPC/2015 veio ao encontro dessas críticas e trouxe, em seu bojo, uma Parte Geral, constituída por doze artigos, situados no Capítulo I (Das Normas Fundamentais do Processo Civil) do Título Único (Das Normas Fundamentais e da Aplicação das Normas Processuais) do Livro I (Das Normas Processuais Civis). Deu-se vazão, portanto, a uma preocupação metodológica que, no campo científico e prático, serve de orientação para o trabalho de compreensão, intepretação e aplicação do direito positivado.

Problemas estruturais: o Livro I, que abre o CPC/2015, intitula-se Das Normas Processuais Civis e se constitui de um Título Único dedicado à tratativa Das Normas Fundamentais do Processo Civil (Capítulo I) e Da Aplicação das Normas Processuais (Capítulo II). Há, porém, problemas estruturais nesse Título Único, mormente no elenco de *normas fundamentais*: i) há nele dispositivos legais que não comportam o rótulo "fundamental" (por exemplo, os arts. 6º e 12); e ii) nem todas as normas fundamentais do processo encontram-se elencadas no Capítulo I, algumas estando espraiadas em partes distintas do CPC/2015, enquanto outras – *positivadas na Constituição e em tratados internacionais* – sequer foram reproduzidas na Codificação. O rol, portanto, não é taxativo.

Constitucionalismo e devido processo legal: o art. 1º do CPC/2015 (re)afirma o óbvio – *e o faz com algum equívoco (vide comentários a seguir)*. Lendo-o percebe-se que se circunscreve a explicitar o pressuposto da supremacia constitucional frente às inúmeras outras leis vigentes no país. *E, por ser redundante, é até dispensável.* No entanto, tem ele serventia por marcar o "lugar da fala", além de exibir forte simbolismo. Realça que se vive no Brasil sob o paradigma de um Estado Democrático de Direito e, não menos importante, evidencia a ideia de *legalidade constitucionalizada*. Especificamente naquilo que interessa ao direito processual: o art. 1º ratifica que o processo (= devido processo legal) se traduz numa *garantia* do cidadão (= garantia fundamental contrajurisdicional), cujo papel se volta ao controle de eventuais excessos e abusos praticados pela autoridade estatal responsável pelo exercício do poder jurisdicional. Nas palavras de Eduardo José da Fonseca Costa, processo é *instituição de garantia* e, por tal razão, está a serviço dos jurisdicionados, *não é instrumento do poder jurisdicional* (FONSECA COSTA, Eduardo José da. O processo como instituição de garantia. *Revista Consultor Jurídico*, 16 nov. 2016. Disponível em: www.conjur.com.br. Acesso em: 12 dez. 2017.). *Sobre as inconstitucionalidades que assolam o CPC/2015*, consultar: CARVALHO DIAS, Ronaldo Brêtas de. O "indevido processo legal" no Código de Processo Civil. *Revista Brasileira de Direito Processual – RBDPro*, Belo Horizonte, ano 27, n. 106, pp. 299-313, abr./jun. 2019.

Desprestígio ao devido processo legal: as *Normas Fundamentais do Processo Civil* nada mais fazem – ao menos aquelas que genuinamente são garantias fundamentais processuais – que conferir *densidade* ao devido processo legal (= instituição de garantia contrajurisdicional). Há um gravíssimo vezo no domínio do direito processual, notabilizado por uma espécie de miscelânea retórico-argumentativa cada vez mais comum hodiernamente. É que a construção teórica e legislativa segue sendo forjada segundo miradas compromissadas, sobretudo com o *empoderamento do poder jurisdicional*, amiúde em desprezo à gênese que caracteriza mais de perto a instituição que é o *processo*. O estrago causado por esse tipo de postura metodológica tem se pronunciado dia a dia na praxe forense e ajuda a desvelar por qual razão o direito é cotidianamente depredado por arbitrariedades de toda sorte. Não que seja uma obviedade facilmente percebível, pois desponta apenas a partir de um doloroso e firme empenho de *des-vivicação* da própria experiência de mundo na qual todos os viventes estão mergulhados. Por aqui, há tempos, o *paroquialismo doutrinário* fez soberano o ensino do direito processual, encimado em bases *publicistas* (ou *hiperpublicistas*), cujas elaborações teórico-conceituais privilegiam exatamente uma compreensão que prima a jurisdição pela superioridade. A diluição do *processual* pelo *jurisdicional* é um fenômeno deveras real – vale dizer, uma promiscuidade oriunda de pré-juízos que se enraizaram na tradição jurídica pela labuta impactante e serial da dogmática durante longo trajeto histórico – *a ponto de fazer com que o processo seja antevisto por uma via de pensamento profundamente aferrada à perspectiva da atividade jurisdicional e dos seus (denominados) escopos sociais, políticos e jurídicos*. *Grosso modo*, ecoa de ponta a ponta no país o mantra: *o processo é de somenos importância, ancilar e subserviente, mero instrumento a serviço da jurisdição*. Bastante elucidativa, por exemplo, a lição dos instrumentalistas, para quem o *centro gravitacional* da teoria do processo seria ocupado pela jurisdição. Dito isso, não se ignore, fruto do gravíssimo fenômeno (= desprezo à substancialidade constitucional do devido processo legal), o sério deslize do legislador ao se referir, no art. 1º do CPC/2015, a processo "civil", ignorando o óbvio, ou seja, "a garantia do processo – que é «devida» e «legal» – não se adjetiva de «civil», «penal comum», «penal militar», «eleitoral», «tributário», «trabalhista» *etc.*; logo os ramos do direito material aplicáveis – em função do qual se constroem os diferentes procedimentos [= corpos] – não interfere no caráter garantístico do processo [= alma]" (FONSECA COSTA, Eduardo José. A natureza jurídica do processo. Empório do Direito. 22 abr. 2019. Disponível em: www.emporiododireito.com.br. Acesso em: 07 nov. 2019). Nesse sentido, conferir ainda: DELFINO, Lúcio. Como construir uma interpretação garantista do processo jurisdicional? *Revista Brasileira de Direito Processual – RBDPro*, Belo Horizonte, ano 25, n. 98, pp. 207-222, abr./jun. 2017.

Processo como instituição de garantia: uma exploração, mesmo que superficial, da Constituição de 1988 é mais que suficiente para identificar a *institucionalidade garantística* como sendo o *ser constitucional* do processo (= devido processo legal). Na lição de Eduardo José da Fonseca Costa: i) processo é *instituição de garantia*, estando a serviço dos jurisdicionados, não é instrumento do poder jurisdicional; ii) enquanto a função da *jurisdição* é aplicar e realizar o direito material, a do *processo* é *garantir* que essa aplicação e realização se façam sem desvios e excessos; iii) o exercício da jurisdição radica no processo, é o último que legitima a primeira, não o contrário. Tanto assim que o processo é tratado no título da Constituição sobre direitos e garantias fundamentais, não nos títulos sobre organização do Estado; iv) processo é instituição de garantia de liberdade, pois regulado no Capítulo I do Título II, que cuida sobretudo dos direitos fundamentais de primeira dimensão. Presta-se, enfim, a resguardar a liberdade das partes em relação ao Estado-Juiz (FONSECA COSTA, Eduardo José da. O processo como instituição de garantia. *Revista Consultor Jurídico*. 16 nov. 2016. Disponível em: www.conjur.com.br. Acesso em: 22 dez. 2019). Sobre o tema, conferir também: FONSECA COSTA, Eduardo José. Notas para uma garantística. *Empório do Direito*. 04 jul. 2018. Disponível em: www.emporiododireito.com.br. Acesso em: 17 dez. 2019; RAMOS, Glauco Gumerato. Garantismo processual em debate. *Empório do Direito*. 25 fev. 2019. Disponível em: www.emporiododireito.com.br. Acesso em: 17 dez. 2019; RAATZ, Igor. O processo como direito fundamental. *Empório do Direito*. 21 out. 2019. Disponível em: www.emporiododireito.com.br. Acesso em: 17 dez. 2019; RAATZ, Igor. A resistência instrumentalista e o surgimento da doutrina brasileira do garantismo processual: uma breve análise em dois atos. *Empório do Direito*. 02 set. 2019. Disponível em: www.emporiododireito.com.br. Acesso em: 17 dez. 2019; ANCHIETA, Natacha. Dimensão político-constitucional do processo. *Empório do Direito*. 04 nov. 2019. Disponível em: www.emporiododireito.com.br. Acesso em: 17 dez. 2019; BARCELLOS PEGINI, Adriana Regina; DELFINO, Lúcio. Reflexões acerca do processo como garantia das garantias. *Empório do Direito*. 14 out. 2019. Disponível em: www.emporiododireito.com.br. Acesso em: 17 dez. 2019; DELFINO, Lúcio. Como construir uma interpretação garantista do processo jurisdicional? *Revista Brasileira de Direito Processual – RBDPro*, Belo Horizonte, ano 25, n. 98, pp. 207-222, abr./jun. 2017; DIETRICH, William Galle. Cultura constitucional em declínio e degradação do processo. *Empório do Direito*. 16 set. 2019. Disponível em: www.emporiododireito.com.br. Acesso em: 17 dez. 2019; CARVALHO FILHO, Antônio. Pequeno manual prático para o debate instrumentalistas (e afins) vs. garantistas. *Empório do Direito*. 08 abr. 2019. Disponível em: www.emporiododireito.com.br. Acesso em: 22 dez. 2019; CARVALHO FILHO, Antônio. Desmistificando o processo justo: pela reconstrução do devido processo legal. *Empório do Direito*. 12 ago. 2019. Disponível em: www.emporiododireito.com.br. Acesso em: 17 dez. 2019; PEREIRA, Mateus Costa. Processualidade, jurisdicionalidade e procedimentalidade (I): algumas reflexões sobre as origens da ciência processual e do paradigma instrumentalista. *Empório do Direito*. 11 mar. 2019. Disponível em: www.emporiododireito.com.br. Acesso em: 17 dez. 2019; ROSSI, Júlio Cesar. O garantismo estrutural. *Empório do Direito*. 27 maio 2019. Disponível em: www.emporiododireito.com.br. Acesso em: 17 dez. 2019.

Devido processo legal e historicidade: *aceitar a importância da jurisdição nos tempos atuais não autoriza o soterramento daquilo que o processo tem de imanente, tampouco permite tratá-lo com inferioridade, em desatenção às suas raízes histórico-positivas e ao sistema de ideias que o apoia.* Muito pelo contrário: a valorização da atividade jurisdicional, com a sua ingerência em uma diversidade de assuntos, exige rigorosas cautelas no seu controle para impedir e debelar abusos – afinal, uma jurisdição mais intervencionista traz consigo o risco de ativismos e decisionismos judiciais, que só fazem sedimentar intepretações afrontosas a regras e princípios constitucionais fundantes, dentre os quais a própria separação de poderes (STRECK, Lenio Luiz. *Jurisdição constitucional e decisão judicial*. 3. ed. São Paulo: Revista dos Tribunais, 2013. pp. 113-118). Em poucas palavras: se é inegável o fato de que a Constituição de 1988 confiou especial relevo à jurisdição no Estado Democrático de Direito, é igualmente notório o destaque não menos relevante que também atribuiu ao *processo devido*. Mais: pensar *ontologicamente* o processo implica um necessário recuo na tradição em busca de suas origens. A *chave* está em investigar, em sua alvorada, o devido processo legal, previsto na Constituição de 1988 entre os direitos e garantias individuais e coletivos, matriz fundante do processo em particular e da ciência processual de maneira geral. A ideia, envolta no *due process of law*, surgiu com a *Magna Carta Libertatum*, outorgada em 1215 pelo rei João "Sem Terra". A expressão, porém, só mais tarde veio a ser cunhada, utilizada primeiramente no ano 1354, na Cláusula 3 do 28 Estatuto de Eduardo III, na qual se lia que "*no man of what state or condition he be, shall be put out of his lands or tenements nor taken, nor disinherited, nor put to death, without he be brought to answer by due process of law*" (ARRUDA ALVIM, Eduardo; KRUGER THAMAY, Rennan Faria; GRANADO, Daniel Willian. *Processo constitucional*. São Paulo: Revista dos Tribunais, 2014. p. 25). Avançando: conquanto de origem anglo-saxã, o aperfeiçoamento do devido processo legal deu-se na América do Norte, na emergência do fenômeno de constitucionalização dos direitos humanos ali ocorrido, tendo sido inserido na Quinta (1791) e Décima Quarta (1868) Emendas da Constituição dos Estados Unidos, cujas redações serviram de modelo para a Constituição Federal de 1988. *Importa aqui o fato de que o due process ganhou força num contexto político-ideológico inegavelmente liberal, pois compromissado quer com a limitação das ações estatais, quer com o reforço da lei como ordem geral e abstrata*. Vale dizer, o motor ideológico tinha por matriz direitos fundamentais de resistência (= primeira dimensão), fruto das revoluções liberais francesa e norte-americana, por meio das quais a burguesia reivindicava o respeito às liberdades individuais e consequentes limitações aos poderes até então absolutos do Estado. Nessa fase inaugural do constitucionalismo ocidental, ansiava-se por pretensões de caráter negativo, cujos titulares eram os indivíduos. Na contemporaneidade, sabidamente o devido processo é encarado não apenas em sua perspectiva procedimental (*procedural due process of law*), mas também sob um viés substantivo (*substantive due process of law*). Esse sentido foi alavancado nos Estados Unidos em 1798, no caso Calder *vs.* Bull, firmando-se o entendimento de que atos normativos, legislativos ou administrativos, que ferissem direitos fundamentais ofenderiam por conseguinte o devido processo legal, a demonstrar que o princípio tem aplicabilidade também fora dos limites processuais (ARRUDA ALVIM, Eduardo; KRUGER THAMAY, Rennan Faria; GRANADO, Daniel Willian. *Processo constitucional*. São Paulo: Revista dos Tribunais, 2014. p. 28). De um lado, salvaguarda direitos fundamentais no âmbito do procedimento (contraditório, ampla defesa, direito à defesa técnica, isonomia, fundamentação e publicidade das decisões judiciais, entre outros); de outro, revela a segurança de que os direitos fundamentais do indivíduo jamais serão violentados pelo ente estatal ou por quem quer que seja. Enfim, é preciso ter claro que o devido processo legal – ou, como preferem alguns, o *processo legal devido* – apresenta, *em sua identidade essencial*, o papel garantístico de preservação da liberdade do cidadão; assim foi outrora e permanece sendo ainda hoje, mesmo diante dos influxos evolutivos que recebeu ao longo das quadras pelas quais perpassou a história. Sobre o tema, conferir: FONSECA COSTA, Eduardo José da. O processo como instituição de garantia. *Revista Consultor Jurídico*. 16 nov. 2016. Disponível em: www.conjur.com.br. Acesso em: 22 dez. 2019; FONSECA COSTA, Eduardo José. Notas para uma garantística. *Empório do Direito*. 04 jul. 2018. Disponível em: www.emporiododireito. Acesso em: 25 jan. 2020; RAATZ, Igor. O processo como direito fundamental. *Empório do Direito*. 21 out. 2019. Disponível em: www.emporiododireito.com.br. Acesso em: 25 jan. 2020; DELFINO, Lúcio. Como construir uma interpretação garantista do processo jurisdicional? *Revista Brasileira de Direito Processual – RBDPro*, Belo Horizonte, ano 25, n. 98, pp. 207-222, abr./jun. 2017; DALLA BARBA, Rafael Giorgio. Se o processo é uma garantia de liberdade, ele é um direito de defesa. *Empório do Direito*. 27 jan. 2020. Disponível em: www.emporiododireito.com.br. Acesso em: 07 fev. 2020.

O uso da expressão *normas*: o legislador do CPC/2015 optou por empregar a expressão *normas* de maneira mais ortodoxa, sem se preocupar em ajustar sua linguagem à parcela do pensamento jurídico idealizado e desenvolvido a partir da segunda metade do século passado, e com razoável aceitação pela doutrina nacional e estrangeira. A alusão é respeitante à *diferença* entre *texto* e *norma*, contribuição sobranceira de Friedrich Müller: i) o *texto da norma* (programa da norma) decorre do direito posto, está calcado e se expressa nas diversas fontes normativas vigentes (Constituição, leis, enunciados vinculativos, tratados internacionais); ii) já a *norma* (normatividade) é oriunda da interpretação e aplicação do *texto da norma* e refere-se ao sentido dele, cuja aferição leva também em consideração dados da realidade (*âmbito da norma*). O *programa da norma* é ponto de largada, a ser observado juntamente com o *âmbito da norma*, para se atingir a *normatividade* (MÜLLER, Friedrich. *Teoria Estruturante do Direito*. v. I. 3. ed. São Paulo: Revista dos Tribunais, 2011. pp. 145-214). *Enfim, o legislador do CPC/2015 empregou a palavra norma não para indicar normatividade oriunda da intepretação/aplicação de textos legais, e sim puramente com o sentido de programa da norma (texto).*

O uso da expressão *valores*: há expressiva diferença entre *valores* e *normas*. Valores exprimem algo desejável, propósitos ou ideais cuja relevância, em termos subjetivos, pode interessar a um ou mais indivíduos. Ninguém, porém, está obrigado a ajustar suas condutas diante de padrões axiológicos. Valores não são imperativos (= não são deontológicos); sua força é meramente sugestiva. Não há como negar, de todo modo, que o plano valorativo tem importância no *processo legiferante*, vale dizer, naquele momento em que textos legais são gestados e produzidos. Metaforicamente, o Congresso Nacional funciona como espécie de *caldeirão*, que aceita uma diversidade de temperos culturais e ideológicos, e ali cada parlamentar trabalha para que resultados normativos surjam moldados segundo a tonalidade dos valores que representa e defende. Existe, por assim dizer, uma *relação genética* entre *moral* – e outros sistemas normativos, a exemplo da política, costumes, etiqueta, religião, economia – e *direito*. Mas que fique claro: a moral tem potencial para influenciar os rumos do direito em sua criação, mas depois de posto, quando já positivado e integrado no ordenamento jurídico, não se admite a utilização de manancial valorativo com finalidade *corretiva*, devendo o intérprete zelar por uma postura metodológica caracterizada pela *indiferença* (= independência conceitual do direito), o que significa empreender esforços em prol da objetividade e do trabalho descritivo. Parafraseando Dimitri Dimoulis: i) a vinculação do direito à moral amplia o raio de ação dos aparelhos estatais, permitindo que imponham soluções conforme suas ponderações subjetivas; ii) a norma escrita detém capacidade para limitar o poder estatal, ao passo que a moral é plural, vaga, imprecisa e passível de acarretar interpretações casuísticas, a ponto de enfraquecer as garantias jurídicas (DIMOULIS, Dimitri. *Positivismo jurídico*: teoria da validade e da interpretação do direito. 2. ed. Porto Alegre: Editora Livraria do Advogado, 2018. p. 124). Incide em moralismo jurídico quem confunde os planos *ser* (*o-que-de-fato-é-o-direito*) e *dever-ser* (*o-que-deveria-ser-o-direito*). Sobre o tema, consultar: FONSECA COSTA, Eduardo José. O Poder Judiciário diante da soberania popular: o impasse entre a democracia e a aristocracia. *Revista Brasileira de Direito Processual – RBDPro*, Belo Horizonte, ano 27, n. 106, pp. 351-363, abr./jun. 2019; STRECK, Lenio Luiz. *Verdade e Consenso*. 5. ed. São Paulo: Editora Saraiva, 2014; DELFINO, Lúcio. O processo é um instrumento de justiça? (Desvelando o projeto instrumentalista de poder). *Empório do Direito*. 28 abr. 2019. Disponível em: www.emporiododireito.com.br. Acesso em: 19 dez. 2019.

Risco de abertura hermenêutica (moralismo jurídico e interpretação corretiva): a doutrina, de modo geral, festeja a opção legislativa de se principiar o CPC/2015 com um catálogo de garantias fundamentais processuais. Há nisso, entretanto, um risco, porque, entre muitos juristas e profissionais do direito, prevalece o entendimento (equivocado) de que *princípios constitucionais* e *valores* são equivalentes. Daí, basta um único passo para que textos legais sejam substituídos por esses "princípios-valores", em socorro a decisões *supostamente* mais "justas", cuja colateralidade é o atentado à autonomia do direito e à segurança jurídica. O fenômeno é amiúde verificado no país: regramentos explícitos, *inclusive de ordem constitucional*, têm sido solenemente subvertidos por uma normatividade construída pelo próprio intérprete, com alicerce em narrativas retóricas pautadas, por exemplo, na dignidade da pessoa humana, proporcionalidade, razoabilidade, primazia do mérito, boa-fé, cooperação processual, etc. No mais das vezes, sequer há preocupação com o ônus argumentativo (= dever de fundamentação) destinado a demonstrar que tal ou qual texto legal, ignorado pela decisão judicial, se encontra maculado pela inconstitucionalidade. Quando isso ocorre, o que se verifica na prática é a prevalência do senso pessoal (moral, econômico, político) de justiça do intérprete (= pretensão corretiva do direito), relegando ao limbo o trabalho de parlamentares eleitos democraticamente pelo povo. Ilustra o fenômeno o julgamento do MS nº 20.295/DF pelo STJ: a Corte afastou – à luz dos princípios da primazia do mérito, da duração razoável, da instrumentalidade das formas, etc. – a decadência do direito de impetração do mandado de segurança e esclareceu que não era o caso de se extinguir a demanda sem resolução de mérito, uma vez que o ajuizamento dela deu-se há mais de 3 (três) anos e a causa estaria pronta para julgamento, com documentos e argumentos lançados por ambas as partes (STJ, MS nº 20.295/DF, 1ª Seção, Rel. Min. Herman Benjamin, julgamento: 09.11.2016, *DJe* 29.11.2016, disponível em: www.stj.jus.br). O julgado é didático por demonstrar *como-não-se-aplicar-um-princípio.* Se há regra válida (= *conforme a Constituição de 1988*), não está o julgador autorizado a afastá-la para fazer prevalecer resultado decisório fundado em princípios cujo preenchimento conteudístico foi feito por ele próprio, a partir daquilo que lhe pareceu mais "justo". *Agir assim é, pura e simplesmente, usurpar a competência do Legislativo e ferir de morte a autoridade do direito.* Em síntese: é necessário redobrado cuidado para evitar que a principiologia, *positivada no Capítulo inaugural do CPC/2015,* seja manejada como espécie de "carta curinga", capaz de sobrepujar textos legais expressos e substituí-los por soluções pragmáticas-utilitaristas, retoricamente construídas, cujo asilo está unicamente na subjetividade do intérprete.

O catálogo aberto de direitos fundamentais: o direito processual, bem assim o sistema jurídico como um todo, deve ser ordenado, disciplinado e interpretado conforme o estabelecido na Constituição. No entanto, é preciso atenção para o fato de que direitos e garantias expressos na Carta Constitucional não excluem outros decorrentes do regime e dos princípios por ela adotados, ou dos tratados internacionais dos quais a República Federativa do Brasil seja parte (CF/88, art. 5º, §2º). Ou seja, mais que documento, a Constituição é *evento*.

Recurso especial e lesão ao art. 1º do CPC/2015: não terá lugar recurso especial cujo fundamento seja a afronta ao art. 1º do CPC/2015. Afinal, não é um particular regramento legal que estará em perigo em tal caso, e sim a própria *supremacia da Constituição*. Importante: o STF vem afirmando, em remansosa jurisprudência, o não cabimento de recurso extraordinário em hipóteses de desrespeito à legalidade, ao devido processo legal, à plenitude da defesa e à motivação dos atos decisórios, uma vez que dependeriam, segundo tal perspectiva, de exame prévio e necessário da legislação comum, podendo configurar, *quando muito*, circunstâncias caracterizadoras de *ofensa meramente reflexa e indireta* (implícita, mediata, secundária ou não manifesta) ao texto constitucional (STF, RE nº 197.825, rel. Min. Marco Aurélio, 2ª Turma, julgamento: 14.03.2006, disponível em: www.stf.jus.br). Tem-se aí entendimento que merece superação porque ontologicamente calcado numa espécie de preconceito ou desdém à substancialidade constitucional do devido processo legal, talvez até fruto do reflexo pernicioso do instrumentalismo processual, concepção teórica ainda dominante no Brasil.

Art. 2º O processo começa por iniciativa da parte e se desenvolve por impulso oficial, salvo as exceções previstas em lei.

Correspondente
CPC/1973, arts. 2º e 262.

Referências
CF/88, art. 5º, XXXVII e LIII.

Juízo natural: o art. 2º é *norma fundamental do direito processual* porque intimamente atrelada à *garantia constitucional ao juízo natural*, a qual integra, por sua vez, a complexa engrenagem (= devido processo legal ou processo) de controle e legitimação da atividade jurisdicional e do seu resultado. Sobre o tema, Ronaldo Brêtas de Carvalho Dias: "A doutrina concebe o princípio do juízo natural (ou juiz natural, como alguns preferem) com o significado de órgão jurisdicional competente predeterminado ou preestabelecido em lei, contrapondo-se ao juízo de exceção, este expressamente proibido no texto constitucional. Logo, o princípio do juízo natural é a antítese do juízo pós-constituído ou juízo de exceção, porque, em face de seu enunciado, o órgão estatal competente para o exercício da jurisdição tem de ser instituído, determinado e delimitado sob critérios gerais fixados previamente no ordenamento jurídico e jamais posteriormente a certas contingências ou a casos particulares ou a situações específicas que despertem a atenção do Estado. Entende-se por juízo e tribunal de exceção aqueles órgãos jurisdicionais criados ou designados, sob deliberação legislativa ou por ato arbitrário do governante, pouco importa, com o objetivo de julgarem casos específicos, tenham ou não ocorrido, segundo critérios subliminares convenientes ao Estado ou aos seus governantes" (CARVALHO DIAS, Ronaldo Brêtas de. *Processo Constitucional e Estado Democrático de Direito*. 4. ed. Belo Horizonte: Del Rey, 2019. p. 159). Em resumo: tanto o *juízo* quanto as *regras de competência* às quais ele se encontra vinculado devem preexistir aos fatos envolvidos no julgamento. De um lado, proíbe-se a instituição de juízos *ad hoc* ou tribunais de exceção; de outro, garante-se ao réu o direito de ser processado perante autoridade competente designada em abstrato e na forma de lei anterior. Afiançam-se, com isso, as diretrizes da *imparcialidade* (= desinteresse psicológico do julgador pela causa), *impartialidade* (= dever do julgador de atuar como terceiro, sem assumir atribuições pertencentes às partes) e *independência* (= garantia de que a legalidade será aplicada na solução do caso concreto), além de robustecer a *garantia da paridade de armas*. Por fim, Ada Pellegrini Grinover, em lição sempre lembrada, observa que, para além de direito subjetivo da parte e afora o conteúdo individualista dos direitos processuais, o princípio do juízo natural é garantia da própria jurisdição, seu elemento essencial, sua qualificação substancial; sem juízo natural, não há função jurisdicional possível (GRINOVER, Ada Pellegrini. O princípio do juízo natural e sua dupla garantia. *Revista de Processo – RePro*, 29. São Paulo: Editora Revista dos Tribunais, 1983. pp. 11-33). Consultar ainda: FONSECA COSTA, Eduardo José da. As garantias arquifundamentais contrajurisdicionais: não-criatividade e imparcialidade. *Empório do Direito*. 19 abr. 2018. Disponível em: www.emporiododireito.com.br. Acesso em: 27 fev. 2019. Sobre a impropriedade da locução juiz natural (e não juízo natural), amplamente aceita pela doutrina, consultar: CARVALHO DIAS, Ronaldo Brêtas de. Processo Constitucional e Estado Democrático de Direito. 4. ed. Belo Horizonte: Del Rey, 2019. pp. 158-160; LEAL, Rosemiro Pereira. *Teoria Geral do Processo*: Primeiros Estudos. 7. ed. Porto Alegre: Síntese, 2008. p. 108.

Imparcialidade judicial: são elementos essenciais ao conceito de jurisdição (ambos extraíveis da garantia fundamental ao juízo natural): i) a *imparcialidade* (ou imparcialidade psicológica, subjetiva ou anímica), que realça o desinteresse do julgador pela causa em julgamento e mesmo o cuidado de não tomar partido em favor de quem quer que seja; e ii) a *impartialidade* (ou alienidade, alteridade, alheação, terceiridade), que traduz o dever do julgador de não praticar atribuições pertencentes às partes, devendo se manter, sempre e inexoravelmente, em posição de equidistância em relação a elas. Se no plano constitucional "a imparcialidade do juiz é uma regra-força, robustecida pelas regras alicerçais do juiz natural" (FONSECA COSTA, Eduardo José.

Levando a imparcialidade a sério: proposta de um modelo interseccional entre direito processual, economia e psicologia. Salvador: JusPodivm, 2018. p. 195), já no plano infraconstitucional é tida, a partir das hipóteses de *impedimento* e *suspeição* do juiz, como *pressuposto subjetivo de validade* (sobre o tema, consultar o interessante e original artigo de Diego Crevelin, que tece pontuais e severas críticas à opção legislativa de distinguir impedimento e suspeição: SOUSA, Diego Crevelin. Distinção entre impedimento e suspeição? *Empório do Direito*. 29 jul. 2019. Disponível em: www.emporiododireito.com.br. Acesso em: 12 dez. 2019). Sobre os riscos de quebra da imparcialidade judicial acarretados pela regra da identidade física do juiz, consultar: CARVALHO, Luciana Benassi Gomes. O "princípio" da identidade física do juiz e a garantia arquifundamental da imparcialidade. *Revista Brasileira de Direito Processual – RBDPro*, Belo Horizonte, ano 27, n. 107, pp. 227-240, jul./set. 2019. Conferir ainda: LEAL, Rosemiro Pereira. Fundamentos democráticos da imparcialidade judicial no direito brasileiro. *Revista Brasileira de Direito Processual – RBDPro*, Belo Horizonte, ano 24, n. 93, pp. 271-274, jan./mar. 2016.

Equívoco conceitual: o art. 2º do CPC/2015 padece de equívoco redacional, pois não é propriamente o *processo* que começa por iniciativa da parte para depois se desenvolver por iniciativa oficial. Quis o legislador, a bem da verdade, fazer alusão à *jurisdição* (= atividade ou serviço jurisdicional), equívoco, aliás, igualmente verificado no revogado art. 262 do CPC/1973. A confusão entre ambos os conceitos nunca pode ser minimizada porque corrobora para reforçar a visão doutrinária da instrumentalidade processual, que obnubila a importância do processo como *garantia contrajurisdicional de liberdade do cidadão* e fortalece indevidamente o poder jurisdicional.

Iniciativa da parte: juiz algum está autorizado a dar *ignição* à atividade jurisdicional por iniciativa, vontade e ato próprios. *É vedado ao órgão julgador prestar ex officio tutela de direito*. A jurisdição mantém-se em *estado de suspensão*, aguardando para atuar, e só o faz depois de *provocada* via ato postulatório praticado por aquele que pretende uma tutela jurisdicional de direito. Em perspectiva dogmática, o fenômeno da *letargia jurisdicional* é comumente designado por *princípio da inércia*.

Ressalvas ao princípio da inércia: o art. 2º do CPC/2015 traz, em sua parte final, o complemento "salvo as exceções previstas em lei", advertência que, a despeito de não constar do seu correspondente no CPC/1973 (art. 262), não impediu o legislador de inserir, ao longo da codificação revogada e de outras legislações, *isenções* ao princípio da inércia. Exemplos: i) autorização para que o juiz iniciasse inventário de ofício se nenhuma das pessoas legitimadas o fizesse no prazo legal (CPC/1973, art. 989); ii) regra atribuindo ao juiz, de ofício, a possibilidade de ordenar ao detentor de testamento que o exibisse em juízo para os fins legais se ele, após a morte do testador, não se tiver antecipado em fazê-lo (CPC/1973, art. 1.129); iii) em casos nos quais a lei civil considera jacente a herança, havia determinação para que o juiz, em cuja comarca tivesse domicílio o falecido, procedesse, sem perda de tempo, à arrecadação de todos os seus bens (CPC/1973, art. 1.142). *Todas essas ressalvas, todavia, não mais estão previstas no âmbito do CPC/2015, a despeito da menção genérica fazendo alusão às "exceções previstas em lei"*. Por fim, é tranquilo o entendimento de que algumas matérias comumente denominadas "pedidos implícitos" – por exemplo, juros, correção monetária, ônus sucumbenciais – devem ser enfrentadas pela autoridade judicial ainda que não constem expressamente da postulação, não havendo nisso atentado ao princípio da inércia – nesse sentido: AgRg no REsp nº 1.422.349/SP, Segunda Turma, rel. Min. Humberto Martins, julgamento: 04.02.2014, disponível em: www.stj.jus.br).

Ressalvas ao princípio da inércia e inconstitucionalidade: a questão sobre a *inconstitucionalidade* das exceções ao princípio da inércia é pouco ou quase nada explorada em doutrina, mas, se ao princípio da inércia subjaz a garantia fundamental ao juízo natural, é preciso perquirir se o legislador infraconstitucional estaria autorizado a criar-lhe ressalvas. Afinal de contas, comando legal que autoriza a *instauração oficiosa* da jurisdição faz com que o órgão julgador exerça atribuição pertencente exclusivamente à parte (= exercício de ato postulatório), sem contar a real possibilidade de vinculá-lo *psicologicamente* à pretensão. Pense-se, por exemplo, no *chamado viés de confirmação* (= tendência do ser humano de pesquisar e interpretar informações que confirmem suas crenças e hipóteses iniciais). É preciso ter em mente – a partir das lições de Eduardo

José da Fonseca Costa – que a *imparcialidade* é atributo essencial (não acidental) de um juiz, elemento que está integrado ao próprio conceito de jurisdição. Em suas palavras: "Juiz deliberadamente parcial não é juiz, e sim administrador travestido em juiz; é assistente social fantasiado com toga" (FONSECA DA COSTA, Eduardo José. Algumas considerações sobre as iniciativas judiciais probatórias. *RBDPro*, 90. Belo Horizonte: Editora Fórum, 2015. pp. 153-173).

Jurisdição voluntária e exceções ao princípio da inércia: não se pede ao órgão judicial, no âmbito da jurisdição voluntária (= graciosa), a composição de uma lide e a consequente condenação de uma parte a satisfazer o direito da outra. O que se pretende, isto sim, é simplesmente o amparo do julgador para a constituição ou modificação de uma relação jurídica que, do contrário, poderia se formar de maneira viciosa (PRATA, Edson. Jurisdição. *Revista Brasileira de Direito Processual*, 27. Rio de Janeiro: Editora Forense, 1981. pp. 39-71). A despeito de respeitáveis posicionamentos em contrário – dentre todos, Francesco Carnelutti –, a jurisdição voluntária também possui feição jurisdicional, ou seja, a jurisdição não está restrita à atividade de resolução de conflitos de interesses, mas, sobretudo, visa à tutela de direitos. E não se pode negar que, na jurisdição voluntária, o juiz é chamado para proteger um bem ou tutelar um direito (MARINONI, Luiz Guilherme. *Teoria Geral do Processo*. 3. ed. São Paulo: Revista dos Tribunais, 2009. p. 146). Em miúdos: por ser a *imparcialidade* atributo *permanente* do juiz, elemento atrelado ao próprio conceito de jurisdição, não se apresentam constitucionais regras que autorizam a instauração do serviço jurisdicional (de natureza contenciosa ou voluntária, pouco importa) por vontade e ato próprios da autoridade judicial.

Exceção constitucional ao princípio da inércia: segundo prevê o art. 114, VIII, da CF/88, incluído pela EC nº 45/2004, compete à Justiça do Trabalho processar e julgar "a execução, *de ofício*, das contribuições sociais previstas no art. 195, I, 'a', e II, e seus acréscimos legais, decorrentes das sentenças que proferir". *A referida Emenda Constitucional, nesse particular, sugere inconstitucionalidade – lembre-se que também o constituinte derivado sujeita-se a inúmeros limites e barreiras em seu poder reformador*. Em outros termos: ao tomar a iniciativa da execução civil, o juiz distancia-se da inércia que caracteriza a atividade por ele exercida (jurisdição) e passa a atuar mais propriamente como espécie de agente administrativo. *Preferiu o constituinte privilegiar a efetividade em prejuízo da prudência.*

Impulso oficial: depois que, via ato postulatório, se deu *ignição à máquina judiciária*, a atividade jurisdicional segue seu percurso, perpassando pelas fases procedimentais independentemente da vontade das partes. A jurisdição chegará a um termo, *seja qual for seu resultado*, cumprindo ao órgão julgador e aos auxiliares da justiça assegurarem o estímulo necessário para tal desiderato. Se, por exemplo, o autor manter-se inerte, sem dar andamento a atos processuais cuja iniciativa lhe competia, estará caracterizada a *contumácia*, a qual poderá ensejar a extinção do processo sem resolução de mérito (CPC/2015, arts. 76, §1º, I; 102, parágrafo único; 115, parágrafo único).

Ressalvas ao impulso oficial: o art. 2º, *segunda parte*, sugere exceções não apenas ao princípio da inércia, senão ainda ao impulso oficial. Talvez o mais emblemático exemplo de ressalva ao impulso oficial esteja situado na fase de *cumprimento de sentença que reconhece a exigibilidade de obrigação de pagar quantia certa*. Não obstante as atividades cognitivas e executivas estejam, hoje, concentradas em um mesmíssimo procedimento (= sincretismo processual), a realização prática do direito pecuniário certificado judicialmente (procedimento de cumprimento de sentença) far-se-á, *por expressa determinação legal*, sempre a *requerimento* do exequente (CPC/2015, art. 523).

Art. 3º Não se excluirá da apreciação jurisdicional ameaça ou lesão a direito.

§1º É permitida a arbitragem, na forma da lei.

§2º O Estado promoverá, sempre que possível, a solução consensual dos conflitos.

§3º A conciliação, a mediação e outros métodos de solução consensual de conflitos deverão ser estimulados por juízes, advogados, defensores públicos e membros do Ministério Público, inclusive no curso do processo judicial.

Correspondente

CPC/1973, art. 448.

Referências

CF/88, art. 5º, XXXV.

Resolução nº 125 (CNJ), de 29 de novembro de 2010.

Súmula Vinculante nº 28 (STF). É inconstitucional a exigência de depósito prévio como requisito de admissibilidade de ação judicial na qual se pretenda discutir a exigibilidade de crédito tributário.

Súmula nº 667 (STF). Viola a garantia constitucional de acesso à jurisdição a taxa judiciária calculada sem limite sobre o valor da causa.

Súmula nº 485 (STJ). A Lei de Arbitragem aplica-se aos contratos que contenham cláusula arbitral, ainda que celebrados antes da sua edição.

REsp repetitivo (STJ). A propositura de ação anulatória de débito fiscal não está condicionada à realização do depósito prévio previsto no art. 38 da Lei de Execuções Fiscais, posto não ter sido o referido dispositivo legal recepcionado pela Constituição Federal de 1988 em virtude de incompatibilidade material com o art. 5º, XXXV (REsp nº 962.838/BA).

Direito fundamental ao acesso à justiça: o *caput* do art. 3º do CPC/2015 reproduz o que dispõe a CF/88 em seu art. 5º, XXXV, dispositivo constitucional marcado por inegável abrangência semântico-pragmática. Trata-se de garantia fundamental estruturante e sobranceira de toda a normatização vinculada à ação e à defesa (PORTANOVA, Rui. *Princípios do Processo Civil*. 6. ed. Porto Alegre: Editora Livraria do Advogado, 2005. p. 109) não restrita exclusivamente ao mero *acesso ao Judiciário*, sua acepção mais formal. Com a evolução dos tempos, *em consequência dos impactos ideológicos de cada época*, a fórmula ganhou novos conteúdos normativos e atingiu abrangência extremada, a ponto de parcela da doutrina abjurar a expressão *acesso à justiça* e rotulá-la de imprecisa, pouco alvissareira e mesmo carente de seriedade científica – por exemplo: LEAL, Rosemiro Pereira. *Teoria Geral do Processo*: primeiros estudos. 9. ed. Rio de Janeiro: Editora Forense, 2010. p. 137.

Dimensões do acesso à justiça: é inegável a riqueza semântico-pragmática granjeada pela expressão *acesso à justiça*, fenômeno cuja percepção está condicionada a uma exploração histórica a envolver, de modo geral, os períodos antigo, medieval, moderno e contemporâneo e, mais especificamente, o seu progresso também no Brasil, entre o descobrimento e a publicação do CPC/2015 – para um escorço histórico nesses padrões, conferir: PINHEIRO CARNEIRO, Paulo Cezar. *Acesso à justiça*: juizados especiais cíveis e ação civil pública. 2. ed. Rio de Janeiro: Editora Forense, 2000. De maneira mais ou menos homogênea, doutrina e jurisprudência afiançam as seguintes dimensões da garantia fundamental ao acesso à justiça: i) direito subjetivo à obtenção de uma tutela jurisdicional (ou direito formal de acesso à jurisdição); ii) obrigação de não fazer cujo destinatário é o legislador (proibição de legislar com fins de coibir a apreciação judicial de ameaça ou lesão a direito); iii) acesso igualitário a todos perante o Judiciário; iv) direito à tutela jurisdicional adequada (ou seja, revestida dos predicados *adequação formal, duração razoável* e *efetividade*); v) direito ao *judicial review* (ou direito ao controle difuso de constitucionalidade); vi) direito ao controle difuso de convencionalidade; e vii) reforço à garantia fundamental contrajurisdicional a um processo *devido* (respeito ao processo como *instituição de garantia*).

Gratuidade da justiça: desdobramento dos mais evidentes do que prescreve o *caput* do art. 3º é a *gratuidade da justiça*, tema que ganhou contornos minudenciados com a publicação do CPC/2015, inclusive com a revogação significativa da Lei nº 1.060/1950. Merecem destaque: i) a possibilidade de incidência da gratuidade apenas sobre um único ato processual; ii) a previsão do parcelamento das custas processuais; iii) a expansão dos efeitos da gratuidade da justiça aos atos cartorários.

Arbitragem: a arbitragem é um método de solução de conflitos colocado à disposição daqueles que são *capazes* e se encontram em uma situação conflituosa envolvendo *direito disponível*. Só tem lugar frente a uma *convenção de arbitragem* que indique a vontade inequívoca das partes em dispensar a jurisdição estatal em favor de uma solução arbitral para o litígio. Encontra-se regulada na Lei nº 9.307/1996, com acréscimos feitos pela Lei nº 13.129/2015.

Arbitragem e jurisdição: é preciso cuidado ao examinar o art. 3º do CPC/2015. Uma leitura desavisada, atrelada à literalidade do comando legal, pode levar à falsa crença de que o legislador regulamentou a arbitragem como se fosse uma exceção à jurisdição. Por certo que algo assim seria inconcebível, sobretudo por contrariar o art. 5º, XXXV, da CF/88. Para ir direto ao ponto: *a arbitragem não é exceção à jurisdição, mas método de solução de conflitos que segue paralelamente a ela, um modelo com características próprias e à disposição daqueles que se ajustem às suas exigências legais*. Embora polêmica a questão, a arbitragem não detém natureza jurisdicional pelo simples fato de a Carta Constitucional, *ao tratar dos representantes judiciários do povo*, referir-se somente a juízes e tribunais, ora alguma mencionando a figura dos árbitros (FONSECA COSTA, Eduardo José. O Poder Judiciário diante da soberania popular: o impasse entre a democracia e a aristocracia. *Revista Brasileira de Direito Processual – RBDPro*, Belo Horizonte, ano 27, n. 106, pp. 351-363, abr./jun. 2019. *Tem a arbitragem, por conseguinte, natureza puramente contratual*.

Promoção da solução consensual de conflitos: os §§2º e 3º do art. 3º do CPC/2015 são comandos que *exortam* a solução consensual de conflitos. De um lado, impõem ao Estado o dever de adotar políticas públicas com tal finalidade; de outro, admoestam juízes, advogados, defensores públicos e membros do Ministério Público a estimularem a conciliação e a mediação, inclusive quando em curso o procedimento judicial. *Quis o legislador sobrelevar a importância do manejo de meios autocompositivos para a resolução de crises de interesse.* O art. 3º e dispositivos legais afins materializam parcialmente um trabalho de *reengenharia cultural e social* dedicado a estimular no Brasil a "Cultura da Paz". Isto é, busca-se difundir a crença de que não apenas o Judiciário está apto à realização da função *pacificadora*, porquanto há outros métodos disponíveis, às vezes até mais adequados e eficientes que a jurisdição, a depender das particularidades do caso concreto e dos envolvidos no conflito.

Resolução nº 125, de 29 de novembro de 2010, do CNJ: por meio da Resolução nº 125/2010, o CNJ instituiu a *Política Pública de Tratamento Adequado dos Conflitos de Interesses*, incumbindo os órgãos judiciários de oferecerem mecanismos de solução de controvérsias, em especial os chamados meios consensuais, como a mediação e a conciliação, bem assim de prestar atendimento e orientação ao cidadão. Com o desígnio de implementar a Política Nacional e com vista à boa qualidade dos serviços e à disseminação da cultura de pacificação social, devem ser observados: i) a centralização das estruturas judiciárias; ii) formação e treinamento adequados de servidores, conciliadores e mediadores; iii) o acompanhamento estatístico específico. Caberá, de outro lado, ao CNJ: i) auxiliar os tribunais na organização desses serviços voltados ao tratamento adequado dos conflitos de interesses, estando autorizadas parcerias com entidades públicas e privadas; ii) organizar programa com o objetivo de promover ações de incentivo à autocomposição de litígios e à pacificação social por meio da conciliação e da mediação; iii) desenvolver conteúdo programático mínimo e ações voltadas à capacitação em métodos consensuais de solução de conflitos para magistrados da Justiça Estadual e da Justiça Federal, servidores, mediadores, conciliadores e demais facilitadores da solução consensual de controvérsias, ressalvada a competência da Escola Nacional de Formação e Aperfeiçoamento de Magistrados (ENFAM); iv) providenciar as atividades relacionadas à conciliação, mediação e outros métodos consensuais de solução de conflitos que sejam considerados nas promoções e remoções de magistrados pelo critério do merecimento; v) regulamentar, em código de ética, a atuação dos conciliadores, mediadores e demais facilitadores da solução consensual de controvérsias; vi) buscar a cooperação dos órgãos públicos competentes e das instituições públicas e privadas da área de ensino para a criação de disciplinas que propiciem o surgimento da cultura da solução pacífica dos conflitos, bem como que, nas Escolas de Magistratura, haja módulo voltado aos métodos consensuais de solução de conflitos no curso de iniciação funcional e no curso de aperfeiçoamento; vii) estabelecer interlocução com a Ordem dos Advogados do Brasil, defensorias públicas, procuradorias e Ministério Público, estimulando sua participação nos centros judiciários de solução de conflitos e cidadania e valorizando a atuação na prevenção dos litígios; viii) realizar gestão junto às empresas, públicas e privadas, bem como junto às agências reguladoras de serviços públicos, a fim de implementar práticas autocompositivas e desenvolver acompanhamento estatístico com a instituição de banco de dados para visualização de resultados, conferindo selo de qualidade; ix) atuar junto aos entes públicos e grandes litigantes de modo a estimular a autocomposição. A mencionada resolução, de resto, impõe aos tribunais: i) a criação de núcleos permanentes de métodos consensuais de solução de conflitos; ii) a criação de centros judiciários de solução de conflitos e cidadania para tender aos juízos, juizados ou varas com competência nas áreas cível, fazendária, previdenciária, de família ou dos juizados especiais cíveis, criminais e fazendários; iii) a realização de cursos de capacitação para mediadores e conciliadores; e iv) a criação e manutenção de banco de dados sobre as atividades de cada centro, com as informações constantes do Portal da Conciliação (cujas funcionalidades envolvem a publicação das diretrizes da capacitação de conciliadores e mediadores e de seu código de ética; a elaboração de relatório gerencial do programa detalhado por unidade judicial e por centro; o compartilhamento de boas práticas, projetos, ações, artigos pesquisas e outros estudos; a criação de um fórum permanente de discussão, facultada a participação da sociedade civil; a divulgação de notícias relacionadas ao tema; e a apresentação de relatórios de atividades da "Semana da Conciliação").

Relevância atribuída pelo CPC/2015 à conciliação e à mediação: vale mencionar a importância conferida pelo CPC/2015 à mediação e à conciliação, pois não bastasse toda uma seção destinada à sua tratativa (arts. 165 e 175), os conciliadores e mediadores foram alçados à categoria de *auxiliares do juízo*. Mencionem-se algumas prescrições legais relacionadas a tais métodos de pacificação de conflitos: i) os tribunais deverão criar centros judiciários de solução consensual de conflitos, onde se realizarão sessões e audiências de conciliação e mediação, além de se desenvolverem programas destinados a auxiliar, orientar e estimular a autocomposição; ii) será absolutamente sigiloso tudo o que se discutir nesses centros de conciliação, na presença de conciliadores e/ou mediadores (estratégia de blindagem do juiz contra enviesamentos ou tomadas antecipadas de posição capazes de comprometer a sua imparcialidade na hipótese de insucesso da autocomposição); iii) o oficial de justiça agora terá que certificar, em mandado, proposta de autocomposição eventualmente apresentada por qualquer das partes, na ocasião da realização do ato de comunicação que lhe couber (art. 154, VI); iv) em complemento ao item anterior, certificada a proposta de conciliação levada aos autos pelo oficial de justiça, o juiz ordenará a intimação da contraparte para se manifestar, em prazo não superior a cinco dias, sem prejuízo do andamento regular do processo, entendendo-se seu silêncio como recusa; v) o réu não mais será citado para se defender, e sim para comparecer em uma audiência de autocomposição (art. 331), que somente não será realizada se ambas as partes manifestarem desinteresse na conciliação ou, ainda, se o caso envolver direito indisponível; vi) o não comparecimento a essa audiência indicada no item precedente implicará ato atentatório à dignidade da justiça, sancionado com multa de até dois por cento da vantagem pretendida ou do valor da causa revertida em favor da União ou do estado. Enfim, o CPC/2015 recepcionou os anseios do CNJ (ver item anterior) de estimular a "Cultura da Paz", assegurando em seu texto proeminência aos mecanismos de solução consensual de conflitos.

CPC/2015 e Lei de Mediação: há antinomias entre o CPC/2015 (Lei nº 13.105, de 16 de março de 2015) e a Lei de Mediação (Lei nº 13.140, de 26 de junho de 2015). Aprovados no mesmíssimo ano, com a diferença de três meses e poucos dias, a Lei de Mediação, por ser especial e posterior, traz regime jurídico que prevalece sobre o CPC/2015. Em miúdos: a *lei posterior e especial* inflige a revogação *parcial* na *lei geral anterior* naquilo em que forem conflituosas. Veja-se, por exemplo, que o CPC/2015 impõe a realização de audiência de mediação ou conciliação logo depois de realizado o juízo de admissibilidade positivo da petição inicial, previamente à resposta do réu (art. 334). Ainda segundo o CPC/2015, essa audiência de conciliação ou mediação apenas não ocorrerá em circunstâncias a envolver direitos indisponíveis ou quando todos os litigantes manifestarem a sua discordância em relação a ela. Naquilo que importa aqui: afora eventual inconstitucionalidade do dispositivo, uma parte do regramento do CPC/2015, *especificamente no que diz respeito à mediação,* foi obliterada, na medida em que a audiência de mediação, diante do que reza a Lei de Mediação, não mais pode ser dispensada pelas partes (Lei nº 13.140/2015, arts. 3º e 27). *As partes perderam, portanto, a liberdade para negociar a realização ou não da audiência de mediação.* Sobre o tema, com mais profundidade: ZULMAR, Duarte. A difícil conciliação entre o Novo CPC e a Lei de Mediação. *Revista Jota*. Disponível em: www.jota.info. Acesso em: 12 ago. 2019.

Panconciliacionismo: O legislador situou, no hipocentro do CPC/2015, espécie de exortação à solução consensual de conflitos, com destaque às técnicas de conciliação e mediação. *Há que se ter prudência, contudo.* É que, a depender da orientação ideológica adotada – e, infelizmente, ideologias ainda contaminam juízes e servidores –, o uso dessas técnicas pode se corromper e servir como *meio de distribuição de renda* (= *visão socialista da jurisdição*) e, até mesmo, como *maneira de implementar o aumento na produtividade dos julgadores,* "baixar pilhas" em prol do atendimento de metas estatísticas (= *visão gerencialista da jurisdição*) – lembre-se, aliás, que a eficiência conciliatória já se tornou *critério objetivo* de remoção e promoção de juízes por merecimento (Resolução do CNJ nº 125, de 29 de novembro de 2010, art. 6º, III). Ninguém está autorizado a sobrepor práticas autocompositivas à própria atividade de julgar, como se o valor das primeiras obnubilasse a garantia fundamental de todo cidadão a uma resposta adequada do Judiciário acerca de lesões ou ameaças a direito (CF/88, art. 5º c/c CPC/2015, art. 4º). Do contrário, ter-se-á, na prática, uma relativização inconstitucional do serviço jurisdicional a dar vazão ao pernicioso fenômeno – tão bem nominado por Eduardo José da Fonseca Costa – do *panconciliacionismo*.

Art. 4º As partes têm o direito de obter em prazo razoável a solução integral do mérito, incluída a atividade satisfativa.

Correspondente

Não há correspondência no CPC/1973.

Referências

CF/88, art. 5º, XXXV e LXXVIII.

Desdobramentos do acesso à justiça: verifica-se no CPC/2015 a instituição de um conjunto de regras que espelha *desdobramentos de sentidos* das garantias fundamentais processuais, a exemplo daquilo que se lê, de forma emblemática, em dispositivos que cuidam do *contraditório* (art. 10) e da *fundamentação das decisões* (art. 489, §1º). Para além de tão somente repisar comandos constitucionais, a aludida legislação avançou e trouxe, *no particular*, redações mais bem acabadas, enriquecidas pelas conquistas advindas das práticas doutrinária e jurisprudencial. De igual modo, o art. 4º, seguindo o padrão acima indicado, apoia-se em exegeses oriundas da garantia fundamental ao acesso à justiça, tendo sido elaborado, ao fim e ao cabo, para destacar alguns horizontes de significado que possuem uma jurisdição comprometida com a normatividade constitucional, aqui sobretudo escorada nos ideais *duração razoável, prevalência do julgamento de mérito* e *efetividade*.

A importância pragmática do art. 4º: ainda que redundante o art. 4º do CPC/2015, a sua importância não pode ser recusada. É que dispositivos dessa ordem, inseridos entre as *Normas Fundamentais do Processo*, mostram-se essenciais, como estridentemente denuncia a prática forense. São comuns, no dia a dia do foro, distorções de inúmeras ordens que afetam sobremodo o acesso à justiça: i) até então não se havia privilegiado a solução de mérito, mesmo porque o ordenamento jurídico procedimental-jurisdicional seguia outra orientação; ii) a duração razoável da jurisdição permanece sendo uma utopia; e iii) a satisfação do direito (= atividade jurisdicional executiva) conserva-se refém de dificuldades práticas, normativas e interpretativas de difícil superação. É preciso ter em mente – *e o art. 4º transmite essa ideia* – que a jurisdição, como serviço público essencial, deve funcionar sem dilações indevidas, com primazia para a solução integral do mérito, incluída aí a própria atividade satisfativa, cuja efetividade depende, por certo, de técnicas adequadas.

Prestação jurisdicional *sem dilações indevidas*: dentre as novidades trazidas pela Emenda Constitucional nº 45/2004, destaca-se a introdução do inciso LXXVIII no art. 5º da Constituição de 1988: "A todos, no âmbito judicial e administrativo, são assegurados a razoável duração do processo e os meios que garantem a celeridade de sua tramitação". A bem da verdade, era desnecessária a inclusão desse inciso. É que seu comando é extraído, numa visão contemporânea, da garantia de *acesso à justiça* e do *devido processo legal*. Ainda que assim seja, o dispositivo constitucional serve de reforço à diretriz normativa, muito cara no âmbito doutrinário, de que a atividade jurisdicional deve atuar e cumprir seu papel com dedicada eficiência.

O significado de *razoável* no âmbito judicial: há divergência na esfera doutrinária acerca do significado da expressão "*razoável* duração do processo". A abertura semântica do texto constitucional dificulta a obtenção de parâmetros concretos para defini-la. De todo modo, parece acertada a conclusão de que a *razoabilidade*, mencionada pelo constituinte, é avaliada *sempre* diante do caso concreto, em atenção às idiossincrasias fáticas e jurídicas nele envolvidas. *É a complexidade do caso, enfim, que dá a exata medida do que é razoável em termos de duração da atividade jurisdicional*. O julgador, como não poderia ser diferente, está vinculado ao comando constitucional que impõe a duração razoável, cumprindo-lhe diligenciar meios e contribuir para a sua concretização. É seu dever, portanto, interpretar o texto legal de acordo com a tal garantia fundamental e dele extrair sentidos que efetivamente contribuam para uma prestação jurisdicional adequada. Por exemplo, não é possível aceitar, sem censura, as malfadadas *dilações indevidas* (letargia do impulso oficial, descumprimento pelos juízes de prazos que lhes incumbem; etapas mortas do procedimento, manobras protelatórias perpetradas pelas partes) praticadas no curso do procedimento e que só fazem retardar a prestação jurisdicional. Sobre o tema, consultar: CARVALHO DIAS, Ronaldo Brêtas de. *Responsabilidade do estado pela função jurisdicional.* Belo Horizonte: Del Rey, 2004. p. 201).

Duração razoável e arquitetura legislativa: é certo que o comando constitucional (CF/88, art. 5º, LXXVIII), num primeiro momento, constrange o legislador a produzir técnicas e procedimentos hábeis para assegurar que a prestação jurisdicional ocorra com o máximo de resultados e o mínimo de esforços, e tal realidade normativa vem sendo construída – *às vezes, com idas e vindas* – segundo o ideal de implantar fórmulas que garantam o sequenciamento dos procedimentos sem dilações indevidas. O exemplos são muitos: i) prioridade na tramitação de atos e diligências em causas nas quais idosos atuem como partes; ii) tutela antecipada de urgência; iii) tutelas antecipadas de evidência; iv) estabilização de tutelas antecipadas; v) autorização legal para a prática de atos processuais via meios eletrônicos; vi) atos executivos mais efetivos, como a "penhora *on-line*", a inscrição do nome do devedor em cadastros de inadimplentes por ordem judicial e a penhora de faturamento de empresas; vii) atividade jurisdicional ininterrupta, vedadas as férias coletivas nos juízos de primeira e segunda instâncias; viii) instituição do plantão do Judiciário; ix) permissibilidade para que atos meramente administrativos, *sem conteúdo decisório*, possam ser delegados, pelo magistrado, a servidores; x) distribuição automática de toda e qualquer demanda, em todas as instâncias de jurisdição; xi) cooperação internacional; xii) cooperação nacional-jurisdicional; etc.

O fetiche pela celeridade: tem-se hoje verdadeiro fetiche pela *celeridade*, como se fosse verdadeiro que, para o constituinte, o processo *adequado* significasse processo *rápido*. Trata-se de visão distorcida. A Constituição ora alguma faz menção à *celeridade* processual; refere-se, isto sim, à *duração razoável*, algo a demonstrar que a garantia fundamental à duração razoável não implica comando normativo a obrigar julgamentos, *sempre e inadvertidamente*, breves. Nada mais óbvio, aliás. Afinal, julgamento *sem dilações indevidas* não pode se traduzir em ausência de segurança ou falta de qualidade na prestação jurisdicional. Trocando em miúdos: a aplicação desse comando constitucional jamais deve desconsiderar outras garantias de idêntico calibre, sob pena de se preponderar o arbítrio de uma prestação jurisdicional que, embora ligeira, se apresentará divorciada de fundamentos normativos constitucionais que efetivamente também regulam e legitimam o curso da atividade jurisdicional. Indispensável, pois, a implementação de técnicas processuais que proporcionem a *duração razoável do processo*, porém nunca em desapego à *segurança jurídica* e a outras garantias também caras ao regime democrático (imparcialidade, contraditório dinâmico, ampla defesa, proibição de provas ilícitas, direito à defesa técnica, motivação substancial, publicidade das decisões judiciais). *Uma prestação jurisdicional célere, compromissada apenas com desempenhos estatísticos, porém sem qualidade e desrespeitosa ao devido processo constitucional, traduz-se, pura e simplesmente, em denegação de justiça.*

Primazia do julgamento do mérito: o CPC/2015 adota estrutura normativa que prioriza o *julgamento do mérito*, o que se reflete *em todas as instâncias de jurisdição*. Trata-se de posicionamento acertado, pois a jurisdição realmente só cumpre seu papel, com vigor e presteza concreta, ao produzir resultados que pacifiquem, *de forma definitiva*, o conflito de interesses. Não se pode concluir, no entanto, que o órgão judicial está impedido de proferir decisões terminativas, seja porque casos há em que o enfrentamento do mérito se mostrará mesmo impossível (por exemplo, recurso interposto intempestivamente), seja porque o ordenamento jurídico traz exceções expressas ao art. 4º do CPC/2015 (por exemplo, o disposto no art. 1.003, §6º).

Regras priorizando o julgamento de mérito: são muitos os comandos legais prescritos no CPC/2015 que sublinham a linha evolutiva da estrutura normativa em prol do favorecimento de julgamentos *com resolução de mérito*. Alguns exemplos demonstram o intuito legislativo de superar vícios processuais e, ato contínuo, conduzir o procedimento jurisdicional para uma decisão *de fundo*: i) advindo alegação, em contestação, de ilegitimidade passiva (ou de ausência de responsabilidade pelo prejuízo invocado), deve o juiz facultar ao autor, no prazo de 15 (quinze) dias, a alteração da petição inicial para a substituição do réu. Realizada a substituição, o autor reembolsará as despesas e pagará os honorários ao procurador do réu excluído, que serão fixados entre três e cinco por cento do valor da causa ou, sendo este irrisório, nos termos do art. 85, §8º (art. 338, parágrafo único); ii) quando alegar ilegitimidade, incumbe ao réu indicar o sujeito passivo da relação jurídica discutida sempre que puder fazê-lo, sob pena de arcar com as despesas processuais e indenizar o autor pelos prejuízos decorrentes da falta de indicação (art. 339, *caput*); iii) prescrevendo a lei determinada forma, o juiz considerará válido o ato se, realizado de outro modo, a finalidade for alcançada (art. 277); iv) quando possível decidir o mérito a favor da parte a quem aproveite a decretação da nulidade, o juiz não a pronunciará, nem mandará repetir o ato ou suprir-lhe a falta (art. 282, §2º); v) desde que possível, o juiz resolverá o mérito sempre que a decisão se mostrar favorável à parte a quem aproveitaria eventual pronunciamento nos termos do art. 485 (art. 488); vi) antes de proferir decisão sem resolução de mérito, o juiz deverá conceder à parte oportunidade para, se possível, corrigir o vício (art. 317); vii) verificando o juiz que a petição inicial não preenche os requisitos exigidos em lei ou que apresenta defeitos e irregularidades capazes de dificultar o julgamento de mérito, determinará que o autor, no prazo de 15 (quinze) dias, a emende ou a complete, indicando com precisão o que deve ser corrigido ou completado; viii) há uma fase *forte* de saneamento por meio da qual o juiz organizará o procedimento a fim de evitar problemas capazes de comprometer o futuro julgamento de mérito, resolvendo questões processuais pendentes, delimitando as questões de fato sobre as quais recairá a atividade probatória, especificando os meios de prova admitidos, definindo a distribuição do ônus da prova, delimitando as questões de direito relevantes para a decisão do mérito e designando, se caso for, a audiência de instrução e julgamento (art. 357); ix) fortalecimento do contraditório como garantia de influência e não surpresa, circunstância que recrudesce o papel dos advogados, porquanto, até em prol da boa-fé objetiva que norteia eticamente o embate judicial, não devem aguardar o juiz suscitar nulidades de ofício, e sim fazê-lo eles próprios já quando se depararem com elas (art. 10); x) combate patente ao expediente da *jurisprudência defensiva*, postura a indicar que a primazia do julgamento de mérito é algo a ser buscado tanto em primeira instância de jurisdição quanto em instâncias recursais; xi) será considerado tempestivo o ato praticado antes do termo inicial do prazo (art. 218, §4); etc.

Bálsamo contra a *jurisprudência defensiva*: a doutrina nominou de *jurisprudência defensiva* todo e qualquer expediente voluntarista-pragmático, *de cunho extralegal*, idealizado por tribunais para evitar que o mérito dos recursos seja conhecido. Representa, ao fim e ao cabo, método prático (= utilitarismo), *porém ilegal e inconstitucional*, de *esvaziar* com agilidade as pilhas de trabalho que incomodam desembargadores e ministros em todo o país. Indo ao ponto: a *jurisprudência defensiva* fere de morte o acesso à justiça e o processo como instituição de garantia (= devido processo legal). Aspecto interessante do comando trazido pelo art. 4º do CPC/2015, que integra as *Normas Fundamentais do Processo*, é o fato de implicitamente proibir a criação de *jurisprudências defensivas*. O texto legal, enfim, desautoriza a ânsia dos tribunais em edificar e propagar esses *mecanismos de bloqueio*, compromissados apenas e tão somente com aspectos gerenciais de cumprimento de metas e esvaziamento de gabinetes, e não com uma prestação jurisdicional de qualidade. Nas palavras de Alexandre Freitas Câmara, a aplicação da *primazia do julgamento de mérito* exigirá mudança de postura (e de cultura) dos magistrados, pois é preciso que se enxerguem como integrantes de uma comunidade de trabalho, por intermédio da qual, junto com as partes (e seus advogados), construirão a decisão correta para o caso concreto (CÂMARA, Alexandre Freitas. O princípio da primazia da resolução do mérito e o novo Código de Processo Civil. *Revista do Tribunal Regional Federal da 3ª. Região,* 128. São Paulo: Tribunal Regional Federal da 3ª Região, 2016. pp. 19-24). Ainda mais: o CPC/2015 trouxe, em boa hora, uma série de dispositivos destinada ao combate da *jurisprudência defensiva*, a ponto de implodir muitos entendimentos sumulados pelo STJ. Exemplos: i) a insuficiência no valor do preparo, inclusive porte de remessa e de retorno, implicará deserção apenas se o recorrente, intimado na pessoa de seu advogado, não vier a supri-lo no prazo de 5 (cinco) dias (art. 1.007, §2º); ii) o recorrente que não comprovar, no ato de interposição do recurso, o recolhimento do preparo, inclusive porte de remessa e de retorno, será intimado, na pessoa de seu advogado, para realizar o recolhimento *em dobro*, sob pena de deserção (art. 1.007, §2º) – perdeu sentido, portanto, a Súmula nº 187 do STJ, que impunha a deserção de recurso interposto quando o recorrente não recolhia, na origem, despesas de remessa e retorno nos autos; iii) o equívoco no preenchimento da guia de custas não implicará a aplicação da pena de deserção, cabendo ao relator, na hipótese de dúvida quanto ao recolhimento, intimar o recorrente para sanar o vício no prazo de 5 (cinco) dias (art. 1.007, §7º); iv) será considerado tempestivo o ato praticado antes do termo inicial do prazo (art. 218, §4º) – regramento que ensejou o cancelamento da Súmula nº 418 do STJ ("É inadmissível o recurso especial interposto antes da publicação do acórdão dos embargos de declaração, sem posterior ratificação"); v) no caso de o relator do recurso especial entender que este versa sobre questão constitucional, não deverá declará-lo inadmissível, e sim conceder prazo de 15 (quinze) dias para que o recorrente demonstre a existência de repercussão geral e se manifeste sobre a questão constitucional a fim de, posteriormente, remeter os autos ao STF (art. 1.032); vi) se o STF reputar reflexa a ofensa à Constituição alegada em recurso extraordinário, por pressupor a revisão da interpretação da lei federal ou de tratado, deverá remetê-lo ao STJ para julgamento como recurso especial (art. 1.033).

Atividade jurisdicional *satisfativa*: atividade jurisdicional implica *certificação* e *execução* de direitos. Afinal de contas, a depender da tutela de direito perseguida, não bastará à parte decisão que *declare* seu direito. Comumente é indispensável o sequenciamento da jurisdição a fim de assegurar a *efetiva* entrega do bem da vida almejado. Além do mais, circunstâncias há nas quais *cognição* e *execução* operam conjuntamente, fórmula sincrética indispensável para a tutela de direitos que se encontram sob ameaça iminente (= tutelas provisórias de urgência). A jurisdição, enfim, é composta de *atos de inteligência*, destinados à certificação do direito, e também de *atos práticos*, cujo papel é propiciar, se necessário for, a satisfação desse mesmo direito. E por certo que o direito de as partes obterem, em prazo razoável, a solução integral do mérito abrange, inexoravelmente, a própria atividade executivo-satisfativa, sem a qual, em múltiplas ocasiões, não se teria pacificação social.

Art. 5º Aquele que de qualquer forma participa do processo deve comportar-se de acordo com a boa-fé.

Correspondente

Não há correspondente no CPC/1973.

Boa-fé processual: por óbvio que o *ambiente procedimental-jurisdicional* é permeável a conquistas e anseios civilizatórios, tanto assim que sua base-mestra é constituída por garantias fundamentais, dentre as quais contraditório, ampla defesa, imparcialidade, igualdade ante a lei, legalidade, direito à defesa técnica, dever de fundamentação e publicidade das decisões judiciais. Ainda que se encarem os litígios como espécie de *jogo*, ou seja lá qual for a metáfora adotada, há inevitavelmente uma *ordem* a ser observada a fim de evitar distorções e retrocessos. Ou seja, o ordenamento jurídico recomenda a lealdade e a ética como *réguas regentes* da conduta de *todos* aqueles que, *de qualquer forma*, participam do procedimento jurisdicional (juiz, partes, terceiros, advogados, representante do Ministério Público e auxiliares da justiça). Em dadas situações, aliás, o legislador até prescreve *punições pecuniárias para quem adotar específicas posturas tidas por indesejáveis*. Por fim, são duas as dimensões da boa-fé processual: *subjetiva* e *objetiva*. Enquanto a primeira se desponta como um *dever*, a última é nada mais que espécie de *pauta de conduta e interpretação*, e tal distinção sobressai importantíssima para a contenção de arroubos decisionais arbitrário-moralizantes – *vide* sobre isso comentários adiante; em especial, ler o tópico *Boa-fé objetiva e punição por litigância de má-fé*.

Boa-fé processual e segurança: a boa-fé processual (em sentido abrangente) mira a tutela da legítima confiança em prol, sobretudo, da *segurança jurídica* e seus corolários, a saber, certeza, ordem, lealdade, estabilidade, integridade, coerência e previsibilidade. É inegável, por exemplo, a relação entre o art. 926 do CPC/2015 e a boa-fé, dispositivo que orienta os tribunais a uniformizarem sua jurisprudência, mantendo-a estável, íntegra e coerente.

Interconexão entre boa-fé e cooperação processual: uma leitura aceitável (= constitucional) do que hoje se denomina *cooperação processual* (conferir *comentários ao art. 6º*) sugere a ideia segundo a qual *cooperar* é nada mais que assumir responsabilidade pela prática ou omissão de atos na arena procedimental-jurisdicional. Trata-se, a partir dessa perspectiva, de uma previsão legal a recomendar o respeito, *por parte de todos que de qualquer forma participam do procedimento jurisdicional*, às regras inerentes à boa-fé subjetiva (= autorresponsabilidade e cooperação em prol de um ambiente procedimental leal e ético). Sobre a relação entre boa-fé e cooperação: DELFINO, Lúcio. Cooperação processual: inconstitucionalidades e excessos argumentativos – Trafegando na contramão da doutrina. *RBDPro*, 93. Belo Horizonte: Editora Fórum, 2016. p. 149-168.

Boa-fé subjetiva e objetiva: a boa-fé processual manifesta-se nas perspectivas *subjetiva* e *objetiva*. Doutrina e jurisprudência majoritárias, diante da largueza semântica do art. 5º, têm afirmado que ambas foram encampadas pelo CPC/2015. A *boa-fé subjetiva* relaciona-se com a *boa conduta* que se exige de quaisquer dos participantes do procedimento jurisdicional, vedadas posturas marcadas seja pelo abuso de autoridade (Estado-Juiz), seja pelo abuso dos direitos de ação ou de defesa (partes, representante do Ministério Público). Trata-se de genuíno *dever* que alcança, sem distinção, todos os atores processuais (juiz, partes, representante do Ministério Público e auxiliares da justiça). A boa-fé subjetiva se presume de modo que eventual sanção civil endereçada a um dos litigantes deve trazer fundamento que demonstre seu agir culposo ou doloso (não bastam o erro, a ignorância ou a falta de técnica jurídica), bem assim a incidência concreta em alguma das condutas tipificadas legalmente pelo CPC/2015 ou por legislações especiais (por exemplo, a prova de que houve alteração da verdade dos fatos ou de que atos processuais foram adulterados para conseguir objetivo ilegal – CPC/2015, art. 80, I e II). De outro lado, a *boa-fé objetiva*, porque atrelada mais diretamente a aspectos éticos, representa uma "pauta de conduta e interpretação" (= diretriz ética e de orientação hermenêutica), cujo papel é *exortar* a todos os atores operantes no ambiente procedimental-jurisdicional a se portarem ali de forma honesta e leal (= modelo objetivo de conduta). *Não se trata, portanto, de um dever.*

Nemo potest venire contra factum proprium: segundo vêm entendendo doutrina e jurisprudência, atuar a partir dos ditames da boa-fé objetiva implica "vedação de comportamentos contraditórios". Por exemplo: i) juiz que decide julgar antecipadamente o mérito por desnecessidade de outras provas não está autorizado a proferir sentença de improcedência por insuficiência de provas; ii) não pode o juiz indeferir prova pericial (ou outra qualquer) anteriormente já deferida; iii) surgindo nos autos questões de direito atinentes a situações de fato similares, não é lícito ao juiz decidi-las de maneira destoante; iv) homologada convenção de suspensão do procedimento e diante da expectativa legítima de que o feito voltará a tramitar somente após o termo final convencionado, não pode o juiz, logo em seguida, determinar a publicação de decisão a fim de abrir o prazo para a interposição recursal; v) a parte não está autorizada a defender, em agravo interno, tese diametralmente oposta à defendida em recurso especial; vi) não é permitido ao executado invocar a nulidade da adjudicação de bem que, voluntariamente, ofereceu à penhora nos autos de execução; vii) se a aptidão técnica do perito foi elogiada pelo recorrente, não pode ele, em razões recursais, aduzir argumentos em sentido contrário e, assim, atacar a capacidade profissional desse auxiliar do juízo. Sobre a posição dos tribunais acerca da vedação de posturas contraditórias, consultar: STJ, AgRg no REsp nº 1.280.482/SC, Rel. Min. Herman Benjamin, Segunda Turma, julgado em 07.02.2002, disponível em: www.stj.jus.br; STJ, AgRg no REsp nº 946.499/SP, Rel. Min. Humberto Martins, Segunda Turma, julgado em 18.10.2007, disponível em: www.stj.jus.br; STJ, AgRg no AREsp nº 475.503/RO, Rel. Min. Herman Benjamin, Segunda Turma, julgado em 22.04.2014, disponível em: www.stj.jus.br; STJ, EDcl no REsp nº 1.336.866/RS, Rel. Min. Luis Felipe Salomão, Quarta Turma, julgado em 03.04.2014, disponível em: www.stj.jus.br; STJ, REsp nº 1.288.006/SP, Min. Raul Araújo, Quarta Turma, julgado em 01.10.2013, disponível em: www.stj.jus.br; AgRg no AREsp nº 318.341/GO, Rel. Min. Eliana Calmon, Segunda Turma, julgado em 06.08.2013, disponível em: www.stj.jus.br; REsp nº 1.365.418/SP, Rel. Min. Marco Buzzi, Quarta Turma, julgado em

04.04.2013, disponível em: www.stj.jus.br; STJ, REsp 1.306.463, Rel. Min. Herman Benjamin, Segunda Turma, julgado em 04.09.2002, disponível em: www.stj.jus.br; STJ, EDcl no Ag nº 1.318.082/SP, Rel. Min. Luis Felipe Salomão, Quarta Turma, julgamento: 10.04.2012, disponível em: www.stj.jus.br; STJ, RESP nº 1.116.574/ES, Rel. Min. Massami Uyeda, Terceira Turma, data de julgamento 14.04.2011, disponível em: www.stj.jus.br.

Mudança traumática de jurisprudência consolidada, *prospective overruling* e boa-fé objetiva: têm-se, nos tribunais superiores, remansosa jurisprudência construída em favor da *tutela da confiança*, umbilicalmente atrelada à ideia da boa-fé objetiva, inclusive alinhada a temas de direito processual. Veja-se, por exemplo, que o STJ deu provimento, na data de 17/12/2019, a recurso especial para *modular os efeitos* oriundos da *brusca alteração jurisprudencial*, de modo que ao caso foi aplicado entendimento superado, em prol da *proteção da segurança jurídica* e da *legítima expectativa do jurisdicionado*. Detalhamentos do julgado: i) "[o] propósito recursal consiste em determinar se, na hipótese de mudança de jurisprudência, a nova orientação poderia ser aplicada indiscriminadamente sobre os litígios surgidos durante a vigência do entendimento jurisprudencial anterior, ainda mais sobre aqueles já submetidos ao Poder Judiciário"; ii) "[a] a teoria da superação prospectiva (*prospective overruling*), de origem norte-americana, é invocada nas hipóteses em que há alteração da jurisprudência consolidada dos tribunais, e afirma que, quando essa superação é motivada pela mudança social, seria recomendável que os efeitos sejam para o futuro apenas, isto é, prospectivos, a fim de resguardar expectativas legítimas daqueles que confiaram no direito então reconhecido como obsoleto"; iii) "nos EUA, a eficácia temporal na superação dos precedentes é tradicionalmente retroativa" – por exemplo, afirmou Oliver Wendell Holmes, no ano de 1910, "então membro da Suprema Corte norte-americana, que as decisões judiciais têm tido efeitos retroativos por aproximadamente mil anos"; iv) "[f] oi essa preocupação que fundamentou a formulação da chamada superação prospectiva (ou *prospective overruling*) nos EUA, iniciada por Benjamin Cardozo, em 1932, em um importante julgamento da Suprema Corte daquele país"; v) no primeiro precedente sobre o tema, "a Suprema Corte Americana fixou critérios para a modulação de efeitos: "a) se a aplicação retroativa serve ou não ao objetivo que deverá ser alcançado com o novo entendimento; b) a existência de confiança dos jurisdicionados no antigo entendimento; e c) os efeitos na administração da justiça pela aplicação retroativa do novo entendimento"; vi) "[a] força vinculante do precedente, em sentido estrito, bem como da jurisprudência, em sentido substancial, decorre de sua capacidade de servir de diretriz para o julgamento posterior em casos análogos e de, assim, criar nos jurisdicionados a legítima expectativa de que serão seguidos pelo próprio órgão julgador e órgãos hierarquicamente inferiores e, como consequência, sugerir para o cidadão um padrão de conduta a ser seguido com estabilidade"; vii) "[a] modulação de efeitos do art. 927, 3°, do CPC/2015, deve ser utilizada com parcimônia, de forma excepcional e em hipóteses específicas, em que o entendimento superado tiver sido efetivamente capaz de gerar uma expectativa legítima de atuação nos jurisdicionados e, ainda, o exigir o interesse social envolvido"; viii) "[n]a hipótese, é inegável a ocorrência de traumática alteração de entendimento desta Corte Superior, o que não pode ocasionar prejuízos para a recorrente, cuja demanda já havia sido julgada procedente em 1° grau de jurisdição de acordo com a jurisprudência anterior do STJ". (STJ, REsp 1.721.716/MG, 3ª Turma, rel. Min. Nancy Andrighi, julgamento: 17.12.2019, disponível em: www.stj.jus.br). Relacionado ao tema, conferir: ARMELIN, Donaldo. Alterações da jurisprudência e seus reflexos nas situações já consolidadas sob o império da orientação superada. *In*: *Tendências do moderno processo civil brasileiros. Aspectos individuais e coletivos das tutelas preventivas e ressarcitórias. Estudos em homenagem ao jurista Ronaldo Cunha Campos.* Coordenadores: Lúcio Delfino, Fernando Rossi, Luiz Eduardo Ribeiro Mourão e Ana Paula Chiovitti. Belo Horizonte: Editora Fórum, 2008. pp. 183-202.

Boa-fé objetiva e punição por litigância de má-fé: conquanto o art. 3º do CPC/2015 faça alusão a um *dever* de boa-fé ("... *deve* comportar-se de acordo com a boa-fé"), seria de todo absurdo enxergar nele uma abertura de manobra decisória capaz de permitir ao juiz *investidas* em prol da moralização comportamental na arena procedimental-jurisdicional. Um panorama tal atrairia o caos, certamente até com restrições a liberdades de litigância, vale dizer, cada juiz estaria apto a impor às partes sua particular visão de "eticidade processual".

Como pontua Eduardo José da Fonseca Costa: "Para que a esfera de liberdade dos cidadãos em juízo não seja asfixiável por caprichos súbitos do «senso particular» do juiz, é preciso que as imoralidades puníveis no processo [ex.: ofensas, mentiras, chicanas, joguetes, artimanhas, protelações] sejam previstas a) na lei (o que no Brasil – por ora – tem ocorrido apenas na lei procedimental civil), b) com exiguidade, c) mediante tipos dolosos [responsabilidade subjetiva], com hipóteses de incidência claras e precisas, e e) com sanções fixadas mediante metodologia similar à dosimetria da pena. Mais: é preciso que a punição ao improbus litigator se anteceda de f) requerimento da parte contrária, g) contraditório, h) ampla defesa e i) decisão fundamentada recorrível" (FONSECA COSTA, Eduardo José. Processo e razões de Estado. *Empório do Direito*. 28 out. 2019. Disponível em: www.emporiododireito.com.br. Acesso em: 14 dez. 2019). Indo ao ponto: a prática de atos antagônicos pela parte não autoriza o órgão judicial a puni-la, de modo automático e maquinal, pela litigância de má-fé – e a mesma conclusão é válida para aquilo que se entende por *supressio, surrectio* e *tu quoque*. Tenha-se em mente que a boa-fé objetiva – diversamente da boa-fé subjetiva – é meramente uma "pauta de conduta e interpretação", cuja observância traz racionalidade ao debate travado entre os litigantes, além de orientar o juiz no exercício de suas próprias atribuições, permitindo-lhe, de mais a mais, filtrar argumentos e elementos de prova para decidir de maneira coerente. Naquilo que interessa aqui, a punição por litigância de má-fé somente é lícita quando determinada conduta perpetrada pela parte se ajustar a alguma das hipóteses *específicas* (= suportes fáticos) positivadas taxativamente na lei (CPC/2015, arts. 80, 536, §3º, 702, §11, entre outros); do contrário, ter-se-á pura e simplesmente tirania moralizante transvestida de rotina judicial. Sobre o tema, conferir: AROCA, Juan Montero. *Proceso Civil e Ideología*: Un prefacio, una sentencia, dos cartas y quince ensayos. Coordenador: Juan Montero Aroca. Sobre el mito autoritário de la "buena fe procesal". Valencia: Tirant lo Blanch, 2006. pp. 283-356; CANTEROS, Fermín. La doctrina de los actos propios y el pretendido "deber de coherencia" en el proceso. *Empório do Direito*. 02 dez. 2019. Disponível em: www.emporiododireito.com.br. Acesso em: 13 dez. 2019; FONSECA COSTA, Eduardo José. Processo e razões de Estado. *Empório do Direito*. 28 out. 2019. Disponível em: www.emporiododireito.com.br. Acesso em: 14 dez. 2019.

Art. 6º Todos os sujeitos do processo devem cooperar entre si para que se obtenha, em tempo razoável, decisão de mérito justa e efetiva.

Correspondente
Não há correspondência no CPC/1973.

Cuidados interpretativos: quis o legislador que o CPC/2015 ostentasse dispositivo similar ao que consta do CPC português, instituindo assim um dever de cooperação entre todos os sujeitos atuantes na arena procedimental-jurisdicional (juiz, partes, advogados, representante do Ministério Público, auxiliares da justiça) a fim de que se obtenha, em tempo razoável, decisão de mérito justa e efetiva. A abertura sintático-semântica do art. 6º do CPC/2015 serve de *advertência* para o indispensável cuidado de interpretá-lo (i) em apego à realidade, (ii) restritivamente, (iii) sem desvarios direcionados a um ideário socializante que busca descolar dos litígios o núcleo contencioso que lhes é característico, (iv) de forma sistemática e (v) com respaldo na Constituição, especialmente em atenção à liberdade de litigância das partes (contraditório e ampla defesa) e à própria imparcialidade judicial.

O "bom litigante": o art. 6º do CPC/2015 impõe um dever de cooperação que *supostamente* envolve "todos os sujeitos do processo". A literalidade do dispositivo sugere até que *parte* e *contraparte* (e *advogados antagonistas*) unam-se em favor da jurisdição estatal e dos seus resultados. Soa aos ouvidos como uma aposta em Rousseau, como se o legislador desejasse instituir a figura do "bom litigante", ou seja, aquele que não está preocupado em vencer a lide e superar seu oponente, e sim compromissado em cooperar com o Estado para obter solução de mérito "justa" e efetiva. Trata-se, porém, de visão idealista, romântica, descolada da realidade e não afinada às garantias fundamentais contrajurisdicionais, distante do que de fato ocorre na arena procedimental-jurisdicional, onde as partes (e seus advogados) posicionam-se intencionadas a lograr êxito em suas pretensões, sempre almejando obter *vantagens lícitas*. Parte e contraparte não se encontram ali com o intuito de dar as mãos, mas para digladiarem e disputarem bens.

Cooperação processual não implica colaboração entre partes (tampouco entre advogados), que são parciais e fomentam cada qual interesses antagônicos. Em resumo: inexiste tal espírito altruísta que enlace os litigantes (próprio do cooperativismo socialista), pois o que cada um deles ambiciona é seu próprio favorecimento. Para mais detalhes, conferir: STRECK, Lenio Luiz; DELFINO, Lúcio; DALLA BARBA, Rafael Giorgio; LOPES, Ziel. O "bom litigante": riscos da moralização do processo pelo dever de cooperação do novo CPC. *RBDPro*, 90. Belo Horizonte: Editora Fórum, 2015. pp. 340-354.

Cooperação processual e arbítrio: o art. 6º do CPC/2015 *não* aprovisiona o juiz com um *álibi normativo* que o habilite, *escudado em ideais cooperativistas socializantes*, a impingir às partes abstenções e/ou flexibilizações procedimentais não previstas em lei; *tampouco* licencia-o a solapar garantias fundamentais processuais para perseguir aquilo que, *em sua particular subjetividade*, apresenta-se como "justo" para a solução do caso concreto. Do contrário, ter-se-á *receita certa* para o *incremento* do autoritarismo judicial – afinal de contas, hoje em dia são até corriqueiras, no sistema de justiça brasileiro, decisões desassociadas da lei e produzidas sem o indispensável exercício de suspensão de pré-juízos, humores e crenças ideológicas. Veja-se, por exemplo, o ocorrido no julgamento do RHC nº 99.606, cujo acórdão indica, em primeiro lugar, que o juiz de base aplicou "medidas coercitivas indiretas" sem observar *contraditório* e *dever de fundamentação das decisões judiciais*, além de registrar, logo na sequência, que "[a] falta de atendimento a essas exigências seria suficiente para macular a validade de referido ato processual e, por conseguinte, impedir a utilização desse meio de coerção indireta". A partir daí, *como se pode constatar em apontamentos da própria decisão*, o rumo que se seguiu foi inusitado: i) na impugnação ao cumprimento da sentença, o paciente-executado não teria se atentado para a determinação constante do art. 805, parágrafo único, do CPC/2015 ("Ao executado que alegar ser a medida executiva mais gravosa incumbe indicar outros meios mais eficazes e menos onerosos, sob pena de manutenção dos atos executivos já determinados"); ii) sob a égide do CPC/2015, o executado não está autorizado a apenas alegar a invalidade dos atos executivos, sobretudo quando adotados meios que se mostrem exageradamente gravosos, devendo indicar proposta de adimplemento da obrigação que se lhe apresente menos onerosa e, ao mesmo tempo, mais eficaz à satisfação do crédito exequendo; e iii) por não terem sido observados os deveres de boa-fé e cooperação (CPC/2015, art. 805, parágrafo único), não se configurou manifesta ilegalidade ou abuso de poder a ser reconhecido pela via do *habeas corpus*, razão pela qual a ordem foi negada (STJ, RHC nº 99.606/SP, 3ª Turma, rel. Min. Nancy Andrighi, julgamento: 13.11.2018, disponível em: www.stj.jus.br). Em miúdos: a partir de uma visão idealista, o STJ supervalorizou cooperação e boa-fé a ponto de sobrepô-las às garantias fundamentais do contraditório e da fundamentação das decisões judiciais. *Uma nulidade de natureza constitucional explicitamente identificada no julgado foi suplantada com apoio em regras infraconstitucionais, ou seja, a Constituição de 1988 foi lida e interpretada à luz do CPC/2015, e não o inverso, como haveria de ser* – nada além do velho *gesetzkonforme Verfassungsinterpretation*. Sobre o tema, conferir: DELFINO, Lúcio. Poder judicial versus Garantia Fundamental à Liberdade: Recurso Ordinário em Habeas Corpus n. 99.606 (Ensaio crítico acerca do mau uso das medidas executivas atípicas). *Empório do Direito*. 05 ago. 2019. Disponível em: www.emporiododireito.com.br. Acesso em: 17 dez. 2019; DELFINO, Lúcio. Cooperação processual: inconstitucionalidades e excessos argumentativos – Trafegando na contramão da doutrina. *RBDPro*, 93. Belo Horizonte: Editora Fórum, 2016. pp. 149-168; RAATZ, Igor. O juiz defensor da moral, o juiz defensor da verdade e o juiz defensor da lei: instrumentalismo, cooperativismo e garantismo processual. *Empório do Direito*. 01 abr. 2019. Disponível em: www.emporiododireito.com.br. Acesso em: 17 dez. 2019; SOUSA, Diego Crevelin de. O caráter mítico da cooperação processual. *Empório do Direito*. 06 dez. 2017. Disponível em: www.emporiododireito.com.br. Acesso em: 17 dez. 2019; SOUSA, Diego Crevelin de. Do dever de auxílio do juiz com as partes ao dever de auxílio do juiz com o processo: um giro de 360º. *Empório do Direito*. 17 jun. 2019. Disponível em: www.emporiododireito.com.br. Acesso em: 17 dez. 2019.

Cooperação processual e inquisitivismo judicial (1): parcela da doutrina (= doutrina cooperativista) tem dedicado vigorosos esforços em *transplantar* para a cooperação processual a *fundamentalidade* que é inerente às garantias constitucionais. É o que se constata em afirmações como aquela de que o "modelo cooperativo de processo" se caracterizaria por um redimensionamento do contraditório, com a inclusão da autoridade judicial no rol dos sujeitos do diálogo processual, e não mais como mero expectador do duelo travado entre os litigantes (DIDIER JUNIOR, Fredie. *Curso de Direito Processual Civil.* v. 1. 17. ed. Salvador: JusPodivm, 2015. pp. 124-125). Em miúdos: o juiz, que, por imposição constitucional, possui o dever de *meramente* assegurar o contraditório (CF/88, art. 5º, LV – "*aos litigantes,* em processo judicial ou administrativo, e *aos acusados* em geral *são assegurados* o *contraditório* e a *ampla defesa,* com os meios e recursos a ela inerentes"), de repente se vê ele próprio catapultado para o mesmo patamar que as partes, ou seja, foi transformado pela força da autoridade doutrinária em *sujeito ativo* do contraditório. Respeitosamente, tem-se nisso a idealização da figura de um "superjuiz" (= "juiz contraditor"), cujo papel – *retoricamente talhado pela potência camaleônica da doutrina cooperativista* – implica o exercício de atribuições até então *exclusivas* dos litigantes ou que pelo menos atue na condição de *conselheiro* ou *assistente* da parte por ele considerada hipossuficiente. É disso que surgem construções teóricas atribuindo *poderes de auxílio* à autoridade judicial em socorro a tal ou qual litigante, seja para, por exemplo, preveni-lo sobre o risco de adotar determinada estratégia de defesa, seja até para consultá-lo sobre se deseja ver apreciada pretensão de tutela de urgência que sequer foi formulada. Em resumo: trata-se de uma perspectiva doutrinária inconstitucional, elaborada à margem da influência das garantias contrajurisdicionais processuais, nada menos que inquisitividade judicial disfarçada pelos desígnios *justiça, efetividade* e *colaboracionismo.* Sobre o contrassenso que representa a ideia do "juiz contraditor", consultar: GONÇALVES, Aroldo Plínio. *Técnica processual e teoria do processo.* Rio de Janeiro: Aide, 1992. pp. 121-123; SOUSA, Diego Crevelin de. O caráter mítico da cooperação processual. *Empório do Direito.* 06 dez. 2017. Disponível em: www.emporiododireito.com.br. Acesso em: 15 dez. 2017; DELFINO, Lúcio; ROSSI, Fernando F. Juiz contraditor? *Revista Brasileira de Direito Processual – RBDPro,* Belo Horizonte, ano 21, n. 82, pp. 229-254, abr./jun. 2013.

Cooperação processual e inquisitivismo judicial (2): não há *identidade de essências* entre *cooperação processual* e *contraditório*, pois enquanto a primeira corresponde a um regramento de ordem infraconstitucional, o segundo possui a *fundamentalidade* que é inerente a toda e qualquer garantia constitucional. Aliás, como bem percebido por Mateus Costa Pereira, foi inusitada e equivocada a opção legislativa em situar a cooperação processual no capítulo *Normas Fundamentais do Processo Civil*, justamente porque carece ela de "índole garantista" (PEREIRA, Mateus Costa. Processualidade, jurisdicionalidade e procedimentalidade (II): a cooperação como "garantia" avessa ao processo. *Empório do Direito*. 07 out. 2019. Disponível em: www.emporiododireito.com.br. Acesso em: 17 dez. 2019). Embora institutos de tonalidades diversas, a doutrina cooperativista insiste em relacioná-los numa tentativa ousada e determinada de emprestar constitucionalidade à cooperação processual, ou seja, empreende um trabalho de *baralhamento retórico de conceitos* que traz, como resultados perniciosos, prejuízo à liberdade das partes e recrudescimento do poder judicial. Veja-se, em defesa do *modelo cooperativista de processo*, a lição de Fredie Didier Junior (citando Carlos Alberto Alvaro de Oliveira): "Os princípios do devido processo legal, da boa-fé processual e do contraditório, juntos, servem de base para o surgimento de outro princípio do processo: o princípio da cooperação. O princípio da cooperação define o modo como o processo civil deve estruturar-se no direito brasileiro. O art. 6º do CPC o consagrou expressamente: 'Todos os sujeitos do processo devem cooperar entre si para que se obtenha, em tempo razoável, decisão de mérito justa e efetiva'. Esse modelo caracteriza-se pelo redimensionamento do princípio do contraditório, com a inclusão do órgão jurisdicional no rol dos sujeitos do diálogo processual, e não mais como um mero espectador do duelo das partes. O contraditório é valorizado como instrumento indispensável ao aprimoramento da decisão judicial, e não apenas como uma regra formal que deve ser observada para que a decisão seja válida" (DIDIER JUNIOR, Fredie. *Curso de Direito Processual Civil*. v. 1. 17. ed. Salvador: JusPodivm, 2015. pp. 124-125). No fundo, o que se tem aí é uma tentativa doutrinária de desfigurar o conteúdo de uma *cláusula pétrea*. Ora, deve o intérprete realizar sua tarefa sempre em deferência à *moldura da norma* (= teorema da moldura), ou seja, há um elenco de alternativas possíveis à sua disposição, cabendo a ele indicar, ao fim e ao cabo, qual das possibilidades de fato será a adotada, pois, se a resposta decisória afastar-se dessa moldura, seguindo rumo não contemplado pelo conteúdo semântico-normativo, o julgador estará excedendo a sua competência funcional – *terá atuado mais como legislador do que como juiz* – em semelhante sentido: DIMOULIS, Dimitri. *Positivismo jurídico*: teoria da validade e da interpretação do direito. 2. ed. Porto Alegre: Editora Livraria do Advogado, 2018). O art. 5º, LV, da Constituição de 1988 ("*aos litigantes*, em processo judicial ou administrativo, e *aos acusados* em geral *são assegurados* o *contraditório* e a *ampla defesa*, com os meios e recursos a ela inerentes") é a *barreira de aço* que impede o êxito dos cooperativistas, uma vez que é impossível extrair da sua moldura normativa a "tese do redimensionamento do contraditório". Em síntese: i) o inciso LV do art. 5º da CF/88 estabelece uma *situação jurídica relacional* que envolve, de um lado, o Estado-Juiz, a *quem cumpre o dever de zelar pelo contraditório*, e, de outro, os litigantes, *que detêm a garantia (= direito) de exercer o contraditório*; ii) no diálogo em contraditório travado na arena procedimental-jurisdicional, a posição de *protagonistas* cabe *com exclusividade* aos litigantes, sendo o juiz que *se encontra em posição de sujeição em relação a elas* – não à toa, reza o art. 5º, LV, da CF/88 que "*aos litigantes*, em processo judicial ou administrativo (...) são *assegurados* o contraditório e a ampla defesa (...)"; e iii) basta ser *litigante*, em procedimento judicial ou administrativo (incidência do suporte fático), para que o contraditório lhe seja oportunizado – aliás, nessa linha já decidiu o STF: "... a garantia constitucional do contraditório e da ampla defesa, com os meios e recursos a ela inerentes, *tem como destinatários os litigantes em processo judicial ou administrativo e não o magistrado* que, no exercício de sua função jurisdicional, à vista das alegações das partes e das provas colhidas e impugnadas, decide fundamentalmente a lide" (STF, 2ª Turma, AgRg no RE nº 222.206/SP, Rel. Min. Maurício Corrêa, julgado em 30.03.1998, disponível em: www.stf.jus.br). Por fim, conclusões sobre a "tese do redimensionamento do contraditório": i) é puramente idealista (= moralismo jurídico) por não encontrar sustentação no direito positivo – sua base está situada, unicamente, nas intenções *revolucionárias* dos seus apologistas; ii) tacitamente, os cooperativistas arrogaram para si a "legitimidade" de esgarçar uma garantia contrajurisdicional (= contraditório), cuja alteração não é permitida nem pela obra do constituinte derivado (= cláusula pétrea; CF/88, art. 60, §4º, IV); iii) o *redimensionamento cooperativista* defende uma apropriação espúria e absurda pelo Estado-Juiz da garantia fundamental do contraditório, a ponto de transfigurá-la em *instrumento a serviço do poder* (= desfiguração de sua natureza de *instrumento contra-poder-jurisdicional*), com enorme potencial para minar seu *papel garantístico* de tutela das liberdades do cidadão-jurisdicionado; iv) incluir a figura do juiz "no rol dos sujeitos do diálogo processual" é empreendimento atentatório à Constituição de 1988 também por desdém a limites de cunho funcional, que segregam *competências das partes* e *competências do juiz*, em atropelo à imparcialidade judicial nos seus sentidos *objetivo-funcional* e *subjetivo-psíquico* – para detalhamentos, conferir o excelente artigo: SOUSA, Diego Crevelin de. O caráter mítico da cooperação processual. *Empório do Direito*. 06 dez. 2017. Disponível em: www.emporiododireito.com.br. Acesso em: 17 dez. 2019); v) o projeto cooperativista, voltado ao empoderamento da autoridade judicial pela via de uma outorga ilegítima em favor dela de *competências exclusivas das partes*, é empresa a serviço do "modelo inquisitivista de processo", que, a despeito de não encontrar eco na Carta Constitucional, segue sendo, aqui e ali, empregado nas práticas jurisdicionais do país. Sugestões de leitura: SOUSA, Diego Crevelin de. O caráter mítico da cooperação processual. *Empório do Direito*. 06 dez. 2017. Disponível em: www.emporiododireito.com.br. Acesso em: 17 dez. 2019; SOUSA, Diego Crevelin de. Do dever de auxílio do juiz com as partes ao dever de auxílio do juiz com o processo: um giro de 360°. *Empório do Direito*. 17 jun. 2019. Disponível em: www.emporiododireito.com.br. Acesso em: 21 dez. 2019; PEREIRA, Mateus Costa. Processualidade, jurisdicionalidade e procedimentalidade (II): a cooperação como "garantia" avessa ao processo. *Empório do Direito*. 07 out. 2019. Disponível em: www.emporiododireito.com.br. Acesso em: 17 dez. 2019; RAATZ, Igor. *Revisitando a "colaboração processual"*: ou uma autocrítica tardia, porém necessária. Ainda não publicado (*aprovado para publicação na RePro*).

Cooperação processual e inquisitivismo judicial (3): a Constituição tem por papel estabelecer balizas ao poder estatal, razão por que protege certas matérias do processo legislativo decisório (CF/88 art. 6º, §4º, IV). Intérprete e legislador não estão autorizados, por isso mesmo, a dilacerar o contraditório, isto é, a empreender espécie de "*upgrade*" de sentidos para nele incluir o juiz como seu destinatário (= sujeito ativo do contraditório), que então se tornaria paritário aos litigantes no "diálogo processual" (*vide* comentários nos tópicos anteriores). Afinal de contas, tal campanha despreza os limites semânticos do texto constitucional (CF/88, art. 5º, LV), além de minar a natureza protetiva dessa garantia fundamental, enfraquecendo sobremodo a posição das partes (e dos seus advogados) na arena procedimental-jurisdicional e vitaminando a figura da autoridade judicial, com risco real de quebra da sua imparcialidade (objetivo-funcional e subjetivo-psíquico) – para detalhamentos, conferir o excelente artigo: SOUSA, Diego Crevelin de. O caráter mítico da cooperação processual. *Empório do Direito*. 06 dez. 2017. Disponível em: www.emporiododireito.com.br. Acesso em: 17 dez. 2019. Tenha-se em mente que *cooperação processual* e *contraditório* são substancialmente distintos: a primeira advém de regramento infraconstitucional e se presta ao recrudescimento do poder jurisdicional – nas palavras de Mateus Costa Pereira, é uma "tecnologia da jurisdição (PEREIRA, Mateus Costa. Processualidade, jurisdicionalidade e procedimentalidade (II): a cooperação como "garantia" avessa ao processo. *Empório do Direito*. 07 out. 2019. Disponível em: www.emporiododireito.com.br. Acesso em: 17 dez. 2019) –, enquanto o derradeiro é garantia contrajurisdicional do cidadão, tem índole constitucional e seu propósito é *conter* o poder jurisdicional – é *garantia contrapoder jurisdicional*.

Colaboração processual e tutela provisória: não está a autoridade judicial autorizada, como advoga parcela da doutrina, a "colaborar" com o autor a ponto de *consultá-lo* a respeito do seu interesse na obtenção de uma tutela provisória por ele sequer postulada – defendendo essa possibilidade: MITIDIERO, Daniel. *Breves Comentários ao Novo Código de Processo Civil*. São Paulo: Revista dos Tribunais, 2015. p. 775; MARINONI, Luiz Guilherme; ARENHART, Sérgio Cruz; MITIDIERO, Daniel. *Novo Curso de Processo Civil*. São Paulo: Revista dos Tribunais, 2015. p. 307. Isso é nada menos que um artifício arbitrário, utilizado para driblar garantias processuais contrajurisdicionais, que se afina, aliás, aos ditames ideológicos do socialismo processual. Tem-se aí, sem dúvida, um *rebento corpulento* da posição – defendida por Francisco Campos (entre tantos outros à época) – segundo a qual compete ao juiz intervir no processo "de maneira que atinja, pelos meios adequados, *o objetivo de investigação dos fatos e descoberta da verdade*", anuída por Luiz Machado Guimarães (e por muitos outros juristas à época), que enxergava no aludido entendimento a revelação da "concepção autoritária do processo", ou seja, "um simples aspecto da atual tendência à socialização do direito" (GUIMARÃES, Luiz Machado. *Estudos de Direito Processual Civil*. Rio de Janeiro: Editora Jurídica e Universitária Ltda., 1969. pp. 128-136). Ora, juiz que assim age (= consultando o autor sobre seu interesse de obter tutela provisória não postulada) torna-se *parte* ou, ao menos, *assistente* ou *conselheiro* dela e, com isso, arruína por completo a sua imparcialidade. Veja-se, nessa linha, o raciocínio desenvolvido por Diego Crevelin de Sousa: i) a proposta deturpa a noção de *dever de consulta*, que não pode significar nada além da oportunização da manifestação das partes a respeito de questão que o juiz está obrigado a decidir, inclusive as cognoscíveis de ofício (CPC/2015, art. 10). É mecanismo utilizado para evitar *decisões surpresa* – "consultar não é provocar a parte para que ela requeira o exame de questão que o julgador não pode decidir de ofício"; ii) quando o juiz provoca a parte a requerer tutela provisória é porque ele já se convenceu acerca do seu deferimento. Mentalmente a decisão já está pronta, só necessitando do requerimento formal. E "juiz que já tem convicção formada antes da decisão e se coloca ao lado da parte para que ela lhe autorize a decidir" só faz violar a *imparcialidade subjetiva* e *objetivo-funcional* que deve(ria) envidar esforços para manter incólume; iii) juiz que assim atua sofre uma terrível mutação: de *juiz imparcial* torna-se *juiz contraditor ("juiz-postulante")* e dá ensejo a um "indisfarçável protagonismo judicial que, a pretexto de exercer papel mais ativo para igualar as partes, deturpa o conteúdo constitucional do contraditório e promove (...) distorções funcionais", isto é, desequilibra ao invés de equilibrar (SOUSA, Diego Crevelin de. O caráter mítico da cooperação processual. *Empório do Direito*. 06 dez. 2017. Disponível em: www.emporiododireito.com.br. Acesso em: 15 dez. 2017).

Cooperação processual e boa-fé processual: veja-se que o art. 6º do CPC/2015 prescreve que "todos os sujeitos do processo devem cooperar entre si". Tem-se aí uma cláusula aberta, *verdadeira chave para o inferno*, cuja aplicação direta certamente conduzirá às mais absurdas arbitrariedades, com juízes e tribunais disputando no dia a dia forense as suas versões pessoalizadas de cooperativismo processual. Conforme adverte Eduardo José da Fonseca Costa: "Qual o conteúdo dessa cooperação? Em que medida uma parte deve cooperar com a outra? Qual a sanção imputável à parte que se recusa a cooperar? Qual o prêmio atribuível à parte que se prontifica a cooperar? O juiz pode definir essa sanção ou esse prêmio? Há balizas para essa definição? Não sem motivo, ao redor do dispositivo gravita uma doutrina babelina. Por isso, a aplicação direta do dispositivo à *tout prix* implica a outorga, a um «juiz iluminado», de poderes discricionários paralegislativos e, por conseguinte, afronta à separação de poderes. Isso mostra que, em realidade, o cooperativismo é «apenas» uma versão rósea do instrumentalismo" (FONSECA COSTA, Eduardo José. Processo e razões de Estado. *Empório do Direito*. 28 out. 2019. Disponível em: www.emporiododireito.com.br. Acesso em: 14 dez. 2019). Pois uma proposta constitucionalmente pertinente, *bastante restritiva como deve ser em tais circunstâncias*, é admitir a cooperação processual tendo por base a *boa-fé subjetiva*. Em miúdos: a ideia central é a de que todos os atores processuais (juiz, partes, advogados, representante do Ministério Público, auxiliares da justiça) devam cooperar a fim de atender os ditames da boa-fé previstos *especificamente* na legislação processual (= deveres de boa-fé subjetiva). Sobre a impossibilidade de punir a parte que descumpre padrões da boa-fé objetiva, verificar comentários ao art. 5º (tópico *Boa-fé objetiva e punição por litigância de má-fé*).

Art. 7º É assegurada às partes paridade de tratamento em relação ao exercício de direitos e faculdades processuais, aos meios de defesa, aos ônus, aos deveres e à aplicação de sanções processuais, competindo ao juiz zelar pelo efetivo contraditório.

Correspondente
CPC/1973, art. 125, I.

Referências
CF/88, art. 5º, *caput*, I e LV.

Paridade de armas: reza a Constituição *serem todos iguais perante a lei* (CF/88, art. 5º, I). Naquilo que importa aqui, a paridade de armas, *uma das manifestações do devido processo*, é garantia que assegura aos litigantes o direito de digladiarem em pé de igualdade perante terceiro imparcial, de modo que exerçam suas posições jurídicas e influenciem na construção das decisões judiciais *de maneira equilibrada* ao longo do procedimento jurisdicional. Trata-se de uma *igualdade de oportunidades e de audiência* (VELLOSO, Adolfo Alvarado. O garantismo processual. Trad. Glauco Gumerato Ramos. *In*: FREIRE, Alexandre; DELFINO, Lúcio; OLIVEIRA, Pedro Miranda de; RIBEIRO, Sérgio Luiz de Almeida (Coords.). *Processo Civil nas tradições brasileira e iberoamericana*. Florianópolis: Editora Conceito, 2014. pp. 18-30).

Igualdade a partir da lei: a normatividade jurídica, inerente à paridade de armas, garante às partes o exercício *em pé de igualdade* de direitos e faculdades processuais e dos meios de defesa, ônus e deveres, além da segurança de que eventuais sanções serão aplicadas somente em caso de incidência dos suportes fáticos especificamente previstos em lei, *respeitados contraditório e ampla defesa*, não se admitindo seu manejo como ferramenta de retaliação. É nessa linha, aliás, que o art. 139 impõe ao juiz a direção da atividade jurisdicional segundo as disposições legais do CPC/2015, incumbindo-lhe, entre outras posturas, assegurar às partes *igualdade de tratamento*. Importante: não é lícito ao julgador diligenciar experimentos de *justiçamento social* dedicados à "igualação" das partes sob "foice e martelo", tendo por guia a própria subjetividade (= visão particular de mundo), com risco real de afronta a outras garantias contrajurisdicionais (contraditório, ampla defesa, imparcialidade). *Paridade de armas é igualdade a partir da lei, jamais apesar dela.* Nessa linha, já se decidiu: i) "[n]ão há exigência expressa na lei para que também eventuais cópias de documentos novos juntados perante o Tribunal sejam acostados à petição referida no art. 526 do CPC"; ii) "[s]em exigência expressa nesse sentido, a omissão do agravante em promover essa juntada não pode conduzir à gravíssima consequência do não conhecimento do seu recurso, mesmo porque o agravado foi intimado para respondê-lo, tomando ciência da documentação"; iii) "[i]sso seria (...) levar o processo a consequências extremas, permitindo seu uso como mera armadilha, em prejuízo da efetiva apreciação judicial dos interesses em litígio"; iv) "*o processo civil deve ser visto como sistema que favoreça, na maior medida possível, um julgamento quanto ao mérito da causa, sempre respeitado o princípio da paridade de armas*", evitando-se assim "*a criação de óbices que não estejam dispostos expressamente em lei*" (STJ, REsp nº 944.040, 3ª Turma, rel. Min. Nancy Andrighi, julgamento: 25.05.2010, disponível em: www.stj.jus.br). Sobre o tema, conferir: PEREIRA, Mateus Costa. A paridade de armas sob a ótica do garantismo processual. *RBDPro*, 98. Belo Horizonte: Editora Fórum, 2017.

Técnicas, procedimentos e paridade de armas: o *legislador*, confrontado por parâmetros específicos que revelam desigualdades no palco procedimental-jurisdicional (sexo, grupo social, profissão, idade, condição econômica, urgência, abuso do direito de defesa), vê-se impelido a elaborar técnicas e procedimentos diferenciados para assegurar o *equilíbrio* que deve nortear o embate travado pelas partes em juízo. *Eventuais investidas do juiz em prol desse equilíbrio somente se legitimam quando antevistas em lei*, até porque, não fosse assim, haveria enorme risco de atentado ao devido processo legal (= processo como instituição de garantia contrajurisdicional de liberdade das partes), sobretudo à imparcialidade judicial, cuja substância confere a exata medida daquilo que realmente distingue a jurisdição – como ensina Mateus Costa Pereira, *a isonomia processual é tarefa que toca mais ao legislador que ao julgador* (PEREIRA, Mateus Costa. A paridade de armas sob a ótica do garantismo processual. *RBDPro*, 98. Belo Horizonte: Editora Fórum, 2017). Confiram-se, a seguir, exemplos que demonstram o labor legislativo dedicado à concretização da *paridade de armas*: i) diante de peculiaridades da causa relacionadas à impossibilidade, ou à excessiva dificuldade de desincumbir do ônus da prova, ou à maior facilidade de obtenção da prova do fato contrário, permite a lei, *em tempo e modo adequados*, que o ônus da prova seja distribuído de modo diverso daquele previsto pela regra geral (CPC/2015, art. 373, I e II, §1º c/c art. 357, III); ii) a concessão de assistência judiciária gratuita a isentar o jurisdicionado carente de recursos do pagamento de despesas, custas, emolumentos e honorários (CPC/2015, art. 98); iii) a suspensão do procedimento em circunstâncias extraordinárias, como morte ou perda da capacidade processual de qualquer das partes, de seu representante legal ou procurador, arguição de impedimento ou de suspeição, admissão de incidente de resolução de demandas repetitivas, etc. (CPC/2015, art. 313); iv) prioridade na tramitação de processos nos quais figurem pessoas com idade igual ou superior a 60 anos (Lei nº 10.741/2003, art. 71); v) controle judicial da validade das convenções de procedimento entabuladas pelas partes (CPC/2015, art. 190, parágrafo único); vi) distribuição de toda e qualquer petição inicial segundo o sistema eletrônico, sendo alternada e aleatória, nas comarcas onde houver mais de um juiz (CPC/2015, art. 285); vii) incidente de desconsideração da personalidade jurídica, que se, de um lado, assegura o contraditório e a ampla defesa do devedor, de outro, quando acolhido o pedido, torna a alienação (e/ou a oneração) de bens havida em fraude de execução ineficaz em relação ao requerente (CPC/2015, arts. 133 e segs.); viii) incidente de resolução de demandas repetitivas (CPC/2015, art. 976 e segs.); ix) competência para propositura de ações em que o réu for incapaz no foro de domicílio do seu representante ou assistente (CPC/2015, art. 50).

Enunciados vinculantes e isonomia: o CPC/2015 aposta fortemente em uma espécie de vinculação (vertical e/ou horizontal) que passa a caracterizar vários provimentos judiciais. Trata-se de opção legislativa que, de algum modo, se relaciona também com a isonomia. Nessa linha, o art. 927 impõe aos juízes e tribunais a observância: i) das decisões do STF em controle concentrado de constitucionalidade; ii) de enunciados de súmula vinculante; iii) de acórdãos em incidente de competência ou de resolução de demandas repetitivas e em julgamento de recursos extraordinário e especial repetitivos; iv) de enunciados de súmulas do STF em matéria constitucional e do STJ em matéria infraconstitucional; v) da orientação do plenário ou do órgão especial aos quais estiverem vinculados. Em algumas hipóteses, o CPC/2015 prevê a possibilidade de manejo da ação de *reclamação* como maneira de assegurar reverência a enunciados vinculativos e, por conseguinte, à própria igualdade (arts. 988 e segs.). Outros exemplos da operacionalização desses enunciados vinculativos: i) nas causas que dispensem a fase instrutória, o juiz, independentemente de citação do réu, julgará liminarmente improcedente o pedido que contrariar enunciado de súmula do STF ou do STJ, acórdão proferido pelo STF ou pelo STJ em julgamento de recursos repetitivos, entendimento firmado em incidente de resolução de demandas repetitivas ou de assunção de competência e enunciado de súmula de tribunal de justiça sobre direito local (CPC/2015, art. 332); ii) ao relator, incumbe negar provimento a recurso que for contrário à súmula do STF, do STJ ou do próprio tribunal (CPC/2015, art. 932, IV, a, b e c); iii) ao relator, incumbe, *depois de facultada a apresentação de contrarrazões*, dar provimento ao recurso se a decisão recorrida for contrária à súmula do STF, do STJ ou do próprio tribunal, acórdão proferido pelo STF ou pelo STJ em julgamento de recursos repetitivos e entendimento firmado em incidente de resolução de demandas repetitivas ou de assunção de competência (CPC/2015, art. 932, V, a, b e c).

Paridade de armas e poder público: a legislação dispensa tratamento diferenciado ao poder público atuante em juízo. Os exemplos são muitos: i) prazos mais alongados; ii) desnecessidade de interposição de recursos para reexame de sentenças contrárias aos seus interesses; iii) possibilidade de retirar a eficácia de decisões proferidas em seu desfavor (Lei nº 4.348/1964, art. 4º; Lei nº 8.437/1992, art. 4º). Importante: há quem entenda, *com argumentos respeitáveis*, que esse tratamento diferenciado conferido ao poder público não mais se justifica hodiernamente, traduzindo-se, a bem da verdade, em privilégios cuja eficácia normativa não estaria imune, *até como forma de assegurar a paridade de armas*, à filtragem via controle difuso de constitucionalidade (CPC/2015, art. 139, I).

Contraditório: respeitar o contraditório implica permitir que a *democracia participativa* perpasse e ilumine todas as fases do procedimento jurisdicional. *É direito fundamental de influência e não surpresa cuja titularidade cabe exclusivamente às partes*. Embora sua origem normativa seja constitucional (CF/88, art. 5º, LV), não se pode desprezar a importância de comandos legais constrangendo o órgão judicial a *zelar* pelo debate em contraditório. Advertências: i) o zelo que o juiz *deve* ter pela observância do contraditório não o autoriza a funcionar na arena procedimental-jurisdicional como um *contraditor*, isto é, a ele não é permitido atuar em *paridade* com os litigantes no diálogo por eles ali travado; e ii) baralhar *competências funcionais* dos sujeitos processuais pode significar quebra da imparcialidade judicial e entrave à liberdade de litigância das partes – verificar comentários aos arts. 9º e 10.

Art. 8º Ao aplicar o ordenamento jurídico, o juiz atenderá aos fins sociais e às exigências do bem comum, resguardando e promovendo a dignidade da pessoa humana e observando a proporcionalidade, a razoabilidade, a legalidade, a publicidade e a eficiência.

Correspondente

Não há correspondência no CPC/1973.

Referências

CF/88, art. 1º, III; art. 5º, *caput*, I, LX e LXXVIII; art. 93, IX e X; art. 226, §7º; art. 227; art. 230.

LINB, art. 5º.

Parâmetro normativo: o art. 8º do CPC/2015 é *parâmetro normativo* dedicado a auxiliar na compreensão/aplicação do ordenamento jurídico. Não se pode enxergá-lo, no entanto, como espécie de *carta-licença* para que o intérprete-aplicador arvore-se em investidas autocráticas, desrespeitosas da positividade legal, sobretudo capazes de arruinar o *devido processo* em seu papel de garantir a liberdade de litigância das partes. Em miúdos: se há regra específica que acomode determinada situação fática, não está o juiz autorizado a simplesmente ignorá-la, fazendo opção por soluções pessoalizadas criadas a partir de raciocínios calcados em princípios e cláusulas gerais.

Princípios – papel de fechamento hermenêutico: parafraseando Lenio Streck, os princípios: i) sinalizam um *a priori* compartilhado e proporcionam uma *dimensão antecipatória de sentido*; ii) têm aplicação garantida, pois não há regra sem um princípio instituidor que lhe dê sentido (= é impossível interpretar uma regra sem levar em consideração seu princípio instituidor); e iii) são padrões que impedem "chutes de sentido" na interpretação do direito positivado. É nessa exata medida que assumem papel de *fechamento hermenêutico* no momento da decisão (STRECK, Lenio. *Verdade e consenso*: Constituição, hermenêutica e teorias discursivas. 4. ed. São Paulo:

Editora Saraiva, 2014. pp. 541 e segs.). Os princípios representam, enfim, *conquistas civilizatórias*, conferem coerência e integridade ao sistema jurídico e são a sua *base de sustentação*, de modo que o intérprete deve tê-los como bússola, de um lado porque sinalizam *clareiras de possibilidade* em casos de aberturas legislativas e lacunas, de outro por fixarem raias ou restrições interpretativas respaldadas em marcadores normativos historicamente instituídos. No mesmo sentido: ABBOUD, Georges; CARNIO, Henrique Garbellini; OLIVEIRA, Rafael Tomaz de. *Introdução à teoria e à filosofia do direito*. 3. ed. São Paulo: Editora Revista dos Tribunais, 2015. p. 367.

Fins sociais e exigências do bem comum: as expressões *fins sociais* e *exigências do bem comum*, também presentes na LINDB (art. 5º), indicam que a atividade jurisdicional tem por ideal a concretização dos direitos fundamentais em suas mais variadas dimensões. No que tange especificamente ao aspecto processual-constitucional, atender aos fins sociais e às exigências do bem comum significa, em última análise, respeito ao devido processo (= processo como instituição de garantia), ou seja, ao conjunto de garantias contrajurisdicionais (contraditório, ampla defesa, igualdade ante a lei, imparcialidade judicial, direito à defesa técnica, duração razoável, fundamentação e publicidade das decisões judiciais) cuja finalidade é assentar e legitimar toda a legislação procedimental e jurisdicional, além de conferir ao trabalho hermenêutico-interpretativo consistência, rigor, sistematicidade, integridade e coerência.

Dignidade da pessoa humana: é a dignidade da pessoa humana parte da *argamassa de toda a estrutura jurídico-político brasileira*. Sobre isso, a Constituição de 1988 repele qualquer dúvida ao estabelecer que *a República Federativa do Brasil, formada pela união indissolúvel dos Estados de Municípios e do Distrito Federal, constitui-se em Estado Democrático de Direito e tem como fundamentos a soberania, a cidadania, os valores sociais do trabalho e da livre iniciativa, o pluralismo jurídico e a dignidade da pessoa humana* (CF/88, art. 1º, I, II, III, IV e V). Além disso, a Carta Magna faz alusão à dignidade da pessoa humana ao versar sobre planejamento familiar (art. 226, §7º) e deveres do Estado, família e sociedade em relação ao bem-estar de crianças, adolescentes e idosos (art. 227 c/c art. 230). Importante: não é legítimo, *sob pena* *de se fomentarem posturas autoritárias e antirrepublicanas*, utilizar o princípio da dignidade da pessoa humana, *ou qualquer outro princípio*, como espécie de *trunfo argumentativo*, ou seja, com o propósito de *torcer* e *superar os limites normativo-semânticos* de textos legais válidos para atingir significados ao sabor da própria *subjetividade* que agita e acondiciona o intérprete.

Proporcionalidade: como mostra William Galle Dietrich, em estudo escorado na tese de doutorado escrita por Lucas Laurentiis, a proporcionalidade, à época do Código Geral Prussiano, foi concebida para *controlar excessos e desvios de poder*. Era espécie de técnica para limitar "a atuação do poder estatal dentro da esfera de liberdade dos indivíduos". Ocorre que, após a queda do nacional-socialismo, houve uma reversão no conteúdo originário da proporcionalidade: tornou-se mecanismo destinado a ponderar e aplicar uma ordem de valores em casos de colisões entre direitos fundamentais. No Brasil, desde a década de 1950, a proporcionalidade "é um caos de significados" e, nos dias atuais, tem sido também utilizada como "recurso argumentativo", um "títere servil e maleável" para "fechar decisões" cujas motivações "não sejam exclusivamente aquelas previstas na legislação positiva" (DIETRICH, William Galle. Proporcionalidade irracional: qual delas? *Empório do Direito*. 16 dez. 2019. Disponível em: www.emporiododireito.com.br. Acesso em: 18 dez. 2019). Indo ao ponto: em terras brasileiras, a proporcionalidade ganhou contornos de um "aríete relativizador de garantias fundamentais", faz o branco ficar preto e transforma o redondo em quadrado, tudo ao gosto do intérprete. Nelson Nery Jr. e Georges Abbod trazem apontamentos cuja compreensão pode coadjuvar no manejo adequado da técnica: i) uma leitura constitucionalmente adequada impõe interpretações que sejam capazes de *harmonizar* princípios constitucionais, nunca colocá-los em confrontação; ii) é preciso desassociar definitivamente *proporcionalidade* e *ponderação*, amarração disseminada a partir dos escritos de Robert Alexy; iii) no Estado Democrático de Direito, a proporcionalidade corresponde a um preceito normativo cuja função é coibir abusos do poder público em socorro à proteção dos direitos fundamentais do cidadão, jamais significando uma abertura para *juízos de ponderação*, que só fazem fomentar o decisionismo e contribuir para a insegurança e imprevisibilidade; iv) a proporcionalidade aplica-se como parâmetro normativo a partir de uma bipartição, vale dizer, ou o ato decisório (lei ou decisão judicial) é contrário à Constituição porque o Estado se excedeu na restrição de direito e atentou contra seu conteúdo essencial (*proibição de excesso*), ou então porque determinado direito ou bem jurídico foi protegido de forma insuficiente (*proibição de proteção deficiente*) (NERY JUNIOR, Nelson; ABBOUD, Georges. *Direito Constitucional Brasileiro*: curso completo. São Paulo: Revista dos Tribunais, 2016. pp. 153-155). Sobre o tema, consultar: STRECK, Lenio. *Verdade e consenso*: Constituição, hermenêutica e teorias discursivas. 4. ed. São Paulo: Editora Saraiva, 2014; LAURENTIIS, Lucas Catib de. *A proporcionalidade no Direito Constitucional*. São Paulo: Malheiros, 2017; DIETRICH, William Galle. Proporcionalidade irracional: qual delas? *Empório do Direito*. 16 dez. 2019. Disponível em: www.emporiododireito.com.br. Acesso em: 18 dez. 2019.

Razoabilidade: a ideia de razoabilidade deve estar presente em todo e qualquer ato decisório, pois seu escopo é, sobretudo, prevenir e afastar práticas contrárias à razão e ao equilíbrio do pensamento comum. É *parâmetro normativo* cujo enfoque exorta o intérprete a produzir decisões que atendam a uma *dimensão de equanimidade*, sem invencionices, sempre atento aos limites semânticos da(s) norma(s) interpretada(s) (= respeito à moldura normativa).

Legalidade: segundo o art. 8º do CPC/2015, o juiz deve, ao aplicar o ordenamento jurídico, observar a legalidade. Conquanto a regra seja redundante, tem-se nela um *reforço* à garantia contrajurisdicional de que "ninguém será obrigado a fazer ou deixar de fazer alguma coisa senão em virtude de lei" (CF/88, art. 5º, II). Trata-se de estratégia normativa relevante num país em que a lei é encarada por inúmeros juristas e profissionais como um estorvo a ser superado; não é incomum prevalecerem, *mesmo à míngua de inconstitucionalidades*, respostas decisórias *contra legem* (algumas com efeito vinculativo). É a invasão do *moralismo jurídico*, cujo alcance compreende praticamente todos os ramos do direito, reforçado e defendido por uma doutrina *panprincipiologista* (= fetiche por princípios) em voga já por décadas, que fortalece o espírito libertino de quem, discordando da lei, deseja impor ao caso concreto solução a partir de seus próprios critérios. Em uma época tal, lições com a de Eduardo José da Fonseca Costa precisam ser levadas a sério: "O juiz deve manter-se no reduto tedioso da legalidade. A lei – aprovada por representantes eleitos democraticamente pelo povo – é o limite normativo do seu movimento. As únicas possibilidades funcionais do juiz são as possibilidades semânticas do texto legal. Aplicando conteúdo semântico extralegal, o juiz não aplica criação legislativa, mas criação sua (sob inspiração própria ou alheia). Não interpreta-aplica, mas esquematiza-aplica. Age como legislador. Inventa sem autorização constitucional. Atua imaginativamente à margem de legitimação democrática. No entanto, no Brasil, jamais um cientista do processo ocupou-se da legalidade (CF, art. 5º, II) como uma garantia fundamental contrajurisdicional. Aliás, espanta – mesmo entre os constitucionalistas – a penúria literária sobre o tema. Pudera: no país do ativismo judicial agudo, lei é sinal de mau agouro e legicentrismo item no Código Internacional de Doenças" (FONSECA COSTA, Eduardo José da. As garantias arquifundamentais contrajurisdicionais: não-criatividade e imparcialidade. *Empório do Direito*. 19 abr. 2018. Disponível em: www.emporiododireito.com.br. Acesso em: 23 abr. 2019). Em semelhante sentido (e com alicerce nas lições de Celso Antônio Bandeira de Mello), já decidiu o STF: "No exercício gratificante da arte de interpretar, descabe inserir na regra de direito o próprio juízo – por mais sensato que seja – sobre a finalidade que 'conviria' fosse por ela perseguida. Sendo o direito uma ciência, o meio justifica o fim, mas não este aquele" (STF, RE nº 148.304-1-MG, 2ª Turma, rel. Min. Marco Aurélio, julgado: 30.06.1994, disponível em: www.stf.jus.br). Conferir ainda: RAATZ, Igor. O processo como direito fundamental. *Empório do Direito*. 21 out. 2019. Disponível em: www.emporiododireito.com.br. Acesso em: 25 jan. 2020.

Legalidade como garantia contrajurisdicional: prevê a Constituição de 1988, *no rol de direitos e garantias fundamentais*, que "ninguém será obrigado a fazer ou deixar de fazer alguma coisa senão em virtude de lei" (CF/88, art. 5º, II). Trata-se, sem dúvida, de *princípio capital*, a partir do qual todo e qualquer cidadão pode nortear, com alguma segurança, sua vida em sociedade. Para além disso e mesmo que a doutrina pouco ou quase nada se dedique a essa sua faceta, a legalidade é garantia fundamental *contrajurisdicional* –

nesse sentido: FONSECA COSTA, Eduardo José da. As garantias arquifundamentais contrajurisdicionais: não-criatividade e imparcialidade. *Empório do Direito*. 19 abr. 2018. Disponível em: www.emporiododireito.com.br. Acesso em: 23 abr. 2019). *Afinal de contas, é também papel da lei instituir limites ao avanço do poder estatal jurisdicional sobre a vida das pessoas* (CALVINHO, Gustavo. *El processo con derechos humanos*: método de debate y garantia frente al poder. Bogotá: Editorial Universidad del Rosario, 2011. p. 182). Em outras palavras: o princípio da legalidade representa uma proteção (= garantia, escudo ou anteparo normativo) *contra eventuais abusos e desvios praticados pela atuação do Estado-Juiz*. Se a lei não exige o cumprimento de determinada conduta, tampouco impõe às pessoas que se abstenham de praticá-la, significa que qualquer um está autorizado a agir da maneira que julgar adequada. De um lado, esse *vazio legislativo* assegura *liberdade de atuação*; de outro, corresponde a uma *restrição* endereçada à autoridade judicial. Quem pratica jurisdição em desdém à lei – quer desrespeitando-a, quer atuando como se legislador fosse – afronta a *garantia da separação de poderes* (CF/88, 60, §4º, III) e suplanta o que lhe é autorizado, extravasando a sua competência funcional para fazer prevalecer a própria subjetividade em detrimento da *autonomia individual* daquele vitimado pela decisão. Nesse sentido, a precisa lição de Igor Raatz: "O reconhecimento jurídico-político do processo como direito fundamental (sua positivação nas Constituições) somente reafirma aquilo que já estava historicamente assentado: *o processo é garantia da liberdade do indivíduo contra o Estado*. Na verdade, a sua ulterior positivação nas Constituições – e no caso brasileiro a tradição do *due process of law* tem respaldo expresso na dicção do art. 5º, LIV, CF – somente veio a reforçar a tese. As contribuições da teoria liberal dos direitos fundamentais, por sua vez, permitem que se avance nessa linha, reforçando e reestabelecendo os vínculos – quebrados pela doutrina instrumentalista do processo – entre processo e liberdade, sintetizados na fórmula *processo como direito fundamental*. Um bom exemplo disso, é a noção de direito fundamental como reserva de lei proporcional, a partir da qual se impõe a resistência às intervenções estatais e limitações a direitos fundamentais que não ocorram com base legal. Essa perspectiva é suficiente para tornar claro a incompatibilidade constitucional presente nas intervenções judiciais sobre a esfera de liberdade individual que não estejam alicerçadas em lei. Sendo mais claro, *flexibilizações do procedimento legalmente instituído ou até mesmo a criação de procedimentos pelo órgão jurisdicional importam em intervenções indevidas na esfera da liberdade individual. Somente a lei – de modo proporcional – pode autorizar que o órgão jurisdicional interfira na liberdade individual*. Do contrário, restaria violado o direito fundamental ao devido processo. Algo bastante simples e lógico, porém esquecido muitas vezes pela doutrina e pela prática judiciária brasileira" (RAATZ, Igor. O processo como direito fundamental. *Empório do Direito*. 21 out. 2019. Disponível em: www.emporiododireito.com.br. Acesso em: 25 jan. 2020).

Ressalvas à aplicação da lei: a jurisdição deve ser exercida tendo por pauta a *legalidade*, sempre em respeito à *autonomia do direito*, pouco importando a *concepção de justiça* que o intérprete-julgador assuma para si na dinâmica da sua vida pessoal e social. O ordenamento jurídico exclui a interferência de *razões pessoais* sobre determinados assuntos, diminui o grau de discricionariedade interpretativa, limitando a atuação estatal e demarcando a esfera de autonomia individual, a ponto de promover coordenação das condutas, eficiência no trato intersubjetivo em uma sociedade plural, segurança e igualdade de tratamento (LAVOCAT GALVÃO, Jorge Octávio. *O neoconstitucionalismo e o fim do Estado de Direito*. Tese (Doutorado em Direito) – Faculdade de Direito da USP. São Paulo, 2012. p. 19). Em miúdos: jurisdição praticada em respeito à legalidade, *sem invencionices ou absurdos interpretativos*, segue a cartilha constitucional, é republicana, democrática, previsível, compreensível e controlável. Entretanto, há circunstâncias – como mostra Eduardo José da Fonseca Costa – em que a parte pode *acionar* ou *excepcionar* contra texto expresso de lei ou de dispositivo de lei mediante as ressalvas de *inconstitucionalidade, caducidade, revogação, não recepção* (revogação de lei pré-constitucional por incompatibilidade com a nova Constituição), *interpretação conforme a Constituição, nulidade parcial sem redução de texto, inconstitucionalidade com redução parcial de texto, invocação de norma jurídica implícita pré-excludente da aplicação da lei* (por exemplo, insignificância como excludente supralegal de tipicidade no direito penal) (FONSECA COSTA, Eduardo José da. Processo: garantia de liberdade [freedom] e garantia de «liberdade» [liberty]. *Empório do Direito*. Disponível em: www.emporiododireito.com.br. Acesso em: 24 abr. 2019). Sobre o íntimo entrelaçamento entre processo e liberdade, conferir: RAATZ, Igor. O processo como direito fundamental. *Empório do Direito*. 21 out. 2019. Disponível em: www.emporiododireito.com.br. Acesso em: 25 jan. 2020.

Publicidade: a Constituição de 1988 regulamentou a *publicidade dos atos processuais* em seu art. 5º, LX, também fazendo referência à aludida garantia fundamental nos incisos IX e X do seu art. 93. Às partes, imediatamente, interessam o caminhar e o saldo da atividade jurisdicional, mas é errado pensar que a jurisdição concerne apenas a elas. A todos interessam o mecanismo pelo qual se desenvolve a jurisdição, assim como os próprios resultados oriundos da sua atuação. Nem poderia ser diferente, sobretudo hoje, em que se constata uma atuação jurisdicional mais acentuada em setores antes exclusivos à seara política, numa sociedade muitas vezes conduzida ou iluminada por decisões judiciais, algumas trazendo consigo o atributo da *vinculatividade*. A publicidade dos atos processuais permite o exercício de uma filtragem social do poder, instiga o debate crítico em diversas esferas da sociedade e, em especial, possibilita que a jurisdição seja alvo de fiscalização contínua. Por conseguinte, é indubitável que a garantia constitucional ganhe ainda maior relevo num ambiente no qual todo poder emana do povo e é por ele exercido (direta ou indiretamente) (CF/88, art. 1º, parágrafo único). É sempre bom lembrar que a atividade jurisdicional é expressão do poder estatal, razão por que há de ser, o mais amplamente possível, democratizada. Também, nesse aspecto, a publicidade tem importância por possibilitar que todos do povo tenham acesso aos atos praticados ao longo dos procedimentos jurisdicionais, especialmente às decisões judiciais, fomentando a partir disso um permanente diálogo entre sociedade civil e Judiciário. Perceba-se, de outro lado, que a Constituição não se restringe a determinar que as decisões judiciais sejam públicas; vai mais longe e se refere à "publicidade dos atos processuais" (CF/88, art. 5º, LX). Como já decidiu a Corte Europeia dos Direitos do Homem, a publicidade protege os jurisdicionados contra uma justiça secreta que resiste ao controle público, constituindo ademais um dos mecanismos de preservação da confiança nas cortes e tribunais. Enfim, a *transparência* é indispensável num ambiente procedimental voltado à atuação estatal, e seu atestado está precisamente no cumprimento regular dessa importante garantia constitucional. Numa visão mais específica, a regra é mesmo a publicidade dos atos processuais (e administrativos), não obstante a possibilidade de lei que a restrinja, sempre que assim exigirem a defesa da intimidade ou o interesse social (CF/88, art. 5º, LX e art. 93, X). Impõe a Constituição que os julgamentos dos órgãos do Judiciário serão públicos, mas excepciona a garantia ao estabelecer a possibilidade de limitar a presença em tais julgamentos às próprias partes e aos seus advogados (ou somente a estes), quando o interesse público o exigir (CF/88, art. 93, IX). Semelhantemente dispõe o art. 189 do CPC/2015, que reafirma a garantia constitucional, além de excepcioná-la, prescrevendo, *num rol exemplificativo*, correrem em segredo de justiça os processos em que o exigir o interesse público ou social, aqueles atinentes ao casamento, à separação de corpos, ao divórcio, à separação, à união estável, à filiação, aos alimentos, à guarda de crianças e adolescentes, bem assim aqueles dos quais constem dados protegidos pelo direito constitucional à intimidade e que versem sobre arbitragem, inclusive sobre cumprimento de carta arbitral, desde que a confidencialidade estipulada na arbitragem seja comprovada perante o juízo. Em conclusão, a garantia fundamental à publicidade: i) agrega-se à essência do processo (= instituição de garantia) e, por conseguinte, integra o esquema procedimental mínimo que contribui para o controle da jurisdição e do seu resultado; ii) representa mecanismo de democratização de tal parcela do poder estatal; iii) possibilita a concretização de outras garantias constitucionais, como o exercício dinâmico da ação, do contraditório e da ampla defesa; e iv) traduz-se em verdadeira garantia às partes – e à própria sociedade – contra o arbítrio estatal-jurisdicional.

Eficiência (visão tradicional): tradicionalmente, a ideia de eficiência é vista como oriunda da *garantia fundamental à duração razoável* (CF/88, art. 5º, LXXVIII). Manifesta-se, num primeiro momento, em *perspectiva quantitativa*, muito ao gosto das reformas legislativas atuais e cujo intuito é imprimir *celeridade* à atividade jurisdicional. Ter-se-á, portanto, *eficiência quantitativa* frente à adequada positivação legislativa e manejo interpretativo de técnicas processuais e procedimentos capazes de permitir que seja a jurisdição conduzida com brevidade, sem paradas abruptas destituídas de sentido, impermeáveis a idas e vindas injustificadas e que eliminem os *tempos mortos do processo*. Exemplos de dispositivos legais cujo fim é também produzir o aceleramento da atividade jurisdicional: i) julgamento em ordem cronológica (CPC/2015, art. 12); ii) ordem cronológica de recebimento para publicação e efetivação dos pronunciamentos judiciais (CPC/2015, art. 153); iii) tutelas provisórias (CPC/2015, art. 294); iv) penhora *on-line* (CPC/2015, art. 854); v) inclusão do nome do executado em cadastros de inadimplentes (CPC/2015, art. 782, §3º); vi) emprego de força policial para cumprir, se necessário, ato executivo (CPC/2015, art. 403, parágrafo único); vii) incidência da coisa julgada à resolução de questão prejudicial decidida expressa e incidentalmente no processo (CPC/2015, art. 503, §1º); viii) dever judicial de determinar todas as medidas indutivas, coercitivas, mandamentais ou sub-rogatórias necessárias para assegurar o cumprimento da ordem judicial, inclusive em ações que tenham por objeto prestação pecuniária (CPC/2015, art. 139, IV); ix) dever de decidir, em recurso de apelação, desde logo o mérito quando, estando o feito em condições de imediato julgamento, for decretada a nulidade da sentença por defeito de fundamentação (CPC/2015, art. 1.013, §3º, IV). De outra banda, tem-se outrossim, *e não menos importante*, a eficiência em *perspectiva qualitativa*. Ou seja, *procedimentos* e *técnicas* processuais merecem previsão legal sensível às idiossincrasias dos muitos direitos materiais, não desdenhosas às particularidades do caso concreto e que reverenciem os limites impostos pelo devido processo legal. Exemplos de dispositivos legais voltados à *eficiência qualitativa*: i) dilatação dos prazos processuais e alteração da ordem de produção dos meios de prova para adequá-los às necessidades do conflito (CPC/2015, art. 139, VI); ii) dever judicial de controle da validade de convenções processuais entabuladas pelos litigantes (CPC/2015, art. 190, parágrafo único); iii) contraditório dinâmico (CPC/2015, art. 10); iv) dever substancial de fundamentação das decisões judiciais (CPC/2015, art. 489, §1º); v) audiência e decisão de saneamento e organização do processo (art. 357); vi) exigência de uniformização, integridade, estabilidade e coerência da jurisprudência dos tribunais (CPC/2015, art. 926); vii) combate normativo à prática da jurisprudência defensiva (CPC/2015, art. 4º). Em miúdos: a eficiência (em sua visão tradicional) possui duas facetas absolutamente indissociáveis, não sendo lícito falar em duração razoável a partir de procedimentos que, por exemplo, assinalem a jurisdição unicamente pela marca da *celeridade*, porém pecando pela falta de *qualidade* (e de legitimidade constitucional), já que desdenham as garantias contrajurisdicionais do contraditório, da ampla defesa e da imparcialidade judicial e/ou, ainda, desprezam as idiossincrasias que identificam os muitos direitos materiais e as particularidades dos casos concretos (= número de partes envolvidas, complexidade do direito material envolvido, quantidade de advogados, minudências fáticas e dificuldades probatórias). Obras específicas têm sido publicadas sobre o tema, por exemplo: CAVALCANTI CAMPOS, Eduardo Luiz. *O princípio da eficiência no processo civil brasileiro.* São Paulo: Grupo GEN, 2018; FREITAS, Helena. *Eficiência da jurisdição*: necessidade de sua (des)construção para efetivação do modelo constitucional de processo. Belo Horizonte: D'Plácido, 2019; JOBIM, Marco Félix. *As funções da eficiência no processo civil brasileiro.* São Paulo: Revista dos Tribunais, 2017.

Eficiência (visão garantista processual): a jurisdição não é, *e nem poderia ser*, redutível às práticas industriais, com enfoque exclusivo em atingir o máximo rendimento com o menor gasto possível de energia, similarmente à lógica da *linha de montagem fordista*. Essa visão equivoca-se por concentrar atenção sobranceira no poder jurisdicional, fazendo pouco caso aos cidadãos-jurisdicionados, cujas disputas envolvem parcelas importantes de suas vidas. Sem contar o patente desprezo que demonstra aos desvios e erros, infelizmente de quando em vez praticados por juízes e tribunais. Daí já se constata que eficiência, *sob a miragem do processo* (= garantia contrajurisdicional para a tutela das liberdades), vai bem além da mera busca pela celeridade do serviço judiciário. *Processo eficiente* (repita-se: algo inteiramente distinto de *jurisdição eficiente*), encarado a partir da sua *realidade substantiva e constitucional*, é aquele apto para o exercício do papel fundamental que o distingue, ou seja, legitimar o exercício do poder jurisdicional e impor-lhe limites para que não avence descontroladamente sobre a individualidade e existência dos cidadãos.

Art. 9º Não se proferirá decisão contra uma das partes sem que ela seja previamente ouvida.

Parágrafo único. O disposto no caput não se aplica:

I – à tutela provisória de urgência;

II – às hipóteses de tutela da evidência previstas no art. 311, incisos II e III;

III – à decisão prevista no art. 701.

Correspondente

Não há correspondência no CPC/2015.

Referências

CF/88, art. 1º, parágrafo único; art. 5º, LV.

Contraditório: conquanto sua origem normativa seja constitucional (CF/88, art. 5º, LV), não se pode desprezar a importância da regulamentação do contraditório também no âmbito da legislação infraconstitucional. Afinal de contas, mesmo hoje essa garantia fundamental não raro encontra entraves na prática judiciária, seja porque decisões são prolatadas abruptamente, sem que se tenha possibilitado aos litigantes coadjuvarem a sua construção, seja ainda porque, às vezes, juízes e tribunais se afastam do conteúdo debatido para decidirem a partir de fatos e/ou direitos alheios à contenda. Importante: zelar pelo contraditório, *como expressamente previsto na última parte do art. 7º*, não pode significar – *e de fato não significa* – a transfiguração do juiz em um contraditor, que atuaria em paridade com as partes no diálogo processual. Que fique claro: i) o contraditório é garantia individual *das partes*; ii) o juiz participa do contraditório para atender as *situações jurídicas passivas* dele decorrentes, vale dizer, seu papel limita-se a oportunizá-lo às partes e a zelar pelo seu exercício; iii) o contraditório existe para a proteção do cidadão-jurisdicionado contra deslizes e abusos praticados pelo Estado-Juiz – é *contrajurisdicional, não pró-jurisdicional.*

Contraditório diferido: segundo prescreve o CPC/2015, *em dispositivo que representa um de seus pontos altos (art. 10)*, o juiz *não* está autorizado a decidir, em grau algum de jurisdição, com base em fundamento a respeito do qual não se tenha dado às partes oportunidade de se manifestar, *ainda que se trate de matéria sobre a qual deva decidir de ofício*. É o que a doutrina denomina de contraditório *substancial* ou *dinâmico*. Em outros termos: é *dever* do juiz (última parte do art. 7º do CPC/2015) assegurar às partes a *participação efetiva* delas na construção das decisões judiciais. *Por isso deve o exercício do contraditório ocorrer antes, e não depois da decisão*. Entretanto, o art. 9º relativiza o *mecanismo de performance* regular dessa garantia individual ao autorizar a prolação de algumas decisões contra uma das partes sem que antes lhe tenha sido oportunizada a manifestação. As hipóteses são as seguintes: i) *tutela provisória de urgência* (art. 300 e segs.); ii) *tutela provisória de evidência* requerida com fundamento em alegações de fato cuja comprovação seja feita apenas documentalmente e se houver tese firmada em julgamento de casos repetitivos ou em súmula vinculante (art. 311, II); iii) *tutela provisória de evidência* em caso de pedido reipersecutório fundado em prova documental adequada do contrato de depósito (art. 311, III); e iv) *tutela provisória de evidência* para deferir a expedição de mandado *de pagamento, de entrega de coisa* ou *para a execução de obrigação de fazer ou de não fazer*, desde que evidente o direito do autor em *procedimento monitório* (art. 701). O legislador utilizou-se aqui da técnica do contraditório *diferido* ou *ulterior*, vale dizer, não suprimiu o exercício do contraditório, senão o *postergou* para momento imediatamente posterior ao deferimento ou indeferimento da decisão liminar. Sobre a inconstitucionalidade da técnica do contraditório diferido aplicada às tutelas de evidência, verificar comentários adiante.

Técnica antecipatória: para parcela da doutrina, a justificação de técnicas de antecipação de tutelas estaria na intenção legislativa de minguar os efeitos temporais da jurisdição a partir de premissas benevolentes ao autor, dizendo ser injusto que o ônus do tempo recaia exclusivamente sobre ele, como se fosse o culpado pela lentidão relacionada à cognição dos direitos. Enfim, as técnicas antecipatórias de tutela avalizariam a igualdade do procedimento pela distribuição do ônus do tempo entre as partes. Ocorre, porém, que, se o autor não tem culpa pela demora da atividade jurisdicional, tampouco o réu do mesmo modo a tem. Se a lentidão da máquina judiciária representa grave problema – e ninguém com um mínimo de sensatez negaria isso –, é preciso combatê-la em suas raízes, que hoje muito pouco concernem às técnicas legislativas. Mais: não se pode atribuir ao réu a pecha de acomodado (ainda que muitas vezes ele o seja), pois a *pressuposição de inocência*, que também implica efeitos na seara cível (conferir FONSECA COSTA, Eduardo José da. Presunção da inocência civil: algumas reflexões no contexto brasileiro. *Revista Brasileira de Direito Processual – RBDPro*, Belo Horizonte, n. 100, out./dez. 2017, pp. 129-144), é um parâmetro normativo constitucional cuja observância o situa, de regra, em situação temporal privilegiada em relação ao autor. Como esclarece Araken de Assis: i) a afirmativa de que "*a demora sempre beneficia o réu que não tem razão*" sugere *peremptoriamente* juízo *positivo* quanto à razão do autor, e *negativo* em relação à razão do réu, *o que, por óbvio, é inadmissível*; ii) tal raciocínio aduba o terreno já fértil da ideologia favorável à marginalidade do réu, como se fosse ele indigno da tutela consagrada nos direitos fundamentais processuais, um sujeito incômodo da relação processual, cuja obrigatória participação atrapalha e inibe a efetividade da jurisdição; iii) essa antipatia latente contra o réu *deve ser rejeitada*, de um lado porque *não se inventou procedimento jurisdicional sem réu*, de outro porque *a proteção conferida ao réu ainda se situa no cimo da escala de valores da humanidade* (ASSIS, Araken. *Processo Civil Brasileiro*. Parte Geral: Institutos fundamentais. v. II. Tomo II. São Paulo: Revista dos Tribunais, 2015. pp. 369-370). Em semelhante sentido: ARMELIN, Donaldo. Tutela jurisdicional diferenciada. *Revista de Processo – RePro*, 65. São Paulo: Revista dos Tribunais, 1992. pp. 45-55.

Contraditório diferido e tutelas de urgência: a *prudência* deve ser a *estrela-guia* do legislador ao pretender positivar, no ordenamento jurídico, a técnica do *contraditório diferido (ou ulterior)*. Afinal de contas, o que se terá, *como consequência da não incidência imediata do contraditório*, é a ausência de debate e, portanto, a forja de uma decisão judicial *sem a influência de uma das partes*, até porque o intuito é justamente surpreendê-la em favor da brevidade da tutela de direito perseguida. Na *queda de braço* entre *efetividade* e *participação democrática*, vence a primeira em circunstâncias excepcionalíssimas e devidamente justificadas. Importante: sempre que a lei restringe uma garantia fundamental, é preciso investigar se o Estado-Legislador foi além do que lhe era permitido (= proibição de excesso). E não há descomedimento em dispositivo legal que excepciona episodicamente contraditório e ampla defesa a fim de resguardar um direito (provável ou já certificado) de ameaças que podem até arruiná-lo (CPC/2015, art. 300). Indo ao ponto: são constitucionais regras que autorizam, *em situações emergenciais*, o deferimento de tutelas *inaudita altera parte* (= sem contraditório prévio), pois a própria Constituição, em seu art. 5º, XXXV (situado entre os direitos e garantias fundamentais individuais), estabelece que "a lei não excluirá da apreciação do Poder Judiciário lesão ou *ameaça* a direito". A *técnica antecipatória liminar* atrela-se umbilicalmente ao *acesso à justiça*; sem ela, muitos seriam os direitos a sucumbir perante ameaças fáticas pululantes no cotidiano da vida. A mecânica é a seguinte: presentes os requisitos autorizadores (CPC/2015, art. 300), defere-se *de pronto* (= sem a ouvida da parte contrária) a tutela provisória de urgência e, logo na sequência, oportuniza-se ao réu o exercício do contraditório e da ampla defesa, permitindo a lei, inclusive, que ataque a decisão pela via recursal (CPC/2015, art. 1.015, I).

Contraditório diferido e tutelas de evidência (1): em face do que foi trabalhado no item precedente, não há dúvida sobre a constitucionalidade da técnica antecipatória liminar (= sem a ouvida prévia da contraparte) fundada na urgência (CPC/2015, art. 9º, I). Acontece, no entanto, que o CPC/2015 não se limitou a excepcionar a atuação imediata do contraditório em situações de urgência; foi além para autorizar a concessão de tutela *inaudita altera parte* com fundamento na *evidência* quando o pedido se escorar em uma das hipóteses nele previstas (CPC/2015, art. 9º, II). Especificamente, a ressalva à implementação imediata do contraditório também se justificaria quando: i) as alegações de fato estiverem comprovadas documentalmente e houver tese firmada em julgamento de casos repetitivos ou em súmula vinculante (CPC/2015, art. 311, II); e ii) na hipótese de pedido reipersecutório escorado em prova documental adequada do contrato de depósito (CPC/2015, art. 311, III). Em miúdos: o CPC/2015 restringiu o exercício do contraditório a partir de uma *lógica utilitarista*, vale dizer, aquela segundo a qual *direitos altamente prováveis* legitimam técnica legislativa dirigida à inversão do *ônus do tempo*, de modo que o réu, e não mais o autor, passe a suportá-lo.

Contraditório diferido e tutelas de evidência (2): considerada a introdução feita no item anterior, a lei limitou *de forma indevida* o exercício do contraditório (= inconstitucionalidade) ao autorizar o deferimento de tutelas de evidência *inaudita altera parte*. Primeiramente, a tutela *inaudita altera parte* é sempre exceção porque *atalha* o devido processo legal, ou seja, posterga *episodicamente* contraditório e ampla defesa. É somente a *urgência, demonstrada no caso concreto pelo periculum in mora*, que legitima a concessão de tutelas de direito antes de oportunizar ao réu o direito de manifestar e influir sobre a decisão a ser prolatada. Sem o risco de prejuízo ao direito (suposto ou certificado) que se pretende a título de tutela final, não há razão idônea (= constitucionalmente válida) para se mutilar o devido processo. Em segundo lugar, veja-se que, no que diz respeito às tutelas de evidência, a atribuição de significativo peso ao ideal de *eficiência*, em recusa à *imediata* e *prévia* incidência do contraditório, fundou-se com exclusividade na *alta probabilidade do direito*. Mas essa é uma lógica legislativa equivocada, pois as alegações de fato, *mesmo provadas pela via documental*, podem comportar múltiplas interpretações. O próprio conteúdo documental frequentemente implica exegeses diversas, tanto que há litígios instaurados porque, por exemplo, os contratantes alimentam cada qual impressões diferentes daquilo que reza o instrumento entabulado. Não bastasse, com frequência documentos são impugnados por contraprovas capazes de eliminar por completo a sua força probante, o que, por si só, justifica o apreço que a Constituição tem pela garantia fundamental ao contraditório. Mais: segundo a lei, a relativização infraconstitucional do contraditório exige, além do lastro documental, a incidência de *tese firmada em julgamento de casos repetitivos* ou *súmula vinculante* (CPC/2015, art. 311, II). O empreendimento legislativo merece severas críticas por tentar fazer o impossível, vale dizer, impermeabilizar os enunciados vinculativos da tarefa interpretativa. Sobre isso, seguem-se as seguintes observações: i) enunciados vinculativos, à semelhança dos próprios textos legais, não trazem sentidos prontos e acabados, deles não emanam clarividência explícita e inquestionável; ii) ao que parece, o legislador positivou espécie de retorno à metafísica clássica (*adaequatio intellectus et rei*) quando se acreditava que as coisas possuíam essências, concepção absolutamente desafinada das tendências hodiernas do pensamento filosófico; iii) é um erro confundir texto e norma, iniquidade que caracteriza a ânsia, hoje habitual, de eliminar a facticidade do mundo jurídico como receituário para a obtenção de resultados acelerados; iv) por mais claro que seja um enunciado vinculativo, jamais dispensará interpretação – o intérprete sempre precisará apurar a efetiva aplicação do enunciado vinculativo, dadas as semelhanças fático-jurídicas entre o caso anterior e o caso atual. Sobre a inconstitucionalidade da técnica antecipatória *inaudita altera parte* para acelerar tutelas de evidência, consultar: ANDRADE, Francisco Rabelo Dourado de. *Tutela de evidência, teoria da cognição e processualidade democrática.* Belo Horizonte: Fórum, 2017. As linhas acima foram reproduzidas, com um e outro ajustes, do nosso: STRECK, Lenio Luiz; DELFINO, Lúcio; SOUSA, Diego Crevelin de. Tutela provisória e contraditório: uma evidente inconstitucionalidade. *Consultor Jurídico*. 15 maio 2017. Disponível em: www.conjur.com.br. Acesso em: 29 abr. 2019.

Tutela de evidência e procedimento monitório: inexiste proteção deficiente e tampouco inconstitucionalidade no que tange à tutela de evidência prevista no procedimento monitório (CPC/2015, art. 9º, III c/c art. 701 e seguintes). No caso do art. 9º, II, do CPC/2015 (= tutelas de evidência concedidas *inaudita altera parte*), haverá decisão com aptidão para interferir diretamente na esfera jurídica do requerido, consequência cuja remoção dependerá de decisão posterior (*por exemplo*, provimento em agravo de instrumento para reformar a tutela antecipatória). Não é o que ocorre, no entanto, na hipótese do art. 9º, III, do CPC/2015. Intimado do mandado monitório, o requerido pode: i) pagar (quando haverá extinção do feito); ii) ficar inerte (quando haverá automática conversão para o procedimento executivo); ou iii) apresentar embargos monitórios (quando haverá automática conversão em procedimento comum). Ou seja, no procedimento monitório, a eficácia executiva ou mandamental, conforme o caso, só atua quando *não interpostos, interpostos* *intempestivamente* ou *rejeitados* os embargos monitórios. Noutras palavras, a *mera* oferta de embargos à ação monitória (cujo conteúdo é *de defesa*, não diferindo essencialmente de uma contestação) mantém estancados os efeitos do *mandado* de pagamento, de entrega de coisa ou para execução de obrigação de fazer ou de não fazer. Portanto, como o acertamento do direito só se perfectibiliza após a intimação do réu – que, inclusive, pode estagnar os efeitos da decisão que deferiu a expedição do mandado monitório mediante apresentação de embargos monitórios –, não se vislumbra violação insuportável do contraditório na decisão *in limine litis* que estima presentes os pressupostos da tutela monitória. As linhas acima foram reproduzidas do nosso: STRECK, Lenio Luiz; DELFINO, Lúcio; SOUSA, Diego Crevelin de. Tutela provisória e contraditório: uma evidente inconstitucionalidade. *Consultor Jurídico*. 15 maio 2017. Disponível em: www.conjur.com.br. Acesso em: 29 abr. 2019.

Art. 10. O juiz não pode decidir, em grau algum de jurisdição, com base em fundamento a respeito do qual não se tenha dado às partes oportunidade de se manifestar, ainda que se trate de matéria sobre a qual deva decidir de ofício.

Correspondente

Não há correspondência no CPC/1973.

Referências

CF/88, art. 1º, parágrafo único; art. 5º, LV.

Súmula nº 381 (STJ). Nos contratos bancários é vedado ao julgador conhecer, de ofício, da abusividade das cláusulas.

Jurisdição, democracia e contraditório: alguns veem na atividade jurisdicional um *déficit democrático* por não compreenderem como uma *minoria de juízes*, não eleita pelo povo (a exemplo dos funcionários políticos) e desobrigada de avaliações populares periódicas, possa fazer suas decisões prevalecerem, em última instância, sobre a vontade dos representantes democraticamente eleitos (GARGARELLA, Roberto. *La justicia frente al gobierno*. Barcelona: Editorial Ariel, 1996. p. 9). Duas são as respostas: i) a atividade jurisdicional tem legitimidade simplesmente porque a nomeação de juízes segue instruções detalhadas pela Constituição de 1988 (= argumento formal); e ii) a garantia fundamental do contraditório é a razão pela qual se pode afirmar *inexistir* tensão entre *democracia* e *jurisdição* (= argumento substancial). Detalhando a segunda resposta: os resultados decisórios devem se espelhar no material fático e jurídico resultante do debate em contraditório travado pelas partes, *não no labor solitário e independente da autoridade judicial (= solipsismo judicial)*, motivo por que a jurisdição (= expressão do poder estatal) se legitima *substancialmente* a partir da ideia de *democracia participativa*, nos exatos moldes do parágrafo único do art. 1º, *segunda parte*, da Carta Constitucional – "*Todo* poder emana do povo, que o exerce por meio de representantes eleitos, *ou diretamente*, nos termos desta Constituição". Enfim, no Estado Democrático de Direito, o *contraditório* é a *ponte de ouro* entre *jurisdição* e *democracia*.

Contraditório e seus sentidos: antes, o contraditório era encarado meramente como uma garantia em favor das partes de *informação* sobre os atos que se sucedem ao longo do procedimento jurisdicional e também de *reação* contra eles. Hoje, *além de manter essa concepção formal*, o contraditório surge como direito de *participação* e *influência* na construção das decisões judiciais, num viés exegético afinado a ideários constitucionais democráticos. Na lição de Ronaldo Brêtas de Carvalho Dias, o CPC/2015 atribuiu ao contraditório "estrutura quadripartite, qual seja, informação-reação-diálogo-influência" (CARVALHO DIAS, Ronaldo Brêtas de. *Estudo sistemático do NCPC*. Belo Horizonte: D`Plácido, 2016. p. 54). Não só isso, pois o contraditório é igualmente importante *garantia contrajurisdicional* apta a refrear e corrigir erros e arbítrios praticados pela autoridade judicial. *Vide*, adiante, o item *Blindagem contra arbítrios*.

Solipsismo judicial: *juiz solipsista* é aquele que *se basta em si, egoísta, encapsulado*, que atua solitariamente, ao arrepio do debate em contraditório travado pelas partes; *seu compromisso é apenas com a sua própria subjetividade*. São muitos os exemplos de *decisões solipsistas* (= desdém ao *contraditório como garantia de influência e não surpresa*): i) utilização *de fundamentos* (de fato e ou de direito) alheios ao objeto litigioso; ii) condenação arrebatada (= sem a ouvida das partes) à litigância de má-fé; iii) condenação em honorários sucumbenciais sem anterior discussão entre os litigantes acerca dos critérios previstos em lei para o seu arbitramento; iv) aplicação abrupta da *disregard doctrine*, como se a ausência patrimonial da pessoa jurídica executada fosse condição suficiente para o redirecionamento dos canhões do Estado ao patrimônio pessoal dos sócios; v) aplicação *ex officio* (e sem a ouvida das partes) da prescrição ou decadência. Decisões produzidas a partir de um alheamento ao contraditório (= decisões surpresa) carregam consigo a pecha da soberba; além de imprevisíveis e não transparentes, são arbitrárias, ferindo mortalmente o ideal democrático que deve legitimar o exercício do poder jurisdicional. À guisa de ilustração, confira-se, ainda, julgado que ilustra o tema *solipsismo judicial*: "Processual civil. Recurso ordinário constitucional em mandado de segurança. Admissibilidade do *writ* impetrado por terceiro prejudicado. Súmula 202/STJ. Auxiliar da justiça. Responsabilização civil. Determinação de penhora em ação judicial da qual não foi parte. Necessidade de observância do contraditório e da ampla defesa.

Ilegalidade reconhecida. Recurso ordinário provido. 1. O propósito recursal é definir se é ilegal a decisão judicial que determina a penhora de valores de instituição financeira, no âmbito de processo do qual não era parte, mas funcionou como auxiliar da justiça. 2. É admissível, em tese, a impetração de mandado de segurança por terceiro prejudicado, ainda que não tenha sido interposto o respectivo recurso na qualidade de terceiro juridicamente prejudicado. Súmula 202/STJ ('A impetração de [mandado de] segurança por terceiro, contra ato judicial, não se condiciona à interposição de recurso'). 3. A instituição financeira que cumpre ordem judicial de indisponibilização de saldos encontrados em contas bancárias atua como auxiliar da justiça. 4. A atuação dos auxiliares da justiça é dirigida e orientada pelo juízo da causa, a quem subordinam-se e submetem-se, mediante regime administrativo, e, por isso, os auxiliares não detêm nenhuma faculdade ou ônus processual, devendo, entretanto, observar os deveres estabelecidos no art. 14 do CPC/1973 (correspondente ao art. 77 do Código de Processo Civil atual) e podendo ser responsabilizados civil, administrativa ou penalmente pelos danos que causarem, em razão de dolo ou culpa. 5. *A responsabilidade civil dos auxiliares da justiça deve ser apurada mediante observância dos princípios do contraditório e da ampla defesa, em via processual adequada para sua inclusão como parte.* 6. Recurso ordinário em mandado de segurança provido" (STJ, RMS 49.265, 3ª Turma, rel. Min. Marco Aurélio Bellizze, julgamento: 13.12.2019, disponível em: www.stj.jus.br).

Matérias conhecíveis de ofício: as matérias cognoscíveis de ofício (exemplos: ausência das condições da ação e dos pressupostos processuais, existência de coisa julgada, prescrição, decadência, incompetência absoluta) merecem interpretação à luz do *princípio democrático*. Nada, aliás, justifica pensamento em contrário. Talvez em função da comodidade, prosperava na prática o entendimento de que matérias apreciáveis de ofício estariam isentas da influência do contraditório, de maneira que o juiz se encontraria liberto de ouvir, apreciar e considerar as manifestações das partes a respeito delas. Não há, todavia, racionalidade alguma nesse argumento, e o CPC/2015 vem de encontro a ele ao exigir, *de forma expressa*, que seja oportunizada a manifestação das partes, *inclusive no que tange às matérias sobre as quais o juiz deva decidir de ofício*. Detalhamentos: i) matérias apreciáveis de ofício são aquelas que a autoridade judicial tem o dever, por iniciativa própria (= sem a provocação de quem quer que seja), de *fazer chegar* ao ambiente procedimental-jurisdicional; ii) *é a lei que define quais são as matérias apreciáveis de ofício*; iii) não é lícito a autoridade judicial decidir matérias apreciáveis de ofício sem antes oportunizar às partes que se manifestem, de modo que somente depois, *já imbuída pela influência do contraditório*, cumprir-lhe-á, aí sim, decidir; iv) entendimento antagônico afronta a Constituição de 1988 (e o CPC/2015) por avalizar a produção de decisões em desatenção à construção dialógico-participativa que marca e legitima o procedimento jurisdicional, dando azo à surpresa e falta de transparência; e v) a Constituição prevê, em primeiro plano, o contraditório, e nada há nela, nenhuma única ressalva, que autorize desconsiderá-lo frente às matérias de ordem pública.

Blindagem contra arbítrios: além de assegurar aos litigantes direito a *informação-reação-diálogo-influência* (CARVALHO DIAS, Ronaldo Brêtas de. *Estudo sistemático do NCPC*. Belo Horizonte: D`Plácido, 2016. p. 54), o contraditório tem por papel protegê-los contra eventuais desvios e investidas arbitrárias praticados por juízes e tribunais (= garantia contrajurisdicional), pois, se o material fático e jurídico oriundo do debate entre as partes *deve* ser levado em consideração na elaboração de resultados decisórios, se a elas é irrecusável oportunizar a prévia manifestação antes da prolação de qualquer decisão (mesmo as que envolverem "questões de ordem pública"; CPC/2015, art. 10), é evidente que a garantia do contraditório se presta outrossim ao *controle* da própria autoridade judicial, a ponto de exigir que atue em respeito às expectativas alimentadas por autor, réu e terceiros intervenientes ao longo de todo o procedimento, sem surpresas ou arbitrariedades. Observações: i) doutrina e jurisprudência têm louvado aquilo denominado "sentido forte" do contraditório (= substancial ou dinâmico) – às suas feições originárias de *informação* e *reação* acrescentou-se a ideia de *participação* e *influência* –; ii) a infusão desse "sentido forte" ao contraditório – devidamente ancorado no ordenamento jurídico (CPC/2015, art. 10) – aproxima *atividade jurisdicional* e *democracia*, fazendo concluir que também as decisões judiciais se legitimam *pela participação* (= não são fruto do labor solitário de juízes e tribunais); iii) a atribuição de "sentido forte" ao contraditório implica, *até em função da sua própria natureza, incremento* em favor do desempenho das partes na arena procedimental-jurisdicional, somado à *suplementação* do papel que essa garantia fundamental exerce contra erros e abusos perpetrados por julgadores (= garantia contrajurisdicional); iv) não é correto atrelar os reflexos impingidos ao contraditório pelos ideais democráticos (= contraditório "em sentido forte") a uma ampliação de poderes da autoridade judicial – como quer a doutrina cooperativista, inclusive a partir de construções que ajoujam indevidamente *cooperativismo processual* e *contraditório* –, pois um empreendimento assim, além de *minar* a garantia fundamental em seu papel contrajurisdicional, vai de encontro à própria Constituição de 1988, colocando em seriíssimo risco a imparcialidade judicial (em seus sentidos objetivo-funcional e subjetivo-psíquico). Sobre o tema, consultar: ANCHIETA, Natascha; RAATZ, Igor. Contraditório em "sentido forte": uma forma de compensação das posturas judiciais instrumentalistas? *Empório do Direito*. 23 set. 2019. Disponível em: www.emporiododireito.com.br. Acesso em: 20 dez. 2019; SOUSA, Diego Crevelin de. O caráter mítico da cooperação processual. *Empório do Direito*. 06 dez. 2017. Disponível em: www.emporiododireito.com.br. Acesso em: 17 dez. 2019; SOUSA, Diego Crevelin. Do dever de auxílio do juiz com as partes ao dever de auxílio do juiz com o processo: um giro de 360°. *Empório do Direito*. 17 jun. 2019. Disponível em: www.emporiododireito.com.br. Acesso em: 20 dez. 2019.

Iura novit curia: o art. 10 do CPC/2015 proíbe o juiz, *em qualquer grau de jurisdição*, a decidir a partir de *fundamento* a respeito do qual não se tenha oportunizado a manifestação das partes, ainda que se trate de matéria apreciável de ofício. É genérica a expressão *fundamento*, de modo que, na arena procedimental-jurisdicional, é indispensável o chamamento das partes para controverterem sobre *fatos* e *direitos* (= *fundamento de fato* e *fundamento de direito*). Indo ao ponto: uma circunstância gravíssima de lesão ao contraditório ocorre quando a autoridade judicial resolve o conflito de interesses a partir de *enquadramento jurídico* diverso daquele que foi objeto de debate pelos litigantes, em desrespeito à *regra da congruência*, que vincula a decisão judicial à *causa de pedir* e ao *pedido*. Muito embora prevalecente entendimento mais amplo, a verdade é que hoje o brocardo *iura novit curia* (= o juiz conhece o direito) deve ser interpretado *cum grano salis*. Nesse rumo, a lição certeira de Eduardo José da Fonseca Costa: "Projetada sobre o âmbito processual, a *ordem pública* consiste no conjunto das matérias de interesse do Estado sobre as quais o juiz se deve pronunciar a qualquer tempo e grau de jurisdição, ainda que não suscitadas pelas partes. Trata-se, pois, de matérias cognoscíveis *per officium iudicis*. Contudo, não se pode olvidar que o processo é um espaço de liberdade [*freedom*] e de «liberdade» [*liberty*]: é exclusiva das partes a tarefa de aportar aos autos os fundamentos de direito, os fundamentos de fato e as provas, não podendo o juiz interferir nesse aporte para lhes imprimir adições, alterações e supressões (...). As partes constituem livremente para si todo o objeto do debate em juízo. Logo, as matérias de ordem pública devem ser tímidas e estar claras na lei. Dada a enorme dificuldade de se definirem as características distintivas que delimitam o conceito de ordem pública [= definição intencional], só é possível à lei enumerar exaustivamente as matérias que estão compreendidas nesse conceito [= definição extensional]. No sistema brasileiro de direito positivo atual, são exemplos dessas matérias: a incompetência absoluta [CPC, art. 64, §1º]; a ausência de pressupostos processuais [CPC, art. 485, IV]; a existência de perempção, litispendência e coisa julgada [CPC, art. 485, V]; a ausência de legitimidade ou de interesse processual [CPC, art. 485, VI]; a intransmissibilidade *ex vi legis* da ação em caso de morte da parte [CPC, art. 485, IX]; a decadência [CC, art. 210 c.c. CPC, art. 487, II]; a prescrição [CC, art. 193 c.c. art. 487, II]; as questões assim expressamente definidas em lei [ex.: CDC, art. 1º]; a nulidade do negócio jurídico [CC, art. 168, parágrafo único]; a nulidade da execução [CPC, art. 803, parágrafo único]. A «impossibilidade jurídica do pedido» – outrora referida no art. 267, VI, do CPC/1973 – hoje se acomoda no art. 485, VI, do CPC/2015, como *ausência de interesse processual* (aliás, se com base em matéria de ordem pública não se permitisse em regime excepcional sentença terminativa liminar em ações manifestamente infundadas [ex.: usucapião de bem público, cobrança de dívida de jogo, pedido de herança de pessoa viva, prisão por dívida não-alimentícia], o juiz seria impelido ao *iura novit curia* e, assim, à possibilidade geral e irrestrita de ditar sentença de improcedência liminar com base em fundamento não invocado pelo réu; ou seja, a «impossibilidade jurídica do pedido» como matéria de ordem pública é «o» nó impeditivo à vulgarização do *iura novit curia*). Portanto, em regra, não pode o juiz introduzir de ofício fundamentos. Introduzindo fundamento inédito de ação, favorece o autor; introduzindo fundamento inédito de defesa, favorece o réu; favorecendo objetivamente quem quer que seja, perde a *impartialidade* [= neutralidade funcional = imparcialidade em sentido objetivo], posto que a princípio tenha imparcialidade [= neutralidade psicológica = imparcialidade em sentido subjetivo]. Ainda assim, suspeita-se que a quebra de impartialidade por introdução oficiosa de fundamento tenda a uma quebra de imparcialidade, visto que o juiz tende a se enviesar, supervalorizando inconscientemente o «seu» fundamento e, em consequência, desvalorizando eventual contrafundamento. É inegável que a introdução oficiosa de matéria de ordem pública também configura quebras de *impartialidade* e, eventualmente, de imparcialidade; porém, há de se tolerar essa quebra excepcional em prol da fulminabilidade quase imediata de demandas estapafúrdias (o que só se poderá dar, obviamente, após a oitiva do demandante). Ora, se assim é, então não pode o juiz ampliar o objeto de discussão suscitando inconstitucionalidade ou ilegalidade *stricto sensu* que não configure matéria de ordem pública e que não haja sido invocada como fundamento de ação ou de defesa. O juiz não é «fiscal da lei», «curador da ordem jurídica», «zelador do direito objetivo» [*custos legis*], senão o Ministério Público [CPC, art. 178]. Onde o sistema procedimental quer a correta aplicação do direito objetivo *à tout propós*, ali prevê a presença obrigatória do MP, que para a consecução do seu mister pode «produzir provas, requerer as medidas processuais pertinentes e recorrer» [CPC, art. 179, II]. Logo, se a parte não invocar a inconstitucionalidade ou a ilegalidade do fundamento *ex adverso*, poderá ter contra si uma sentença definitiva ilegal ou inconstitucional. Nesse caso, a eventual coisa julgada material se poderá desfazer pela via rescisória [CPC, art. 966, V]" (FONSECA COSTA, Eduardo José. Processo e razões de Estado. *Empório do Direito*. 28 out. 2019. Disponível em: www.emporiododireito.com.br. Acesso em: 14 dez. 2019). Sobre o tema *iura novit curia*, conferir ainda: GOUVÊA MEDINA, Paulo Roberto de. *Iura notiv curia*: a máxima e o mito. Salvador: JusPodivm, 2020.

Art. 11. Todos os julgamentos dos órgãos do Poder Judiciário serão públicos, e fundamentadas todas as decisões, sob pena de nulidade.

Parágrafo único. Nos casos de segredo de justiça, pode ser autorizada a presença somente das partes, de seus advogados, de defensores públicos ou do Ministério Público.

Correspondente

Não há correspondência no CPC/1973.

Referências

CF/88, arts. 5º, LX; art. 93, IX e X.

Publicidade dos atos processuais: a Constituição de 1988 dispõe sobre a publicidade dos atos processuais em seus arts. 5º, LX, e 93, IX e X. Ao longo do procedimento jurisdicional, nada há de ser realizado às escondidas dos litigantes e, de regra, os atos processuais são mesmo públicos, por isso podem ser consultados por qualquer um, ainda que não tenha interesse direto no litígio. A publicidade dos atos processuais é uma garantia fundamental agregada ao *devido processo legal* (= processo como instituição de garantia), que permite o exercício dinâmico da ação, do contraditório e da ampla defesa, além de funcionar como anteparo em favor das partes contra eventuais abusos e desvios praticados pela autoridade judicial (= garantia contrajurisdicional).

Transparência: às partes interessam o *caminhar* e o *saldo* da atividade jurisdicional; mas não apenas a elas, e sim a todos do povo, mesmo que indiretamente. Não poderia ser de outro modo; afinal de contas, verifica-se hoje a atuação acentuada da jurisdição em setores cujo domínio pertencia exclusivamente à seara política, a ponto de decisões judiciais, *muitas delas trazendo consigo o atributo da vinculatividade*, servirem de norteamento para assuntos de interesse coletivo. Mais: a Constituição não se limita a determinar que as *decisões judiciais* sejam públicas; vai adiante e faz alusão à publicidade "dos *atos processuais*" em geral (CF/88, art. 5º, LX). Como já decidiu a Corte Europeia dos Direitos do Homem, a publicidade protege os jurisdicionados contra uma justiça secreta que resiste ao controle público, razão por que se constitui em mecanismo de preservação da confiança nos tribunais. Em conclusão: a *transparência* da atividade jurisdicional é indispensável num ambiente republicano e democrático, e a sua concretização depende do cumprimento regular da garantia contrajurisdicional à publicidade dos atos processuais.

Restrições à publicidade: o constituinte confirma que a regra, no âmbito do procedimento jurisdicional, é mesmo a publicidade dos atos processuais, não obstante admitir a positivação de lei que a restrinja sempre que assim exigirem a defesa da intimidade ou o interesse social (CF/88, art. 5º, LX, e art. 93, X). Vai além e excepciona essa garantia fundamental ao autorizar a limitação da presença, em determinados atos, às próprias partes e aos seus advogados (ou somente a estes), em casos nos quais a preservação do direito à intimidade do interessado no sigilo não prejudique o interesse público à informação (CF/88, art. 93, IX). Já o art. 189 do CPC/2015, ainda com mais detalhes, dispõe que correm em *segredo de justiça* as causas que: i) exigirem o interesse público ou social; ii) disserem respeito a casamento, separação de corpos, divórcio, separação, união estável, filiação, alimentos, guarda de crianças e adolescentes; iii) constarem dados protegidos pelo direito constitucional à intimidade; e iv) versarem sobre arbitragem, inclusive sobre cumprimento de carta arbitral, desde que a confidencialidade estipulada seja comprovada perante o juízo.

Dever de fundamentação das decisões judiciais: o dever de fundamentar decisões judiciais (CF/88, art. 93, IX; CPC/2015, art. 11) é garantia contrajurisdicional do cidadão-jurisdicionado, que, somada a tantas outras, atribui contornos e substância ao devido processo. Significa que a autoridade judicial está obrigada a revelar por escrito em todos os atos de conteúdo decisório (decisões interlocutórias, sentenças, acórdãos e decisões monocráticas), sempre a partir de argumentos inteligíveis e racionais, as razões (fáticas e jurídicas) que a levaram a decidir de tal ou qual maneira. Daí afirmar-se, em sede doutrinária, que a garantia da fundamentação das decisões judiciais: i) afasta o arbítrio e as intromissões anômalas e/ou patológicas das ideologias, subjetividades e convicções pessoais do julgador; ii) proporciona o controle em proveito da racionalidade das decisões em relação ao debate travado em contraditório; iii) permite o exercício de um controle de qualidade da função jurisdicional e dos seus resultados (erros de fato e de direito); e iv) possibilita uma melhor estruturação dos recursos interpostos, pois as partes terão condições de arquitetarem impugnações mais precisas e adequadas sob o ponto de vista técnico-jurídico (CARVALHO DIAS, Ronaldo Brêtas de. A garantia da fundamentação das decisões jurisdicionais no Estado Democrático de Direito. *Revista do Instituto dos Advogados de Minas Gerais*, 12. Belo Horizonte: Editora Del Rey, 2006. pp. 25-44). Sobre o tema, consultar também as seguintes obras: CARVALHO SOUSA, Lorena Ribeiro. *O dever de fundamentação das decisões no Código de Processo Civil*. Belo Horizonte: Editora D'Plácido, 2019; LUCCA, Rodrigo Ramina de. *O dever de motivação das decisões judiciais*: Estado de Direito, segurança jurídica e teoria dos precedentes. Salvador: JusPodivm, 2019; SCHMITZ, Leonard Ziesemer. *Fundamentação das decisões judiciais*: a crise na construção de respostas no processo civil. São Paulo: Revista dos Tribunais, 2015.

CPC/2015 e dever de fundamentação: o art. 489, §1º, do CPC/2015 desce a minúcias ao prescrever um rol *exemplificativo* daquilo que *não* será considerado fundamentação em decisões judiciais. Assim é que *não se considera* fundamentada *qualquer* decisão judicial que: i) limitar-se à indicação, à reprodução ou à paráfrase de ato normativo, sem explicar sua relação com a causa ou a questão decidida; ii) empregar conceitos jurídicos indeterminados sem explicar o motivo concreto de sua incidência no caso; iii) invocar motivos que se prestariam a justificar qualquer outra decisão; iv) não enfrentar todos os argumentos deduzidos no processo capazes de, em tese, infirmar a conclusão adotada pelo julgador; v) restringir-se a invocar precedente ou enunciado de súmula sem identificar seus fundamentos determinantes, nem demonstrar a existência de distinção no caso em julgamento ou a superação; e vi) deixar de seguir enunciado de súmula, jurisprudência ou precedente invocado pela parte sem demonstrar a existência de distinção no caso em julgamento ou a superação do entendimento. Sobre esse reforço legislativo conferido pelo CPC/2015 ao dever de fundamentação, confira-se a doutrina de Eduardo José da Fonseca Costa: i) tem-se aí "uma definição extencional negativa", ou seja, trouxe o legislador "uma lista que explica as situações em que a ação de motivar não é exitosa e em que, portanto, não há «motividade»"; ii) trata-se de "dispositivo que inibe, mas não impede o decisionismo voluntarista", pois é possível, "com o auxílio de uma estratégia retórica bem realizada (...) tomar-se uma decisão (...) e somente depois se escolherem os fundamentos corroborantes, sem se incorrer com isso em qualquer inciso do §1º do art. 489 do CPC"; e iii) de todo modo, "trata-se de enorme avanço legislativo, já que se permite um controle objetivo-racional sobre as decisões judiciais e, assim, um constrangimento jurídico-normativo maior sobre os julgadores" (FONSECA COSTA, Eduardo José. A motivação escrita e a escrita da motivação. *Empório do Direito*. 13 maio 2019. Disponível em: www.emporiododireito.com.br. Acesso em: 23 dez. 2019).

Livre convencimento motivado e CPC/2015 (1): a questão do "livre convencimento" do juiz surge no contexto dos *sistemas de valoração da prova*, daí se espraiando por toda a concepção de jurisdição, dos poderes e dos deveres do juiz na arena procedimental-jurisdicional. A doutrina adota os seguintes modelos classificatórios: i) *íntima convicção* – decisões são proferidas com base no "livre conhecimento puro", com o juiz decidindo sem qualquer restrição, tampouco lhe sendo exigido explicar os motivos adotados; ii) *prova tarifada* – há previsão legal pré-fixando o valor de cada tipo de prova, não se admitindo ao juiz atribuir valorações diversas daquelas já definidas pelo sistema normativo; iii) *livre convencimento motivado* – inexiste a antecipação do valor probatório pelo legislador, de modo que o juiz tem livre convencimento, conquanto esteja obrigado a justificar os motivos da sua decisão. Desde antanho, a legislação brasileira apega-se ao modelo do *livre convencimento motivado*, como se verifica no CPP/1941 (arts. 155 e 200) e no CPC/1939 (art. 118). Também o CPC/1973 manteve-se preso à tradição, como se vê em seu emblemático art. 131 ("o juiz apreciará livremente a prova, atendendo aos fatos e circunstâncias constantes dos autos, ainda que não alegados pelas partes; mas deverá indicar, na sentença, os motivos que lhe formaram o convencimento"). O CPC/2015, no entanto, alterou essa realidade – *vide* comentários nos itens seguintes. As linhas acima foram reproduzidas, com um e outro ajustes, do nosso: STRECK, Lenio Luiz; DELFINO, Lúcio; LOPES, Ziel Ferreira. Ainda sobre o livre convencimento: resistência dos tribunais ao novo CPC. *In*: ALVIM, Teresa Arruda; CIANCI, Mirna; DELFINO, Lúcio (Orgs.). *Novo CPC aplicado*: visto por processualistas. São Paulo: Revista dos Tribunais, 2017. pp. 193-212.

Livre convencimento motivado e CPC/2015 (2): na práxis jurídica, sempre se aceitou o *livre convencimento motivado*, seguindo-se a linha estrutural de uma dogmática servil ao autoritarismo. São inúmeros julgados a refletir sua natureza, ou seja, que "o juiz é o destinatário da prova", que se deve ter "confiança no juiz da causa", que "o juiz é o dono do processo", que "o juiz decide conforme sua consciência", que "o juiz não está obrigado a enfrentar todos os argumentos das partes", e assim por diante. Alguns acórdãos até invocam um "direito de julgar" em favor da autoridade judicial: "(...) vale lembrar que em âmbito judicial vige o princípio do livre convencimento motivado do juiz (art. 131 do CPC) e não o sistema de tarifação legal de provas, motivo pelo qual o juiz pode julgar dispensável a produção de prova testemunhal, quando as provas carreadas são suficientes para julgamento do feito. De fato, não se pode admitir a vinculação do magistrado a determinado elemento probatório, sob pena de cercear o seu *direito* de julgar" (STJ, AgRg no REsp nº 1.504.544/PB, 1ª Turma, rel. Min. Napoleão Nunes Maia Filho, julgamento: 01.09.2015, disponível em: www.stj.jus.br). Não se olvide, ademais, o emblemático voto, da lavra do Min. Humberto Barros, que recebeu críticas agudas de setores da doutrina justamente por sua pesada carga absolutista: "Não me importa o que pensam os doutrinadores. Enquanto for ministro do Superior Tribunal de Justiça, assumo a autoridade da minha jurisdição. O pensamento daqueles que não são ministros deste Tribunal importa como orientação. A eles, porém, não me submeto. Interessa conhecer a doutrina de Barbosa Moreira ou Athos Carneiro. *Decido, porém, conforme minha consciência.* Precisamos estabelecer nossa autonomia intelectual, para que este Tribunal seja respeitado. É preciso consolidar o entendimento de que os

Srs. ministros Francisco Peçanha Martins e Humberto Gomes de Barros decidem assim, porque pensam assim. E o STJ decide assim, porque a maioria de seus integrantes pensa como esses ministros. Esse é o pensamento do Superior Tribunal de Justiça *e a doutrina que se amolde a ele*. É fundamental expressarmos o que somos. *Ninguém nos dá lições. Não somos aprendizes de ninguém.* Quando viemos para este Tribunal, corajosamente assumimos a declaração de que temos notável saber jurídico – uma imposição da Constituição Federal. Pode não ser verdade. Em relação a mim, certamente, não é, mas, para efeitos constitucionais, minha investidura obriga-me a pensar que assim seja" (STJ, AgRg nos EREsp nº 279.889/AL, 1ª Seção, rel. Min. Humberto Gomes de Barros, julgamento: 14.08.2002, disponível em: www.stj.jus.br). Vê-se, a partir desses exemplos, a defesa de uma discricionariedade absolutamente impermeável a mecanismos destinados a assegurar parâmetros racionais e objetivos de controle do convencimento decisório. É até curioso que ainda seja assim, pois estudiosos, desde o CPC/1939, alertam sobre o inconveniente de se admitir o livre convencimento motivado sem limites claros, na medida em que isso aumentaria enormemente a responsabilidade do juiz, ao mesmo tempo em que abriria a porta às suas impressões pessoais, às suas convicções de classe ou políticas, às suas tendências de clã ou clube (PONTES DE MIRANDA, Francisco Cavalcanti. *Comentários ao Código de Processo Civil*. v. I. Rio de Janeiro: Forense, 1947. p. 427). Em miúdos: i) há sólidas conexões entre liberdade na valoração da prova e poderes instrutórios do juiz, armadilhas da jurisprudência defensiva, direito das partes ao contraditório e dever judicial de fundamentação; ii) por isso não se pode ignorar que o debate supera a mera conveniência de um ou outro sistema de valoração de provas, pois o que importa de fato é o combate a um fenômeno nada democrático e republicano, a saber, o ativismo judicial. As linhas acima foram reproduzidas, com um e outro ajustes, do nosso: STRECK, Lenio Luiz; DELFINO, Lúcio; LOPES, Ziel Ferreira. Ainda sobre o livre convencimento: resistência dos tribunais ao novo CPC. *In*: ALVIM, Teresa Arruda; CIANCI, Mirna; DELFINO, Lúcio (Orgs.). *Novo CPC aplicado*: visto por processualistas. São Paulo: Revista dos Tribunais, 2017. pp. 193-212.

Livre convencimento motivado e CPC/2015 (3): foi o jurista Lenio Streck quem sugeriu à *Comissão de Juristas da Câmara dos Deputados* que fosse alterado o então projeto de novo CPC para expurgar da praxe jurídica os males acarretados pelo *livre convencimento motivado*. Veja-se o resumo da justificativa apresentada por ele naquela ocasião ao relator do projeto, Deputado Paulo Teixeira: "Embora historicamente os Códigos Processuais estejam baseados no livre convencimento e na livre apreciação judicial, não é mais possível, em plena democracia, continuar transferindo a resolução dos casos complexos em favor da apreciação subjetiva dos juízes e tribunais. (...) O livre convencimento se justificava em face da necessidade de superação da prova tarifada. Filosoficamente, o abandono da fórmula do livre convencimento ou da livre apreciação da prova é corolário do paradigma da intersubjetividade, cuja compreensão é indispensável em tempos de democracia e de autonomia do direito. Dessa forma, a invocação do livre convencimento por parte de juízes e tribunais acarretará, a toda evidência, a nulidade da decisão". A sugestão foi bem recebida, passando o art. 371 a ter a seguinte redação: "O juiz apreciará a prova constante dos autos, independentemente do sujeito que a tiver promovido, e indicará na decisão as razões da formação de seu convencimento". Em resumo: com o advento do CPC/2015, a autoridade judicial não pode mais alicerçar suas decisões na *livre apreciação da prova* ou em seu *livre conhecimento*, tampouco motivá-las a partir do argumento de que "julgou segundo a sua consciência"; se o fizer, conspurcará a vontade legislativa. Não se pode negar, entretanto, que muitos juízes e tribunais resistem ao novo paradigma, inclusive com exemplos oriundos do STJ e STF. As linhas acima foram reproduzidas, com um e outro ajustes, do nosso: STRECK, Lenio Luiz; DELFINO, Lúcio; LOPES, Ziel Ferreira. Ainda sobre o livre convencimento: resistência dos tribunais ao novo CPC. *In*: ALVIM, Teresa Arruda; CIANCI, Mirna; DELFINO, Lúcio (Orgs.). *Novo CPC aplicado*: visto por processualistas. São Paulo: Revista dos Tribunais, 2017. pp. 193-212.

Dever de fundamentação e legitimidade da jurisdição: a jurisdição é legitimada pelo devido processo legal (= processo como instituição de garantia). É a velha e conhecida relação entre *poder estatal* e *garantia* *individual*, sem a qual a atividade judicante funcionaria alheia aos influxos democráticos e republicanos impingidos pela Constituição de 1988, fazendo-se enormíssimo o risco de excessos. A *garantia contrajurisdicional à fundamentação* é, induvidosamente, importante componente dessa engrenagem (= devido processo legal), que serve de anteparo às partes contra investidas arbitrárias e desvios por vezes praticados pela autoridade judicial. Em outras palavras: reflete o dever, que pesa sobre as costas de juízes e tribunais, de *prestarem contas* acerca da função que lhes cumpre realizar, atraindo para a arena procedimental-jurisdicional a transparência que se espera de todo e qualquer agente estatal.

Dever de fundamentação e racionalidade: *o dever de fundamentação não é um verniz*. Não tem por papel legitimar, via falsetes retóricos ou elementos de prova selecionados à varejo, "verdades" *preconcebidas* pelo julgador. Não se decide para depois fundamentar, como se fosse aceitável adotar a fé, emoções e/ou a intuição para estruturar julgados – sobre isso, consultar: STRECK, Lenio Luiz. *Jurisdição constitucional e decisão judicial*. 3ª ed. São Paulo: Revista dos Tribunais, 2013). Bem ao contrário, o ato decisório é intrincado, deve fundar-se unicamente na *razão* – vale dizer, depende de um amplo exame do debate travado em contraditório, das questões fáticas e jurídicas e do material probatório trazidos para a arena procedimental-jurisdicional –, é desenvolvido em atenção à lógica das regras de distribuição do ônus da prova, e seu coroamento está precisamente na justificação intelectiva a permitir às partes (e a outros interessados) uma compreensão acerca dos caminhos perfilhados pela autoridade judicial para adotar tal ou qual entendimento. De mais a mais, a tarefa de fundamentar as decisões judiciais é complexa porque o sentido do texto normativo não se encontra pronto e acabado à disposição do intérprete, ou seja, nada é dado sem interpretação e compreensão – nesse sentido: SCHMITZ, Leonard Ziesemer. *Fundamentação das decisões judiciais*: a crise na construção de respostas no processo civil. São Paulo: Revista dos Tribunais, 2015). Sobre os passos a serem seguidos pela autoridade judicial nos processos de decisão e motivação, consultar: FONSECA COSTA, Eduardo José. A motivação escrita e a escrita da motivação. *Empório do Direito*. 13 maio 2019. Disponível em: www.emporiododireito.com.br. Acesso em: 23 dez. 2019.

Dever de fundamentação e contraditório: o contraditório tem a função de controlar a atividade jurisdicional e os resultados dela oriundos e, deste modo, coadjuva para impedir eventuais desvios e arbítrios por juízes e tribunais – é, pois, *garantia contrajurisdicional* do cidadão. Ou seja, se o diálogo travado pelas partes deve ser considerado pelo juiz na elaboração dos provimentos decisórios, é evidente que o contraditório se presta ao controle da jurisdição, legitimando-a em deferência às expectativas alimentadas por autor, réu e terceiros intervenientes ao longo do procedimento. Por isso, é correto afirmar que a garantia do contraditório limita a cognição do juiz e baliza o dever de fundamentação, porque, de um lado, o que não ingressou no âmbito de debate entre os litigantes não pode ser objeto de decisão e, de outro, tudo o que foi submetido a esse debate precisa ser considerado pelo juiz no momento de justificar os rumos decisórios adotados. Eis o entretecimento inexorável entre *contraditório* e *dever de fundamentação das decisões*. Com mais profundidade, conferir: SOUSA, Diego Crevelin de; DELFINO, Lúcio. As associações de magistrados e o veto do NCPC no tocante ao contraditório e ao dever de fundamentação – O que está em jogo? *Empório do Direito*. 11 mar. 2015. Disponível em: www.emporiododireito.com.br. Acesso em: 23 dez. 2019.

Dever de fundamentação e adequação decisória: é a partir da garantia da fundamentação que as partes terão condições plenas de denunciar pontualmente equívocos interpretativos que desvirtuem o ato decisório, submetendo-o a reexame por intermédio dos remédios recursais previstos em lei. Pela fundamentação, não se controla apenas a efetivação do contraditório, mas também a própria *adequabilidade legal* das decisões judiciais. Em outras palavras: sem que as suas vísceras estejam expostas, ausente justificativa racional e inteligível, não há como verificar se o ato decisório está ajustado ao direito positivo, ao debate em contraditório, às provas produzidas e aos limites objetivos da lide. Por isso, restará configurada a nulidade prevista na Constituição de 1988 (CF/88, art. 93, IX) sempre que o magistrado não demonstrar as suas razões de convencimento (TJMG, AI 10707160064838001/MG, 6ª Câmara Cível, rel. Des. Edilson Fernandes, julgamento: 14 nov. 2017, disponível em: www.tjmg.jus.br).

Deficiência de fundamentação: segundo a Constituição de 1988, todos os julgamentos dos órgãos do Judiciário serão públicos e *fundamentadas todas as decisões, sob pena de nulidade* (CF/88, art. 93, IX). Nem era necessário tamanha exatidão, mas todo preciosismo normativo em matéria de garantias fundamentais deve, sempre, ser alvo de elogios. É o processo (= devido processo legal) anteparo em favor das partes contra eventuais desvios e investidas arbitrárias praticados pela autoridade judicial. Não à toa a *nulidade* é a sanção aplicada a toda e qualquer decisão judicial afrontosa a garantias contrajurisdicionais que confiram substancialidade ao processo. Afinal de contas, sem elas, ter-se-ia poder estatal manifestado de modo obscuro e sem a possibilidade de controle e fiscalização, ilegítimo porque antirrepublicano e antidemocrático. Para ilustrar, a fundamentação das decisões judiciais: i) precisa, *de fato*, existir – por exemplo, é nulo acórdão que mantém a sentença pelos seus próprios fundamentos, tendo o apelante o direito de ver solucionadas as teses postas na apelação (STJ, REsp nº 493.625/PA, Quarta Turma, Rel. Min. Sálvio de Figueiredo Teixeira, julgado em 26 jun. 2003, *Dje* 29 set. 2003, disponível em: www.stj.jus.br); ii) necessita guardar relação com o que foi decidido (inter-relação entre *motivação* e *dispositivo*); iii) não pode se limitar à indicação, à reprodução ou à paráfrase de ato normativo sem explicar sua relação com a causa ou a questão decidida; iv) não pode empregar conceitos jurídicos indeterminados sem explicar o motivo concreto de sua incidência no caso; v) não pode invocar motivos que se prestariam a justificar qualquer outra decisão; vi) deve enfrentar todos os argumentos deduzidos no processo capazes de, em tese, infirmar a conclusão adotada pelo julgador – por exemplo, é nula sentença omissa a respeito de ponto central ou relevante da defesa (TJMG, AC 10079073470472001, 10 Câmara Cível, rel. Des. Cabral da Silva, julgado em 28 maio 2003, disponível em: www.tjmg.jus.br); vii) não pode restringir-se à invocação de precedente ou enunciado de súmula sem a identificação de seus fundamentos, nem a demonstração que o caso sob julgamento se ajusta àqueles fundamentos; viii) não pode deixar de seguir enunciado de súmula, jurisprudência ou precedente invocado pela parte sem a demonstração da existência de distinção no caso em julgamento ou a superação do entendimento (CPC/2015, 489, §1º, I a VI).

Teoria da causa madura: reza o CPC/2015 que, estando os autos do processo em condições de imediato julgamento, deverá o tribunal decidir, em recurso de apelação, desde logo o mérito quando: i) reformar sentença fundada no art. 485; ii) decretar a nulidade da sentença por não ser ela congruente com os limites do pedido ou da causa de pedir; iii) constatar a omissão no exame de um dos pedidos, hipótese em que poderá julgá-lo; e iv) *decretar a nulidade de sentença por falta de fundamentação* (CPC/2015, art. 1.013, §3º, I, II, III e IV). De igual modo, quando reformar sentença que reconheça a decadência ou a prescrição, o tribunal, se possível for, julgará o mérito examinando as demais questões, sem determinar o retorno dos autos do processo ao juízo *a quo* (art. 1.013, §4º). *É fácil perceber que, por trás do texto legislativo, subjaz o mote da eficiência jurisdicional.* Afinal de contas, autorizou-se, pela via legislativa, espécie de atalho para que a prestação jurisdicional, em dadas circunstâncias, ocorra de maneira mais acelerada. O problema, porém, é que a regra limita a garantia *contrajurisdicional ao recurso* (CADH, art. 8, 2, h, c/c art. 25, 1 e 2, a, b e c). Indo ao ponto: o art. 1.013, §§3º e 4º, decreta a *supressão de instância* em determinadas hipóteses e, como resultado colateral, faz restringir a possibilidade de as partes, *a partir dos remédios recursais à sua disposição*, obterem reexame integral da decisão recorrida, com ampla análise fático-probatória e jurídica.

Art. 12. Os juízes e os tribunais atenderão, preferencialmente, à ordem cronológica de conclusão para proferir sentença ou acórdão.

§1º A lista de processos aptos a julgamento deverá estar permanentemente à disposição para consulta pública em cartório e na rede mundial de computadores.

§2º Estão excluídos da regra do *caput*:

I – as sentenças proferidas em audiência, homologatórias de acordo ou de improcedência liminar do pedido;

II – o julgamento de processos em bloco para aplicação de tese jurídica firmada em julgamento de casos repetitivos;

III – o julgamento de recursos repetitivos ou de incidente de resolução de demandas repetitivas;

IV – as decisões proferidas com base nos arts. 485 e 932;

V – o julgamento de embargos de declaração;

VI – o julgamento de agravo interno;

VII – as preferências legais e as metas estabelecidas pelo Conselho Nacional de Justiça;

VIII – os processos criminais, nos órgãos jurisdicionais que tenham competência penal;

IX – a causa que exija urgência no julgamento, assim reconhecida por decisão fundamentada.

§3º Após elaboração de lista própria, respeitar-se-á a ordem cronológica das conclusões entre as preferências legais.

§4º Após a inclusão do processo na lista de que trata o §1º, o requerimento formulado pela parte não altera a ordem cronológica para a decisão, exceto quando implicar a reabertura da instrução ou a conversão do julgamento em diligência.

§5º Decidido o requerimento previsto no §4º, o processo retornará à mesma posição em que anteriormente se encontrava na lista.

§6º Ocupará o primeiro lugar na lista prevista no §1º ou, conforme o caso, no §3º, o processo que:

I – tiver sua sentença ou acórdão anulado, salvo quando houver necessidade de realização de diligência ou de complementação da instrução;

II – se enquadrar na hipótese do art. 1.040, inciso II.

Correspondente

Não há correspondência no CPC/2015.

Referências

CF/88, art. 5º, *caput* e LXXVIII.
CPC/2015, art. 4º; art. 7º; art. 8º; art. 153.

Equívoco topológico: nem de longe o art. 12 do CPC/2015 pode ser considerado *norma fundamental do processo*. É regra que regulamenta técnica processual destinada a organizar parcialmente a burocracia interna dos cartórios judiciais. Embora subjacente a ela situem-se dois princípios constitucionais – isonomia e duração razoável –, é evidente que o dispositivo está situado em local inapropriado.

Orientação meramente sugestiva: quando publicado, havia no CPC/2015, especificamente em seu art. 12, a previsão de um verdadeiro *dever*, endereçado a juízes e tribunais, de obediência à ordem cronológica de conclusão para proferir sentença ou acórdão. Havia também o *dever* de obediência à ordem cronológica de recebimento para publicação e efetivação de todo e *qualquer* pronunciamento judicial (art. 153). Pretendeu o legislador, em ambas as circunstâncias, fundar um *arranjo formal* destinado a organizar a burocracia interna dos cartórios judiciais e, talvez, promover, por pouco que seja, um caminho hábil para o combate ao represamento de litígios, mas isso em atenção à impessoalidade e à isonomia. Apostou-se no acaso e não numa possível escolha arbitrária feita pelos serventuários e juízes, que acabam tendo algum poder sobre aquilo que merece ou não agilidade, seja por desejo próprio, seja porque admoestados a fazê-lo especialmente pelos advogados. Esses deveres de obediência à ordem cronológica foram, porém, esvaziados com a reforma promovida ao CPC/2015 pela Lei nº 13.256/2016. Se antes havia mesmo deveres a serem cumpridos, agora o que há é apenas *orientação sugestiva* para atendimento da ordem cronológica, quer *de conclusão para proferir sentença ou acórdão*, quer *de recebimento para publicação e efetivação dos pronunciamentos judiciais*. Tanto no art. 12 como no art. 153, o legislador fez inserir em suas redações a palavra "preferencialmente".

Interferência na atividade do advogado: não percebeu o legislador a gravidade das implicações que os arts. 12 e 153, *em suas redações originárias*, poderiam acarretar no quotidiano forense. Lembre-se que uma das atividades mais comuns, de longa data integrada à tradição brasileira, praticadas pelos advogados preocupados com os interesses de seus constituintes é cobrar a atuação dos servidores responsáveis pelo cumprimento de atos processuais, como: i) a publicação de despachos ou decisões; ii) a prática de citações ou intimações pessoais; iii) a lavratura e expedição de alvarás; iv) a lavratura e assinatura de termos; v) o aperfeiçoamento da penhora e a designação de hasta pública; vi) a conclusão de autos de processos estagnados nos escaninhos para que decisões sejam proferidas; vii) a manifestação sobre proposta de honorários periciais em que o advogado, *no próprio balcão da secretaria*, lança seu "de acordo"; viii) a remessa dos autos ao representante do Ministério Público. Os dispositivos aludidos representavam, nessa ótica, uma ação avessa à atuação profissional do *advogado diligente*, que, com seu trabalho zeloso e atento, coopera e faz com que a marcha processual permaneça viva. Frequentemente, ao perceber que um caso concreto sob seu patrocínio se encontra na *vala comum*, sujeito à inércia indefinida, usa o advogado do *corpo a corpo* para tentar garantir que a prestação jurisdicional se dê com eficiência. Corria-se, enfim, risco real de o CPC/2015 arruinar esse ganho em rendimento, cuja conquista se deve também ao advogado vigilante ao trâmite dos atos processuais e preocupado em cumprir, da forma mais expedita possível, seu mandato e atender aos interesses daquele que o contratou. O problema, no entanto, foi superado por alteração ao CPC/2015 decorrente da Lei nº 13.256/2016, que quebrou o rigor contido nas redações originais dos arts. 12 e 153.

Retrocessos: havia incompatibilidade entre as redações originárias dos arts. 12 e 153 e a própria principiologia alimentada pelo CPC/2015. É suficiente afirmar que, em seu corpo normativo, fazendo eco à Constituição Federal, lê-se dispositivo prescrevendo que as partes têm o direito de obter, *em prazo razoável*, a solução integral do processo, incluída a atividade satisfativa (art. 4º). Importa aqui, em especial, o antagonismo entre o *direito fundamental à duração razoável* e (os revogados) *deveres de obediência à ordem cronológica*. É que, embora elaborados com a finalidade de imprimir eficiência jurisdicional, os citados dispositivos, a bem da verdade, desdenhavam o papel do próprio advogado e a sua condição de agente indispensável à administração da justiça (CF/88, art. 133) e minavam a sua liberdade de *performance* em prol de um arranjo *matematizado* que relegava ao nada a inteligência dos escrivães, chefes de secretaria e julgadores em controlar e administrar o próprio meio no qual exercem seu ofício. Diante dos (hoje revogados) deveres de respeito à ordem cronológica, o advogado estava impedido de agir com o escopo de quebrar a burocracia interna dos cartórios judiciais e, por meio da sua peleja habitual, provocar e conservar a marcha processual dos feitos que patrocina. Enfim, os arts. 12 e 157, *em suas redações originárias*, apresentavam potencial de anular um fenômeno que, observado de ponto privilegiado, é assaz benéfico: afinal, são milhares de advogados que obram como *pedintes qualificados*, cujos esforços reunidos alavancam uma *força invisível* empenhada para que a prestação jurisdicional ocorra sem dilações indevidas. Ademais, os aludidos dispositivos legais, em suas antigas redações, privilegiavam o litigante que não tem interesse em uma justiça ágil, além de sustentar a comodidade que, vez ou outra, distingue a atuação de alguns servidores e juízes. Afora os casos nos quais a intimação ocorresse automaticamente por meio da retirada dos autos em carga, sempre que cobrados, escrivães, chefes de secretaria e juízes, *até por dever funcional*, teriam que se apegar ao então rígido e inexorável respeito à ordem contida em lista; mas, como já anotado, a obrigatoriedade do respeito à ordem cronológica felizmente naufragou.

Listas de processos aptos a julgamento: não obstante a mudança empreendida aos arts. 12 e 153, esvaziando muito daquilo que se prestavam a proporcionar, permanece a obrigatoriedade de os cartórios manterem à disposição para consulta pública, inclusive na rede mundial de computadores, as listas de *processos aptos a julgamento* e de *processos recebidos*. Trata-se de algo positivo: o advogado terá um mecanismo a mais para fiscalizar e cobrar a *publicação*, *efetivação* e *julgamento* de casos sob seu patrocínio.

Inclusão do processo em lista: incluídos os autos do processo em lista, eventual requerimento formulado pela parte não tem potencial de alterar a ordem cronológica de julgamento, salvo quando implicar reabertura da instrução ou conversão do julgamento em diligência. Decidido o requerimento, os autos então retornarão à mesma posição anterior na qual se encontravam na lista. Essa previsão é importante porque obsta manobras protelatórias que somente fazem atravancar a prestação jurisdicional (CPC/2015, art. 12, §§4º e 5º).

Exceções à ordem cronológica de conclusão: segundo dispõe o art. 12 do CPC/2015, estão excluídos da regra geral: i) sentenças proferidas em audiência, homologatórias de acordo ou de improcedência liminar do pedido; ii) julgamento de processos em bloco para aplicação de tese jurídica firmada em julgamento de casos repetitivos; iii) julgamento de recursos repetitivos ou de incidente de resolução de demandas repetitivas; iv) decisões proferidas com base nos arts. 485 e 932; v) julgamento de embargos de declaração; vi) julgamento de agravo interno; vii) preferências legais e as metas estabelecidas pelo CNJ; viii) processos criminais, nos órgãos jurisdicionais que tenham competência penal; e ix) causas que exijam urgência no julgamento, assim reconhecidas por decisão fundamentada. Na prática, o que se tem são duas listas: i) uma primeira cuja função é catalogar segundo a ordem cronológica de conclusão para que sentenças e acórdãos sejam proferidos; e ii) uma segunda, própria para as exceções insculpidas pelo §1º do art. 12, as quais também serão inseridas em ordem cronológica de conclusão.

Regras especiais: segundo o CPC/2015, ocupará o *primeiro lugar na lista* os autos do processo que: i) tiverem sentença ou acórdão anulado, salvo quando houver necessidade de realização de diligência ou de complementação da instrução; e ii) se enquadrarem na hipótese do art. 1.040, II, CPC/2015 (publicado o acórdão paradigma, o órgão que proferiu o acórdão recorrido, na origem, reexaminará o processo de competência originária, a remessa necessária ou o recurso anteriormente julgado se o acórdão recorrido contrariar a orientação do tribunal superior).

Atentado à ordem cronológica: se alguém se considerar preterido na ordem cronológica, poderá reclamar nos próprios autos ao juiz da causa ou ao relator, que requisitará informações ao servidor. Verificada a preterição, o cumprimento do ato será imediatamente determinado (CPC/2015, art. 153) ou o feito ingressará na linha de frente para ser julgado (CPC/2015, art. 12), com a competente instauração do processo administrativo disciplinar contra o possível responsável pela ocorrência. Não se pode descartar, ademais, o manejo de *mandado de segurança* para atacar atentado à ordem cronológica ou defeito na elaboração das listas.

Capítulo II

DA APLICAÇÃO DAS NORMAS PROCESSUAIS

Art. 13. A jurisdição civil será regida pelas normas processuais brasileiras, ressalvadas as disposições específicas previstas em tratados, convenções ou acordos internacionais de que o Brasil seja parte.

Correspondente

Não há correspondência no CPC/1973.

Referências

CF/88, art. 22; art. 24, X e XI, §§1º, 2º, 3º e 4º; art. 98, I; e art. 125, §§1º e 2º.

Princípio da territorialidade: decorre da *soberania*, fundamento primeiro da República Federativa do Brasil (CF/88, art. 1º, I), o poder estatal de criar leis e submetê-las àqueles que integram a sua base territorial. Os dispositivos legais elaborados por um estado, como reflexo da sua soberania, apenas são válidos e aplicáveis dentro dos seus limites territoriais (= delimitação geográfica da validade e aplicação das leis). E, especificamente no que interessa aqui, todo juiz ou tribunal conta com uma circunscrição territorial dentro da qual exerce suas funções jurisdicionais, o que pode ser a comarca, o estado, o Distrito Federal ou todo o território nacional, em conformidade com o que dispõem a Constituição de 1988 e as leis de organização judiciária (THEODORO JÚNIOR, Humberto. *Curso de Direito Processual Civil*. v. I. 56. ed. Rio de Janeiro: Forense, 2015. p. 116). Conferir comentários ao art. 16.

A regência legal da jurisdição: são plurais os mecanismos legais direcionados à regência (= proceder, atuar, levar a efeito, pôr em prática, conduzir, controlar) da atividade jurisdicional, os quais funcionam seja minudenciando poderes e atribuições de juízes e tribunais (= direito jurisdicional), seja regulando caminhos e técnicas a serem seguidos e utilizados para a obtenção da tutela de direito (= direito procedimental *lato sensu*), seja ainda positivando uma base normativo-constitucional de garantias fundamentais do cidadão contra eventuais desvios e arbítrios praticados pela autoridade judicial (= direito processual) – nesse sentido, conferir: FONSECA COSTA, Eduardo José da. Ciência processual, ciência procedimental e ciência jurisdicional. *Empório do Direito*. 20 nov. 2017. Disponível em: www.emporiododireito.com.br. Acesso em: 09 fev. 2020. De todo modo, o legislador adota a nomenclatura "normas processuais" (ou "leis processuais") para se referir a todas essas possibilidades legislativas. Importante: na medida em que as leis brasileiras têm sua validade e aplicação restritas ao território nacional, a própria regência da atividade jurisdicional, expressão do poder estatal, segue essa lógica, ressalvadas disposições normativas particularizadas previstas em tratados, convenções ou acordos internacionais dos quais o Brasil é parte.

Os tratados internacionais sobre direitos humanos (1): a eficácia interna de um tratado internacional no país está condicionada à referenda por parte do Congresso Nacional por meio de decreto legislativo, cuja publicação deve ocorrer no Diário Oficial da União (teoria dualista). Em outros termos, primeiro o Presidente da República celebra o tratado, convenção ou ato internacional (CF/88, art. 84, VIII); na sequência, cumpre ao Parlamento resolver definitivamente sobre a viabilidade e conveniência da internalização (CF/88, art. 49). Uma vez internalizado o ato internacional na ordem interna, ocupará ele, *de regra*, posição hierárquica de lei ordinária, situação que se mantém desde o início do período republicano. Mas há exceção: com o advento da Emenda Constitucional nº 45/2004, sempre que o texto legal, oriundo de tratado internacional do qual seja parte o Brasil, se referir a direito fundamental e for aprovado em cada casa do Congresso Nacional em dois turnos e por três quintos dos votos dos respectivos membros, ingressará ele no ordenamento jurídico brasileiro com *status* de norma constitucional – a Constituição de 1988 atribui-lhe equivalência de *emenda constitucional* (CF/88, art. 5º, §3º). O Pacto de São José da Costa Rica (ou Convenção Americana de Direitos Humanos), em vigor desde 1978, foi incorporado à ordem jurídica brasileira em 1992 pelo Decreto nº 678, de 06 de novembro de 1992, e representa bom exemplo de fonte formal de normas processuais, mormente porque traz consigo uma série de garantias processuais fundamentais – uma delas é a *garantia contrajurisdicional ao recurso* (CADH, art. 8, 2, h, c/c art. 25, 1 e 2, a, b e c).

Tratados internacionais sobre direitos humanos (2): a regra (CF/88, art. 5º, §3º) é claríssima e exige, para a internalização de tratados e convenções internacionais sobre direitos humanos, a somatória dos aspectos material (= versar sobre direitos humanos) e formal (= aprovação em cada casa do Congresso Nacional, em dois turnos, por três quintos dos votos dos respectivos membros). Sem isso, *desobedecida a previsão constitucional*, não é – ou *não deveria ser* – possível obrigar seja lá quem for a curvar-se perante atos legislativos internacionais. Afinal de contas, é questão atinente à *soberania* do Estado, em especial relacionada à legitimidade democrática e republicana dos atos legislativos que se almeja sujeitar à sociedade. Não há como se aceitar essa internalização de maneira automática, abrupta e autoritária, por mais relevante que seja, ou pareça ser, o tratado ou convênio internacional, exigindo-se antes análise e definição prévia favorável pelos parlamentares eleitos, *nos moldes previstos para aprovação de uma emenda constitucional*. A despeito disso, a posição seguida pelo STF, *arquitetada ao arrepio da Constituição de 1988*, tem sido no sentido de que tratados e convenções de direitos humanos sempre estarão posicionados em degrau superior à legislação infraconstitucional: i) assumirão *status constitucional* se aprovados em conformidade com o disposto no §3º do art. 5º da CF/88; e ii) assumirão *status supralegal* quando não aprovados segundo as formalidades previstas §3º do art. 5º da CF/88 ou quando anteriores à Emenda Constitucional nº 45/2004. Sobre o tema, consultar: PALADINO, Carolina de Freitas. A recepção dos tratados de direitos humanos, uma velha discussão com uma nova roupagem após a reforma do Judiciário advinda com a emenda constitucional n. 45 de 2004. *Revista Direito & Justiça*, Porto Alegre, v. 34, n. 2, pp. 82-97, jul./dez. 2008.

Limites à jurisdição nacional: compete à autoridade judiciária brasileira processar e julgar as ações: i) em que o réu, qualquer que seja a sua nacionalidade, estiver domiciliado no Brasil; ii) em que, no Brasil, tiver que ser cumprida a obrigação; iii) em que o fundamento seja fato ocorrido ou ato praticado no Brasil; iv) de alimentos, quando o credor tiver domicílio ou residência no Brasil; v) de alimentos, quando o réu mantiver vínculos no Brasil, tais como posse ou propriedade de bens, recebimento de renda ou obtenção de benefícios econômicos; vi) decorrentes de relações de consumo, quando o consumidor tiver domicílio ou residência no Brasil; e vii) em que as partes, expressa ou tacitamente, se submeterem à jurisdição nacional (CPC/2015, arts. 21 e 22). Mais: compete à autoridade judiciária brasileira, com exclusão de qualquer outra: i) conhecer de ações relativas a imóveis situados no Brasil; ii) em matéria de sucessão hereditária, proceder à confirmação de testamento particular e ao inventário e à partilha de bens situados no Brasil, mesmo que o autor da herança seja de nacionalidade estrangeira ou tenha domicílio fora do território nacional; e iii) em divórcio, separação judicial ou dissolução de união estável, proceder à partilha de bens situados no Brasil, ainda que o titular seja de nacionalidade estrangeira ou tenha domicílio fora do território nacional (CPC/2015, art. 23). É interessante perceber, tendo-se em vista o elenco positivado em lei, que o poder jurisdicional alcança estrangeiros, incluindo-se aí a própria pessoa jurídica estrangeira que tiver agência, filial ou sucursal no país. E tal competência da autoridade judiciária brasileira sobre estrangeiros, mesmo sobre aqueles residentes no exterior, é até mais robusta – pois exclui a jurisdição internacional – em face de conflitos atinentes a imóveis situados no Brasil ou se a pretensão for concernente a inventário e partilha de bens também aqui situados.

Ação intentada no estrangeiro: a ação intentada perante tribunal estrangeiro não induz litispendência (= ajuizamento de demandas idênticas – mesmas partes, causa de pedir e pedido), tampouco obsta a que a autoridade judiciária brasileira conheça de causa idêntica e das que lhe são conexas, ressalvadas as disposições em contrário em tratados internacionais e acordos bilaterais em vigor no Brasil. Ou seja, enquanto a autoridade judicial brasileira tiver garantido seu poder de atuação jurisdicional, não havendo homologação da sentença estrangeira no Brasil (CF/88, 105), remanesce para ela o poder de julgar causas já ajuizadas (não se induz litispendência) ou julgadas (não se reconhece coisa julgada) em outro país (NERY JUNIOR, Nelson; ANDRADE NERY, Rosa Maria de. *Código de Processo Civil Comentado e Legislação Extravagante*. 9. ed. São Paulo: Revista dos Tribunais, 2006. p. 283).

Art. 14. A norma processual não retroagirá e será aplicável imediatamente aos processos em curso, respeitados os atos processuais praticados e as situações jurídicas consolidadas sob a vigência da norma revogada.

Correspondente

Não há correspondência no CPC/1973.

Referências

REsp (repetitivo). A adoção do princípio tempus regit actum pelo art. 1.211 do CPC [de 1973] impõe o respeito aos atos praticados sob o pálio da lei revogada, bem como aos efeitos desses atos, impossibilitando a retroação da lei nova. Sob esse enfoque, a lei em vigor à data da sentença regula os recursos cabíveis contra o ato decisório e, a fortiori, a sua submissão ao duplo grau obrigatório de jurisdição (STJ, REsp nº 1.144.079/SP, Corte Especial, Min. Rel. Luiz Fuz, julgamento: 02.03.2011, disponível em: www.stj.jus.br).

Enunciado Administrativo nº 1 (STJ). O Plenário do STJ, em sessão administrativa em que se interpretou o art. 1.045 do novo Código de Processo Civil, decidiu, por unanimidade, que o Código de Processo Civil, aprovado pela Lei nº 13.105/2015, entrará em vigor no dia 18 de março de 2016.

Enunciado Administrativo nº 2 (STJ). Aos recursos interpostos com fundamento no CPC/1973 (relativos a decisões publicadas até 17 de março de 2016), devem ser exigidos os requisitos de admissibilidade na forma nele prevista, com as interpretações dadas, até então, pela jurisprudência do Superior Tribunal de Justiça.

Enunciado Administrativo nº 3 (STJ). Aos recursos interpostos com fundamento no CPC/2015 (relativos a decisões publicadas a partir de 18 de março de 2016), serão exigidos os requisitos de admissibilidade recursal na forma do novo CPC.

Enunciado Administrativo nº 4 (STJ). Nos feitos de competência civil originária e recursal do STJ, os atos processuais que vierem a ser praticados por julgadores, partes, Ministério Público, procuradores, serventuários e auxiliares da Justiça a partir de 18 de março de 2016 deverão observar os novos procedimentos trazidos pelo CPC/2015, sem prejuízo do disposto em legislação processual especial.

Enunciado Administrativo nº 5 (STJ). Nos recursos tempestivos interpostos com fundamento no CPC/1973 (relativos a decisões publicadas até 17 de março de 2016), não caberá a abertura de prazo prevista no art. 932, parágrafo único, c/c o art. 1.029, §3º, do novo CPC.

Enunciado Administrativo nº 6 (STJ). Nos recursos tempestivos interpostos com fundamento no CPC/2015 (relativos a decisões publicadas a partir de 18 de março de 2016), somente será concedido o prazo previsto no art. 932, parágrafo único, c/c o art. 1.029, §3º, do novo CPC para que a parte sane vício estritamente formal.

Enunciado Administrativo nº 7 (STJ). Somente nos recursos interpostos contra decisão publicada a partir de 18 de março de 2016 será possível o arbitramento de honorários sucumbenciais recursais, na forma do art. 85, §11, do novo CPC.

Direito intertemporal: a lei, prescrição de ordem geral e abstrata, projeta-se no tempo e no espaço e volta-se para o futuro. Desde que começa a vigorar, regula tudo aquilo que venha a surgir e se ajuste à sua hipótese de incidência. Mas não raro, por circunstâncias variadas (evolução social, por exemplo), a lei antiga cede espaço à lei novidadeira e é por esta substituída. E vezes há em que a colisão da lei nova com a anterior acarreta problemas, pois determinadas circunstâncias reguladas pela lei antiga permanecem sob a vigência da nova lei ou, de outra maneira, situações outras, que foram criadas pela lei velha, já não vão encontrar guarida na novel legislação. Por isso, é indispensável perquirir até que ponto a lei antiga engendra efeitos e até que ponto a lei nova não pode impedir esses mesmos efeitos oriundos da lei antiga (MACHADO, A. Paupério. *Introdução ao estudo do direito*. 7. ed. Rio de Janeiro: Forense, 1986. p. 282). O estudo, elaborado para o desate de problemas jurídicos de tal espécie, recebe as denominações *conflito de leis no tempo, retroatividade ou não retroatividade das leis, aplicação do direito em relação ao tempo, superveniência da lei no tempo, direito transitório* e, prevalecendo sobre as demais, *direito intertemporal* (MONTORO, André Franco. *Introdução à ciência do direito*. v. 2. 4. ed. São Paulo: Martins, 1973. p. 152).

A lei no tempo: seguindo o exemplo do seu criador, a lei nasce, existe e se esvai. Tem seu *dies a quo* e pode conter explícito o limite da sua vigência (*dies ad quem*). Salvo disposição em contrário, a lei começa a vigorar em todo o país quarenta e cinco dias depois de oficialmente publicada na imprensa oficial, consoante previsão expressa contida no art. 1º da LINDB – é comum, no Brasil, enunciado que preveja a entrada em vigor da lei nova "a partir da sua publicação", ainda que tal hipótese esteja restrita a legislações envolvendo matéria de pequena repercussão (Lei nº 95/1998, art. 8º). A lei publicada permanece sem efeito até que chegue o dia estabelecido para tanto. Em tal circunstância, diz-se que a lei é *vacante*, porquanto imersa no período de *vacatio legis*, o que lhe coloca em situação de inércia, sem poder de atuação ou vigência. Não detendo a lei *vigência temporária*, permanecerá em vigor até que outra a modifique ou a revogue (LINDB, art. 2º, *caput*).

Facetas do conflito das leis no tempo: ressalte-se que a lei posterior revoga a anterior quando expressamente o declare, quando seja com ela incompatível, ou quando regule inteiramente a matéria de que tratava a lei anterior (LINDB, art. 2º, §1º). É justamente nesse cenário, em que leis novas e antigas entram em colisão, que surgem problemas afetos ao direito intertemporal. A problemática possui duas facetas igualmente relevantes: i) a repulsa irrestrita à retroatividade da lei; e ii) a adoção da retroatividade da lei de maneira absoluta. A admissão da retroatividade da lei, *como princípio absoluto*, geraria situações inaceitáveis, haja vista a atmosfera de insegurança que pairaria na sociedade. Aceitando-se, sem restrição, tal norteamento legal, situações anômalas ao atual regime democrático e mais aproximadas ao absolutismo propagar-se-iam no tecido social em atentado à própria estabilidade jurídica. A confiança na autoridade da lei estaria, portanto, prejudicada: relações jurídicas já concretizadas fragilizar-se-iam diante do perigo da publicação de novas leis prontamente hábeis a alterá-las. Entretanto, alguns, de outro lado, defendem que a preponderância do interesse público sobre as conveniências dos cidadãos é circunstância apta a justificar, *antes de qualquer consideração*, a aplicação da lei nova sobre todos os fatos, pretéritos ou futuros, por ela regulados. Ou seja, para que a legislação mais moderna possa realizar inteiramente sua finalidade benéfica, o interesse social exigiria que seja aplicada tão completamente quanto possível (FARIA, Bento de. *Aplicação e retroatividade da lei*. Rio de Janeiro: A. Coelho Branco Filho, 1934. p. 20). Parafraseando Paiva Pitta, se a lei nova tiver que respeitar sua razão de ser no passado, restringindo seu império somente ao que se fizer depois da sua promulgação, ver-se-ão caminhar, paralelamente, o pretérito com o presente, o desengano com a esperança, a saudade com o gozo, a sombra com a luz, enfim, as velhas com as novas instituições (FARIA, Bento de. *Aplicação e retroatividade da lei*. Rio de Janeiro: A. Coelho Branco Filho, 1934. p. 21). A pergunta a ser respondida: dever-se-á dar privilégio à estabilidade jurídica e à paz social, impedindo a lei nova de alcançar situações concretamente abrangidas por leis anteriores ou, ao invés, evitar a estagnação social e buscar, sempre, o progresso ante a aceitação da *retro-operância* da lei? *Vide* os comentários que se seguem.

A opção constitucional – a garantia da *irretroatividade* das leis: não se pode duvidar que a opção do constituinte, *como regra geral do sistema*, foi pela *garantia fundamental da não retroatividade da lei. A retroatividade, por outro lado, foi admitida em situações estritamente excepcionais*. Assim fez a Constituição de 1988 ao prescrever que "a lei não prejudicará o direito adquirido, o ato jurídico perfeito e a coisa julgada" (CF/88, art. 5º, XXXVI). Também este o sentido oriundo do comando legal constante do art. 6º da LINDB: "A lei terá efeito imediato e geral, respeitados o ato jurídico perfeito, o direito adquirido e a coisa julgada". Indo ao ponto: a *regra de ouro* prescreve que *toda lei dispõe para o futuro, e não para o passado*, de modo que os *fatos jurídicos* ocorridos e já consumados, e também seus efeitos já consolidados e os ainda pendentes, não se regem pela lei nova que entra em vigor, mas continuam valorados segundo a lei do seu tempo, circunstância que encontra fundamento no culto à segurança das relações jurídicas (= garantia fundamental à segurança jurídica). Uma anotação histórica: na Constituição do Império (1824) havia preceito segundo o qual a lei não teria efeito retroativo (art. 179, §3º), garantia conservada na primeira Constituição da República ("é vedado aos Estados, como à União, prescrever leis retroativas" – art. 11, §3º). A partir de 1934, preferiu-se a fórmula adotada pela constituição em vigor (MILHOMENS, Jônatas. *Hermenêutica do direito processual civil*. Rio de Janeiro: Forense. p. 20).

Aplicação imperativa da regra da irretroatividade: por ser a *regra da irretroatividade* decorrente de preceito constitucional (art. 5º, XXXVI), é aplicável *imperativamente* a todos os ramos do direito, a todas as espécies de enunciados normativos – leis, decretos, resoluções, portarias, etc. –, e a todas as esferas do poder público, federal, estadual e municipal (MONTORO, André Franco. *Introdução à ciência do direito*. 4. ed. v. 2. São Paulo: Martins, 1973. p. 155). A retroatividade da lei está proibida quando implicar prejuízo ao direito adquirido, ao ato jurídico perfeito e à coisa julgada, sendo admitida, porém, apenas nas hipóteses previstas no texto constitucional. Trata-se, sem dúvida, de uma conquista do mundo moderno contra a tirania de outrora. Em miúdos: i) os fatos jurídicos ocorridos e já consumados no passado não se regem pela lei nova que entra em vigor, mas continuam valorados segundo a lei do seu tempo, *sempre respeitados e preservados os efeitos deles já produzidos e aqueles ainda a serem produzidos*; ii) a lei nova se aplicará aos fatos jurídicos presentes e aos efeitos deles provenientes (*tempus regit actum*); iii) a lei nova se aplicará aos fatos jurídicos pretéritos (e aos seus efeitos futuros), originados sob a égide e o império da lei precedente por ela revogada, *mas ainda não consumados*, ou seja, *que se encontrarem em estado de transição*; iv) a retroatividade da lei nova somente é permitida nas hipóteses expressamente autorizadas pela Constituição de 1988.

Efeitos retroativo e imediato da lei: fala-se em *efeito imediato* (CPC/2015, art. 14) para retratar hipóteses em que a lei nova é aplicável *imediatamente*, assim que vigente, aos fatos jurídicos presentes e aos efeitos por estes produzidos, bem como aos fatos jurídicos anteriores (e aos seus efeitos futuros), originados sob a égide da lei precedente porém ainda não consumados. Ou seja, se a lei nova incide sobre fatos jurídicos anteriores que não se configuram em ato jurídico perfeito, direito adquirido, ou mesmo não se encontrem acobertados pela coisa julgada, a incidência dela *não é retroativa*; é, isso sim, *imediata*. A *retroatividade da lei* diz respeito, por outro lado, àquelas hipóteses em que a lei nova incide diretamente sobre fatos jurídicos pretéritos, regidos pela lei revogada e *já devidamente consumados*. Importante: no Brasil, admite-se a retroatividade apenas em situações previstas na própria Constituição Federal – *é, pois, circunstância absolutamente excepcional*.

Direito processual intertemporal: o *direito processual intertemporal* tem por objeto a delimitação dos momentos de início e fim da vigência da *lei processual*, bem assim a fixação dos limites da sua eficácia em relação, sobretudo, aos *processos pendentes*. Nada mais é que um *braço especializado* do direito intertemporal. Denominam-se *direito sobre direito* os dispositivos que regulamentam o direito processual intertemporal, pois relacionados à produção jurídica. Nessa matéria, interessam, mais detidamente, os *atos processuais* que, em conjunto, conferem forma ao procedimento jurisdicional e permitem que se atinja o ato decisório final. *Ato processual* é espécie de *fato jurídico humano*, especificamente de *ato jurídico stricto sensu*; é oriundo de toda conduta tendente a repercutir, de algum modo, na atuação das partes, de terceiros, do representante do Ministério Público, do juiz e dos auxiliares da justiça. Exemplos: apresentação de uma petição inicial, decisões em geral, audiências, interrogatório, depoimento pessoal, depoimento de testemunhas, inspeção judicial, transação, sentença, interposição de recursos, entre outros.

Aplicação imediata da lei processual: como é próprio de toda e qualquer lei, a chamada *lei processual* sujeita-se ao princípio geral de que *a lei dispõe para o futuro*, não possuindo efeito retroativo, além do que, por essa mesmíssima razão, é de *imediata aplicação*, ou seja, aplica-se *imediatamente* aos fatos verificados depois da sua vigência. É verdade que, *por ser cogente* (= de ordem pública), há quem defenda a aplicação retroativa da *lei processual* sobre atos processuais já devidamente consumados por leis anteriores, tese que traz como justificativa a supremacia dos interesses da coletividade – nesse sentido: FARIA, Bento de. *Aplicação e retroatividade da lei*. Rio de Janeiro: A. Coelho Branco Filho, 1934. p. 27; DINIZ, Maria Helena. *Lei de introdução ao código civil brasileiro interpretada*. São Paulo: Saraiva, 1994. p. 194. Esquecem, porém, os apologistas dessa visão autoritária que a manutenção da ordem jurídica e social é igualmente um importante interesse coletivo. Afinal de contas, ninguém pode viver, com o mínimo de dignidade, num ambiente de absoluta insegurança, sujeito a toda sorte de mudanças pelo simples surgir de novas legislações. Não à toa, aliás, a Constituição de 1988 tutela, de modo expresso, a coisa julgada, o direito adquirido e o ato jurídico perfeito. Nesse sentido, a lição de Caio Mario Pereira é insuperável: "Costuma-se dizer que as leis de ordem pública são retroativas. Há uma distorção de princípio nesta afirmativa. Quando a regra da não-retroatividade é de mera política legislativa, sem fundamento constitucional, o legislador, que tem o poder de votar leis retroativas, não encontra limites ultralegais à sua ação, e, portanto, tem a liberdade de estatuir o efeito retro-operante para a norma de ordem pública, sob o fundamento de que esta se sobrepõe ao interesse individual. Mas, quando o princípio da não-retroatividade é dirigido ao próprio legislador, marcando os confins da atividade legislativa, é atentatória da Constituição a lei que venha ferir direitos adquiridos, ainda que sob inspiração da ordem pública. A tese contrária encontra-se defendida por escritores franceses ou italianos, precisamente porque, naqueles sistemas jurídicos, o princípio da irretroatividade é dirigido ao juiz e não ao legislador" (PEREIRA, Caio Mário. *Instituições de direito civil*. Rio de Janeiro: Forense, 1974. p. 155). Vê-se, por conseguinte, que a regra da irretroatividade da lei corresponde também a uma garantia contrajurisdicional (= proteção contra abusos e desvios eventualmente praticados pelo poder jurisdicional).

Aplicação imediata da lei processual (2): não é constitucional, no Brasil, a adoção de exegeses atribuindo às normas *cogentes* efeito retroativo, sobretudo porque a Carta Política, ao preceituar que a lei nova não prejudicará o ato jurídico perfeito, o direito adquirido e a coisa julgada, não distingue entre legislações cogentes e outras quaisquer. *Quisesse o constituinte recepcionar a retroatividade das leis de ordem pública, tê-lo-ia feito expressamente na própria Constituição.* Naquilo que importa aqui, é por isso que os atos processuais perfeitamente concluídos na vigência de leis anteriores, bem assim seus efeitos (pretéritos, presentes e futuros), não serão atingidos pela publicação de leis novidadeiras.

Direito adquirido, ato jurídico perfeito e coisa julgada: a Constituição prescreve que *a lei não prejudicará o direito adquirido, o ato jurídico perfeito e a coisa julgada* (CF/88, art. 5º, XXXVI). Disso extrai-se a *regra de ouro*: toda lei dispõe para o futuro, e não para o passado, significando que os fatos jurídicos ocorridos e já consumados (atos jurídicos perfeitos), e também seus efeitos já praticados e os ainda pendentes (direitos adquiridos), não se regem pela lei nova que entrou em vigor, pois continuarão valorados segundo a lei do seu tempo. Cada qual das expressões citadas merece definição precisa: i) *direito adquirido* é aquele que, ao tempo da lei revogada, já estava *integrado* (não mera *faculdade* ou *expectativa* de direito) ao patrimônio de alguém, mesmo que pendente de *termo* ou *condição suspensiva* (MARCHI LEVADA, Felipe Antônio. *Direito Intertemporal e a Proteção do Direito Adquirido*. Curitiba: Editora Juruá, 2011. p. 64); ii) *ato jurídico perfeito* é aquele consumado segundo a lei vigente ao tempo em que se efetuou, totalmente realizado e cujos efeitos foram produzidos (PORCHAT, Reynaldo. *Da retroactividade das leis civis*. São Paulo: Duprat & Comp, 1909. p. 26-27); e iii) *coisa julgada material* diz respeito à autoridade que torna imutável e indiscutível a decisão de mérito não mais sujeita a recurso (CPC/2015, art. 502).

Direito adquirido processual: não obstante algum ruído doutrinário, parece fora de dúvida a existência de *direitos adquiridos processuais*. Como elucida André Mattos Soares, a lei nova de cunho processual deve respeitar não só os atos processuais aperfeiçoados sob a vigência da antiga lei (*ato jurídico processual perfeito*), senão ainda os efeitos desses atos a serem produzidos a partir da entrada em vigor do novo diploma legal. *Ou seja, a aplicação imediata da lei nova incide somente sobre atos realizados após a sua entrada em vigor, resguardados tanto os efeitos já produzidos quanto os não produzidos oriundos de atos pretéritos*. A dificuldade está em identificar aquilo que de fato representa efeito imanente a ser produzido do ato pretérito e o que se caracteriza como outro ato processual dissociado, não simples efeito do ato antecedente. Afinal, o efeito do ato processual pretérito ainda não verificado poderá, quando já em vigor a nova lei, materializar-se na prática de outro ato processual, embora submetido à legislação revogada por se traduzir em mera consequência direta do ato anterior previsto pela extinta lei (SOARES, André Mattos. *Direito*

Intertemporal e o Novo Processo Civil. Atualidades e Polêmicas. 2. ed. Curitiba: Editora Juruá, 2015. pp. 107-112).

Sistema do isolamento dos atos processuais: apontem-se três regras seguras de *direito processual intertemporal*: i) a lei nova não se aplica aos procedimentos jurisdicionais já findos quando da sua entrada em vigor (*irretroatividade da lei nova*); ii) a lei nova não se aplica aos atos processuais já findos, *tampouco aos efeitos deles decorrentes*, quando da sua entrada em vigor; iii) a lei nova aplica-se inteiramente aos procedimentos jurisdicionais instaurados durante a sua vigência. Inquietantes, entretanto, são as dificuldades encontradas quando se examinam os efeitos da lei nova sobre *procedimentos jurisdicionais pendentes*. São três as correntes que procuram explicitar problemas envolvendo a eficácia das leis processuais no tempo: i) unidade processual; ii) fases processuais; e iii) isolamento dos atos processuais. A última delas é a adotada no Brasil (= isolamento dos atos processuais), isto é, embora o procedimento jurisdicional se traduza num conjunto de atos em vista do fim a que se propõe, para efeito da aplicação da lei nova cada ato processual deve ser considerado *de maneira isolada* (SANTOS, Moacyr Amaral. *Primeiras linhas de direito processual civil*. v. 1. 23. ed. São Paulo: Saraiva, 2004. p. 32). Se a lei nova depara com procedimentos jurisdicionais em curso, não se poderá aplicá-la a atos processuais já concluídos, e nem mesmo aos seus efeitos (pretéritos, presentes e futuros) (= proibição de retro-operância da lei); ela disciplinará, apenas e tão somente, os atos e efeitos deles surgidos a partir da sua vigência. Assim já se decidiu: "Tanto o CPC/1973 (art. 1.211) quanto o CPC/2015 (art. 1.046, *caput*) adotaram, com fundamento no princípio geral do *tempus regit actum*, a chamada teoria do isolamento dos atos processuais, como critério de orientação de direito intertemporal, de maneira que nada obstante a lei processual nova incida sobre os feitos ainda em curso, não poderá retroagir para alcançar os atos processuais praticados sob a égide do regime anterior, mas apenas sobre aqueles que daí em diante advierem. Nesse sentido, a definição sobre qual regime jurídico será aplicado depende do momento em que o respectivo ato processual é praticado. Assim, para ilustrar, se o acórdão a ser impugnado pela via do recurso especial foi publicado quando ainda vigente o CPC/1973, assim como a decisão sobre a sua inadmissibilidade, tanto o apelo raro quanto o respectivo agravo em recurso especial observarão as regras de admissibilidade então exigidas. É esse o teor do Enunciado Administrativo n. 02/STJ" (STJ, AgInt no AREsp nº 989414/SP, Segunda Turma, Rel. Min. Mauro Campbell Marques, julgamento: 07.03.2017, disponível em: www.stj.jus.br). Importante: *a despeito da adoção pelo CPC/2015 do sistema do isolamento dos atos processuais*, há nele também a previsão de regras específicas seguindo a lógica do sistema da *unidade processual* ou *das fases*, justificadas sobretudo em atenção à tutela de garantias contrajurisdicionais processuais (contraditório e ampla defesa, por exemplo).

Diretrizes de direito processual intertemporal: é possível apontar algumas diretrizes normativas capazes de guiar o intérprete, *de forma quase segura*, quando envolto em raciocínios destinados a superar problemas afetos ao direito processual intertemporal. São elas: i) a lei nova aplica-se *inteiramente* aos procedimentos jurisdicionais instaurados na sua vigência; ii) a retroatividade da lei (cogente, dispositiva ou de qualquer outra natureza; *não importa*) apenas é admitida em hipóteses expressamente autorizadas pela Constituição Federal; iii) a lei nova não governa procedimentos jurisdicionais já concluídos quando da sua entrada em vigor, cujos atos (e seus efeitos) se regeram sob o manto da lei anterior (*ato jurídico processual perfeito*) – *rigorosa aplicação da máxima tempus regit actum*; iv) a lei nova preserva os efeitos *já produzidos* oriundos de atos processuais ocorridos e consumados no passado e que se regeram pela lei revogada; v) a lei nova deve respeito aos efeitos *ainda a serem produzidos* de atos processuais ocorridos e já consumados no passado e que se regeram pela lei revogada; vi) tratando-se de procedimento jurisdicional pendente, a lei nova aplica-se *imediatamente* aos atos processuais que houverem de se realizar, *respeitados o ato processual jurídico perfeito, o direito processual adquirido e a coisa julgada.*

Especificidades: confira-se, adiante, um extenso rol ilustrativo, *extraído da obra de Leonardo Carneiro da Cunha*, de respostas objetivas a problemas práticos atinentes a conflitos entre CPC/1974 e CPC/2015: i) as novas regras modificativas da competência territorial (CPC/2015, arts. 52 e 53) não alcançam procedimentos findos ou em curso (decorrência lógica da *perpetuatio jurisdictionis*); ii) abolida a regra da *identidade física do juiz* (competência absoluta: exceção a *perpetuatio* *jurisdictionis*; CPC/2015, art. 87), a sentença pode ser proferida por juiz substituto ou outro que venha a assumir o caso posteriormente ao encerramento da instrução; iii) a eliminação da figura do revisor pelo CPC/2015 aplica-se imediatamente aos casos em curso, de maneira que, havendo recurso ou ação rescisória pendente em tribunal no qual não tenha ainda havido a atuação do revisor, desnecessário enviar-lhe os autos para exame e aposição do seu visto (abolição de regra de competência absoluta: exceção à *pretuatio jurisdictionis*; CPC/2015, art. 87); iv) a demanda que se sujeitava ao revogado procedimento sumário, já devidamente proposta com a distribuição da petição inicial até antes do início da vigência do CPC/2015, obedecerá o CPC/1973 no que tange ao aludido rito (regra da *ultratividade*; art. 1.046, §1º); v) o regramento do CPC/1973 tem sua eficácia postergada em relação a procedimentos especiais revogados, porém instaurados e ainda não sentenciados até o início da vigência do CPC/2015 (regra da *ultratividade*; art. 1.046, §1º); vi) o regramento do CPC/1973 tem sua eficácia postergada em relação a procedimentos cautelares já iniciados previamente antes da vigência do CPC/2015 e ainda pendentes de sentença (regra da *ultratividade*; art. 1.046, §1º); vii) se o procedimento cautelar for antecedente, com medida liminar já concedida quando em vigor o CPC/1973, a superveniente vigência do CPC/2015 não o atingirá, cumprindo a parte propor sua demanda principal (CPC/1973, art. 806); viii) as regras que permitem a correção de vícios hão de ser aplicadas imediatamente, pois não atingem ato jurídico perfeito, tampouco direito adquirido; ix) devem ser aplicados imediatamente aos casos pendentes dispositivos que proíbem decisões-surpresa e imprimem dever específico de fundamentação (CPC/2015, arts. 10 e 489, §1º); x) aplicam-se imediatamente aos casos pendentes regras sobre a publicação de acórdãos, sustentação oral e inclusão em pauta nos tribunais (CPC/2015, arts. 943, §2º; 944, *caput* e parágrafo único; 936; 937; 942, §3º, II; e 1.003); xi) a técnica da ampliação do colegiado em caso de divergência (CPC/2015, art. 942) não é aplicável aos embargos infringentes pendentes ao tempo do início da vigência do CPC/2015, cujo julgamento deverá ocorrer nos termos dos arts. 530 e segs. do CPC/1973; xii) as regras sobre a produção de provas aplicam-se imediatamente aos procedimentos pendentes, mesmo em relação às provas requeridas ou determinadas antes do início de vigência do CPC/2015, excetuadas as proibitivas, restritivas ou aquelas que tornem inadmissíveis as provas já requeridas ou determinadas (aplicação conjunta dos arts. 14, 1.046, 1.047 do CPC/2015 c/c o art. 5º, XXXVI, da CF/88); xiii) instaurada a execução contra a Fazenda Pública, e concretizada a citação na vigência do CPC/1973, deve o procedimento seguir curso em atenção à codificação revogada (art. 1.046, §1º); xiv) são passíveis de execução títulos alusivos aos créditos previstos no art. 515, V, e art. 784, X e XI, do CPC/2015, ainda que constituídos sob a vigência do CPC revogado (não importa a data em que o título foi formado, e sim o momento da propositura da execução); xv) em cumprimento de sentença instaurado na vigência do CPC/1973, terminado o primeiro prazo de quinze dias (destinado ao pagamento do crédito exequendo), não será possível a aplicação do CPC/2015, de modo que caberá ao executado aguardar a intimação para o início do segundo prazo, também de quinze dias, destinado ao oferecimento da impugnação; xvi) em cumprimento de sentença instaurado na vigência do CPC/1973, sem que qualquer prazo tenha ainda se iniciado, os dois prazos de quinze dias terão início já segundo dispõe o CPC/2015 – vale dizer, prazos sucessivos, terminado o primeiro (para o pagamento voluntário) inicia-se o outro (para ofertar a impugnação), independentemente de intimação do executado; xvii) se na vigência do CPC/1973 o juiz determinou a realização da penhora, e esta foi concretizada em execução *provisória* de sentença, não é lícita a reabertura do prazo de quinze dias para pagamento a fim de fazer incidir a multa de 10% (dez por cento), hoje prevista no CPC/2015; xviii) o art. 854 do CPC/2015 aplica-se imediatamente aos casos pendentes quando determinada e concretizada a penhora *on-line* sem que tenha ainda iniciado o prazo para impugnação ou embargos, cumprindo ao juiz ordenar a intimação do executado para que se manifeste, no prazo de cinco dias, sobre os ativos financeiros tornados indisponíveis, com a consequente conversão da indisponibilidade em penhora, independentemente da lavratura de termo, se rejeitada ou ausente a aludida manifestação; xix) o art. 854 do CPC/2015 não se aplica aos casos pendentes se já tiver iniciado o prazo para apresentação de impugnação ao cumprimento de sentença, pois é ali que poderá arguir a impenhorabilidade ou o excesso, sem contar que o bloqueio já terá sido convertido em penhora; xx) como os embargos, em execução fundada em título extrajudicial, já não dependiam da garantia do juízo na vigência do CPC/1973, o simples fato de ter iniciado o prazo para embargos à execução não afasta a imediata aplicação do art. 854 do CPC/2015 (sobre penhora em dinheiro e impugnação do executado ao bloqueio de ativos), afinal, nada impede que o bloqueio de ativos financeiros seja feito posteriormente à oferta dos próprios embargos; xxi) se a adjudicação, a alienação ou a arrematação já ocorreu durante a vigência da codificação revogada, a parte adquiriu direito aos embargos de segunda fase (CPC/1973, art. 746), de maneira que não tem aplicação, sob pena de lesar direito adquirido processual, a nova forma de postulação da invalidade de tais meios expropriatórios (simples petição ou ação autônoma; CPC/2015, arts. 903, §§2º, 4º e 5º); xxii) mesmo quando a sentença tenha sido proferida e transitada em julgado durante a vigência do CPC/1973, nada impede seja ela levada a protesto, com fundamento no art. 517 do CPC/2015; xxiii) sobre a remessa necessária (CPC/2015, arts. 936, 942, §4º, II, 978, parágrafo único, e 1.040, II), aplica-se a lei em vigor no momento em que for proferida a sentença; xxiv) a remessa necessária de sentença, que decida questão prejudicial contrária aos interesses da Fazenda Pública (CPC/2015, art. 503, §1º, I, II, III, e §2º), somente deve ocorrer em procedimentos instaurados a partir do início da vigência do CPC/2015; xxv) regulará o recurso a lei em vigor no momento em que proferida a decisão impugnada (= direito adquirido processual a determinado recurso); xxvi) são cabíveis embargos infringentes (hoje extintos) nos casos em que o resultado do julgamento já havia sido anunciado pelo colegiado antes do início de vigência do CPC/2015; xxvii) se os embargos infringentes foram interpostos sob a vigência do CPC/1973, devem ser julgados, não se aplicando a técnica de julgamento prevista no art. 942 do CPC/2015; xxviii) se a decisão interlocutória tiver sido proferida antes do início de vigência do CPC/2015, poderá ser atacada por agravo retido (que não subsiste mais no atual sistema processual civil) ou por agravo de instrumento; xxix) se a decisão interlocutória tiver sido proferida na vigência do CPC/1973, e a parte optou por atacá-la pela via do agravo retido (que não subsiste mais no CPC/2015), deverá reiterá-lo nas razões ou contrarrazões de apelação para que seja conhecido; xxx) aplica-se o novo regime recursal quanto às decisões proferidas durante a vigência do CPC/2015; xxxi) as regras sobre fungibilidade recursal (CPC/2015, art. 1.024, §3º; art. 1.032, parágrafo único; art. 1.033) aplicam-se imediatamente, mesmo que o recurso tenha sido interposto ao tempo do CPC/1973; xxxii) a regra sobre sucumbência recursal (CPC/2015, art. 85, §11) somente deve ser aplicada aos casos em que for possível recorrer, ou já houver recorribilidade, a partir do início da vigência do CPC/2015, não se aplicando aos recursos já interpostos ou pendentes de julgamento; xxxiii) em relação à coisa julgada sobre questões prejudiciais decididas incidentalmente (CPC/2015, art. 503, §1º), optou o legislador por adotar o *sistema da unicidade processual* (CPC/2015, art. 1.054), vale dizer, a nova regra aplica-se apenas a casos futuros, que foram instaurados depois do início de vigência do CPC/2015; xxxiv) os prazos processuais iniciados antes da vigência do CPC/2015 serão integralmente regulados pelo regime revogado; xxxv) se, quando do início de vigência do CPC/2015, o prazo para a prática do ato processual já havia transcorrido ou estava em curso, sua contagem foi em dias corridos e assim será mantido; xxxvi) para atos processuais cujo prazo ainda não iniciou, já se aplica o novo regime de contagem de prazos em dias úteis (CPC/2015, art. 219); xxxvii) as novas regras sobre prazos diferenciados (CPC/2015, art. 180; art. 183, *caput* e §1º; e art. 186, *caput* e §1º) aplicam-se tão somente para a prática de atos cujo prazo tenha se iniciado depois da vigência do CPC/2015; xxxviii) a regra que prescreve a não aplicação de prazo em dobro em autos de processos eletrônicos (CPC/2015, art. 229, §2º) apenas se aplica aos prazos cujo início ocorreu sob a vigência do CPC/2015 (CUNHA, Leonardo Carneiro da. *Direito Intertemporal e o Novo Código de Processo Civil.* Rio de Janeiro: Editora Forense, 2016).

Art. 15. Na ausência de normas que regulem processos eleitorais, trabalhistas ou administrativos, as disposições deste Código lhes serão aplicadas supletiva e subsidiariamente.

Correspondente

Não há correspondente no CPC/1973.

Direito processual e subespécies: a doutrina tradicional distingue o direito processual em *subespécies*. Por isso a alusão aos direitos *processual do trabalho, processual eleitoral* e *processual penal militar*, cujas funções relacionam-se à disciplina (i) de microgarantias contrajurisdicionais do cidadão, (ii) dos procedimentos e das técnicas processuais e (iii) da própria atividade jurisdicional do *trabalho, eleitoral* e *penal militar*. Enfim, a expressão *direito processual*, como geralmente se verifica, é utilizada para se referir amplamente ao próprio direito processual e também aos direitos procedimental e jurisdicional. Importante: a doutrina adverte não se tratar, porém, de subdivisão *fechada*. À guisa de exemplo, hoje afirma-se a existência de um *direito processual das relações de consumo* e de um *direito processual internacional*. Por fim, as aludidas subespécies de direito processual encontram nos direitos processual civil e processual penal regramentos de aplicação subsidiária, vale dizer, os últimos são considerados comuns em relação às primeiras (GRECO FILHO, Vicente. *Direito processual civil brasileiro*. v. 1. 17. ed. São Paulo: Saraiva, 2003. p. 66).

Problemas redacionais: o art. 15 apresenta composição linguística tecnicamente inadequada. Tenha-se em mente, num primeiro momento, que o CPC/2015 se assume como sistema normativo *geral* em matéria processual não penal, de maneira que, de um modo ou de outro, sua utilização se impõe para *enriquecer* leituras de textos legais contidos em diplomas de igual natureza – sobre a nomenclatura direito processual e sua amplitude de uso, verificar comentário no item anterior. Dele o intérprete extrai luzes para iluminar a prática de atos, os caminhos e as técnicas procedimentais a serem utilizados quando, *diante das particularidades do caso concreto*, surjam equivocidades ou vazios em leis processuais especiais. E isso se aplica, *ao contrário do que sugere o art. 15 do CPC/2015*, não apenas aos litígios de natureza eleitoral, trabalhista e administrativa, mas a todos os conflitos de interesses cujas pretensões envolvam direito *não penal* – por exemplo, de cunho *ambiental, consumerista* ou *tributário*. De resto, bastaria que a lei fizesse alusão à subsidiariedade (do latim *subsidium*), pois o que subsidia contribui, *seja aditando, suplementando ou colmatando*. De toda sorte, prevalece em doutrina que: i) quando a lei especial não se apresentar *abrangente* a respeito de determinado instituto, aplicar-se-á *supletivamente* a lei geral a fim de complementá-la ou aperfeiçoá-la; e ii) quando a lei especial não disciplinar *em nada* determinado instituto, aplicar-se-á *subsidiariamente* a lei geral como forma de suprir lacunas existentes.

Normas fundamentais processuais: são *normas fundamentais processuais* aquelas que conferem *conteúdo* à garantia contrajurisdicional do processo (= devido processo legal; processo como instituição de garantia). E como ensina Antonio María Lorca Navarrete, é a Constituição que cuida da chamada *substantividade garantista* do processo (NAVARRETE, Antonio María Lorca. El derecho procesal como sistema de garantias. *Boletin Mexicano de Derecho Comparado*, nueva serie, año XXXVI, n. 107, mayo-agosto de 2003, pp. 531-557). Portanto, o que fez o legislador foi apenas transplantar, para o capítulo inaugural do CPC/2015, *parcela* das garantias contrajurisdicionais do cidadão positivadas em âmbito constitucional. Algo coerente, uma vez que as *normas fundamentais* do processo são de consulta obrigatória, desimportante a natureza do litígio, seja porque permitem uma compreensão adequada e abrangente do sistema processual, *seja ainda por socorrer o intérprete na superação de vazios legislativos, antinomias e vícios de inconstitucionalidade*.

A medida de aplicação da lei geral: não é tarefa fácil saber qual a *medida da especialidade* de determinada lei a afastar ou permitir a invocação da lei geral (YARSHELL, Flávio Luiz. Brevíssimas reflexões sobe a aplicação subsidiária do CPC 2015 ao processo dos Juizados Especiais Federais. *Revista Novos Estudos Jurídicos*. v. 15. Governador Valadares: UNIVALE, 2010. pp. 65-69). Ao se examinar um subsistema legal, não se pode esquecer da regra segundo a qual "o especial derroga o geral", até como forma de reprimir arroubos interpretativos direcionados a fazer incidir em todo e qualquer caso a lei geral nova sobre fatos jurídicos devidamente regulados pela lei especial. Em decorrência disso, as especialidades de um subsistema legal merecem reverência, sob pena de desvirtuamento da sua própria razão de ser, sendo indispensável a compreensão de seus traços históricos e propósitos almejados. Logo se vê que o trabalho é espinhoso, sobretudo porque as balizas de objetividade surgem esfumaçadas, com riscos de prevalecer escolhas arbitrárias em prejuízo da própria segurança jurídica.

CPC/2015 e juizados especiais: não é simples o emprego do CPC/2015 para complementar e/ou suprir a legislação que dita o procedimento nos juizados especiais cíveis. De um lado, essa aplicação ocorrerá nas hipóteses em que o próprio CPC/2015 assim o dispôs de maneira expressa (por exemplo, o art. 1.065 alterou a redação do art. 50 da Lei nº 9.099/95 ao estabelecer que os embargos de declaração, cabíveis contra sentença ou acórdão em sede de juizados especiais cíveis, *interrompem* o prazo para a interposição de recurso); de outro, em havendo compatibilidade entre um novidadeiro e específico regramento e os critérios que informam a legislação especial (Lei nº 9.099/95, art. 2º).

CPC/2015 e Justiça do Trabalho: a CLT prevê, *desde que não haja incompatibilidades*, as seguintes possibilidades de integração: i) em casos omissos, o direito processual comum é fonte subsidiária do direito processual do trabalho (CLT, art. 769); e ii) aos trâmites e incidentes do processo da execução são aplicáveis os preceitos que regem o processo dos executivos fiscais para a cobrança judicial da dívida ativa da Fazenda Pública Federal (CLT, art. 889). *Hoje, soma-se a isso a expressa previsão do art. 15 do CPC/2015*. Vale sublinhar, ademais, que o TST, na Resolução nº 203, datada de 15 de março de 2016, sinalizou, *sem pretensão de exaustividade*, sobre dispositivos do CPC/2015 cujas aplicações se admitem ou não na justiça trabalhista: i) o CPC/2015 aplica-se, subsidiária e supletivamente, ao processo do trabalho, em caso de omissão e desde que haja compatibilidade com a principiologia do direito processual do trabalho, na forma dos arts. 769 e 889 da CLT e art. 15 da Lei nº 13.105/2015; ii) o prazo para interpor e contrarrazoar todos os recursos trabalhistas, inclusive agravo interno e regimental, é de oito dias, exceto embargos de declaração; iii) *não* se aplicam, sem prejuízo de outros, os preceitos do CPC/2015 que regulam a modificação da competência territorial e eleição de foro (art. 63), a negociação processual (art. 190), a contagem de prazo em dias úteis (art. 219), a audiência de conciliação ou de mediação (art. 334), o adiamento da audiência em razão de atraso injustificado (art. 362, III), a distribuição diversa do ônus da prova por convenção entre as partes (art. 373, §§3º e 4º), a prescrição intercorrente (arts. 921, §§4º e 5º, e 924, V), o prosseguimento de julgamento não unânime de apelação (art. 942), as notas taquigráficas para substituir o acórdão (art. 944), os embargos de divergência (arts. 1.043 e 1.044) e o prazo para interposição de agravo (art. 1.070); iv) sem prejuízo de outros, aplicam-se ao processo de trabalho os preceitos do CPC/2015 que regulam o saneamento de incapacidade processual ou de irregularidade de representação (art. 76, §§1º e 2º), o *amicus curiae* (art. 138), os poderes, os deveres e a responsabilidade do juiz (art. 139, exceto a parte final do inciso V), o valor pretendido na ação indenizatória, inclusive em dano moral (art. 292, V), a correção de ofício do valor da causa (art. 292, §3º), a disciplina sobre tutela provisória (arts. 294 a 311), a distribuição dinâmica do ônus da prova (art. 373, §§1º e 2º), o juízo de retratação no recurso ordinário (art. 485, §7º), a fundamentação da sentença (art. 489), a remessa necessária (art. 496 e parágrafos), a tutela específica (arts. 497 a 501), o cumprimento de sentença que reconheça a exigibilidade de obrigação de fazer, de não fazer ou de entregar coisa (arts. 536 a 538), a responsabilidade patrimonial (arts. 789 a 796), a obrigação de o executado indicar outros meios mais eficazes e menos onerosos para promover a execução (art. 805 e parágrafo único), os bens impenhoráveis (art. 833, incisos e parágrafos), a ordem preferencial de penhora (art. 835, incisos e §§1º e 2º), o procedimento quando não encontrados bens penhoráveis (art. 836, §§1º e 2º), a intimação da penhora (art. 841, §§1º e 2º), o regramento sobre BacenJud (art. 854 e parágrafos), o pagamento parcelado do lanço (art. 895), o parcelamento do crédito exequendo (art. 916 e parágrafos), a rejeição liminar dos embargos à execução (art. 918 e parágrafo único), a jurisprudência dos tribunais (arts. 926 a 928), a vista regimental (art. 940), o incidente de assunção de competência (art. 947 e parágrafos), a ação rescisória (arts. 966 a 975), a reclamação (arts. 988 a 993), o efeito devolutivo do recurso ordinário (arts. 1.013 a 1.014) e o regramento do agravo interno, salvo quanto ao prazo (art. 1.021). A aludida resolução foi mais além: i) aplicam-se ao processo do trabalho as normas do CPC/2015 que regulam o princípio do contraditório, em especial os arts. 9º e 10, no que vedam a decisão surpresa; ii) não se considerará decisão surpresa aquela que, à luz do ordenamento jurídico nacional e dos princípios que informam o direito processual do trabalho, as partes tinham a obrigação de prever, concernente às condições da ação, aos pressupostos de admissibilidade de recurso e aos pressupostos processuais, salvo disposição expressa em contrário; iii) aplica-se ao processo do trabalho a regra do julgamento antecipado parcial do mérito, cabendo recurso ordinário de imediato da sentença (art. 356, §§1º e 4º); iv) aplica-se ao processo do trabalho o incidente de desconsideração da personalidade jurídica (arts. 133 a 137), assegurada também a iniciativa do juiz do trabalho na fase de execução (CLT, art. 878); v) aplica-se ao processo do trabalho o regramento sobre a improcedência liminar do pedido, com as necessárias adaptações à legislação processual trabalhista (art. 332); vi) aplica-se ao processo do trabalho o incidente de resolução de demandas repetitivas (arts. 976 a 986); vii) o cabimento de embargos de declaração no processo do trabalho rege-se pelo art. 897-A da CLT e, supletivamente, pelo CPC/2015, excetuada a garantia de prazo em dobro para litisconsortes; viii) aplicam-se ao processo do trabalho algumas regras de combate à jurisprudência defensiva (art. 932, parágrafo único; art. 938, §§1º a 4º; e art. 1.007, §§2º e 7º); ix) não se aplica ao processo do trabalho a regra permitindo a inquirição direta das testemunhas pelas partes (art. 459); x) admitido o recurso de revista por um fundamento, devolve-se ao TST o conhecimento dos demais fundamentos para a solução apenas do capítulo impugnado (art. 1.034); xi) não se aplica ao processo do trabalho a previsão exortando tribunais a criarem centros judiciários de solução consensual de conflitos, salvo nos conflitos coletivos de natureza econômica. Especificamente sobre o dever de fundamentação das decisões judiciais na Justiça do Trabalho, a resolução prevê o seguinte: i) por força dos arts. 332 e 927 do CPC/2015, adaptados ao processo do trabalho, para efeito dos incisos V e VI do §1º do art. 489 considera-se "precedente" apenas: i.a) acórdão proferido pelo Supremo Tribunal Federal ou pelo Tribunal Superior do Trabalho em julgamento de recursos repetitivos (CLT, art. 896-B; CPC/2015, art. 1.046, §4º); i.b) entendimento firmado em incidente de resolução de demandas repetitivas ou de assunção de competência; i.c) decisão do Supremo Tribunal Federal em controle concentrado de constitucionalidade; i.d) tese jurídica prevalecente em Tribunal Regional do Trabalho e não conflitante com súmula ou orientação jurisprudencial do Tribunal Superior do Trabalho (CLT, art. 896, §6º); i.e) decisão do plenário, do órgão especial ou de seção especializada competente para uniformizar a jurisprudência do tribunal a que o juiz estiver vinculado ou do Tribunal Superior do Trabalho; ii) para os fins do art. 489, §1º, incisos V e VI do CPC/2015, considerar-se-ão unicamente os precedentes referidos no item anterior, súmulas do Supremo Tribunal Federal, orientação jurisprudencial e súmula do Tribunal Superior do Trabalho, súmula de Tribunal Regional do Trabalho não conflitante com súmula ou orientação jurisprudencial do TST, que contenham explícita referência aos fundamentos determinantes da decisão (*ratio decidendi*); iii) não ofende o art. 489, §1º, inciso IV do CPC/2015 a decisão que deixar de apreciar questões cujo exame haja ficado prejudicado em razão da análise anterior de questão subordinante; iv) o art. 489, §1º, IV, do CPC/2015 não obriga o juiz ou o tribunal a enfrentar os fundamentos jurídicos invocados pela parte, quando já tenham sido examinados na formação dos precedentes obrigatórios ou nos fundamentos determinantes de enunciado de súmula; v) decisão que aplica a tese jurídica firmada em precedente, nos termos do item I, não precisa enfrentar os fundamentos já analisados na decisão paradigma, sendo suficiente, para fins de atendimento das exigências constantes no art. 489, §1º, do CPC/2015, a correlação fática e jurídica entre o caso concreto e aquele apreciado no incidente de solução concentrada; vi) é ônus da parte, para os fins do disposto no art. 489, §1º, V e VI, do CPC/2015, identificar os fundamentos determinantes ou demonstrar a existência de distinção no caso em julgamento ou a superação do entendimento, sempre que invocar precedente ou enunciado de súmula. E, por fim: i) para efeito de aplicação do §5º do art. 272 do CPC/2015, não é causa de nulidade processual a intimação realizada na pessoa de advogado regularmente habilitado nos autos, ainda que conste pedido expresso para que as comunicações dos atos processuais sejam feitas em nome de outro advogado se o profissional indicado não se encontrar previamente cadastrado no Sistema de Processo Judicial Eletrônico, impedindo a serventia judicial de atender ao requerimento de envio da intimação direcionada – decretação de nulidade não pode ser acolhida em favor da parte que lhe deu causa (CPC/2015, art. 276); ii) sem prejuízo da inclusão do devedor no Banco Nacional de Devedores Trabalhistas (CLT, art. 642-A), aplicam-se à execução trabalhista as normas dos artigos 495, 517 e 782, §§3º, 4º e 5º do CPC/2015, que tratam respectivamente da hipoteca judiciária, do protesto de decisão judicial e da inclusão do nome do executado em cadastros de inadimplentes.

CPC/2015 e Justiça Penal: segundo dispõe o art. 3º do CPP, a Lei Processual Penal admite interpretação extensiva e aplicação analógica. Não bastasse, a referida codificação prescreve, de maneira expressa, a aplicação de regras específicas do CPC na Justiça Penal, como se vê em seus arts. 139 (depósito e administração de bens arrestados), 362 (citação por hora certa) e 790 (homologação de sentença penal estrangeira). A título de exemplos, a doutrina especializada aduz que se aplicam à Justiça Penal: i) a necessidade de estabilidade da jurisprudência e da vinculação dos juízos aos precedentes (arts. 926 e 927); ii) o contraditório substancial e a proibição das decisões-surpresa (art. 10) – entre outras consequências, está vedada a *mutatio libelli*; iii) o dever de fundamentação das decisões judiciais nos moldes estabelecidos pelo CPC/2015 (art. 489, §1º); iv) o regramento atinente aos embargos declaratórios, de modo que são cabíveis contra quaisquer decisões nas hipóteses de obscuridade, contradição, omissão e erro material (CPC/2015, art. 1.022 a 1.026); v) a forma de processamento dos recursos especial e extraordinário (CPC/2015, arts. 1.029 e 1.030); vi) as novidades na regulamentação de impedimentos e suspeições do juiz (arts. 144 e 145); vii) os óbices legais criados para superar o fenômeno da *jurisprudência defensiva*. Sobre o tema, consultar: ARRUDA, Élcio. Impactos do novo Código de Processo Civil no processo penal. *Revista Brasileira de Direito Processual – RBDPro*, Belo Horizonte, ano 23, n. 92, out./dez. 2015, pp. 211-223.

Livro II

DA FUNÇÃO JURISDICIONAL

Título I

DA JURISDIÇÃO E DA AÇÃO

Art. 16. A jurisdição civil é exercida pelos juízes e pelos tribunais em todo o território nacional, conforme as disposições deste Código.

Correspondente
CPC/1973, art. 1º.

Jurisdição: é a jurisdição *serviço público* (= poder, função e atividade) realizado por juízes e tribunais que tem por finalidade, *mediante a aplicação do direito objetivo,* resolver conflitos de interesses (= jurisdição contenciosa) ou tutelar determinadas pretensões cuja materialização não dependa da mera vontade do(s) interessado(s) (= jurisdição voluntária). Detalhamentos: i) todo ato jurisdicional é, *em perspectiva ontológica,* expressão do *poder estatal;* ii) não há, por imposição constitucional, jurisdição *privada* (a arbitragem, por conseguinte, tem natureza contratual ou privada) – nesse sentido: FONSECA COSTA, Eduardo José. O Poder Judiciário diante da soberania popular: o impasse entre a democracia e a aristocracia. *Revista Brasileira de Direito Processual – RBDPro,* Belo Horizonte, ano 27, n. 106, pp. 351-363, abr./jun. 2019; iii) a jurisdição mantém-se em *estado de suspensão* e só entra em funcionamento depois de provocada por aquele desejoso de uma tutela jurisdicional de direito (= letargia jurisdicional; princípio da inércia; ausência de prestação jurisdicional *ex officio*); iv) há jurisdição legítima somente quando exercida com *imparcialidade,* motivo pelo qual deve efetivar-se pela atuação de terceiro(s) (= juízes e tribunais) desinteressado(s) psicologicamente da situação judicializada e que atue(m) sem assumir competências funcionais exclusivas das partes; v) a atividade jurisdicional tutela direitos seja *certificando-os* (= atividade cognitiva), seja *protegendo-os* contra males que os coloquem em rota de perigo (= atividade preventiva), seja ainda fazendo com que aconteçam no âmbito prático, isto é, *satisfazendo-os* (= atividade executiva).

Unidade da jurisdição: embora a jurisdição seja una e indivisível, é prática comum, *até para fins didáticos*, aludir-se às suas espécies. De um lado, tem-se a jurisdição *civil* (que abarca questões referentes aos direitos civil, comercial, da infância e da juventude, previdenciário, das relações de consumo, constitucional, tributário, ambiental, empresarial, societário e administrativo); de outro, tem-se a atividade jurisdicional penal, trabalhista, eleitoral e militar. Segundo dispõe o art. 16, cabe ao CPC/2015 regular tão somente o exercício da jurisdição *civil* em todo o território nacional, não se estendendo, senão supletiva e subsidiariamente (CPC/2015, art. 15), aos âmbitos penal, administrativo, trabalhista, eleitoral e militar.

Jurisdição contenciosa e voluntária: do ponto de vista teleológico, a jurisdição tutela direitos. Quem busca o serviço público jurisdicional pretende fazer valer (certificação, concretização e ou acautelamento) algum direito que acredita possuir. No comum das vezes, tal desiderato depende do desate de um conflito de interesses, a envolver duas ou mais partes, cada qual empreendendo esforços para que sua tese sagre vencedora (= jurisdição contenciosa). Nesse ambiente *adversarial*, onde um quer bater o outro, a jurisdição é exercida a partir de procedimentos, comum e especiais (por exemplo, ações possessórias, embargos de terceiro, consignação em pagamento, ação de exigir contas), ditos contenciosos. Entretanto, em dadas situações, a despeito de os interessados não se encontrarem em estado litigioso, a ordem jurídica, *pela importância dos direitos envolvidos*, exige que a solução advenha obrigatoriamente pela via jurisdicional (= jurisdição voluntária ou graciosa). Têm-se, também aí, procedimentos especiais ditados pela lei (por exemplo, divórcio consensual, extinção consensual de união estável, alteração do regime de bens do matrimônio, interdição).

Juízes e tribunais: a jurisdição é exercida por quem nela estiver investido, sendo por isso que juiz *aposentado* não pode praticar essa função estatal, vale dizer, não está autorizado a julgar causas, mesmo que tenha encerrado a instrução – *é nula decisão ou sentença por ele proferida* (NERY JUNIOR, Nelson; ANDRADE NERY, Rosa Maria. *Código de Processo Civil Comentado.* 17. ed. São Paulo: Revista dos Tribunais, 2015. p. 234). O exercício da jurisdição é atividade típica do Poder Judiciário, cujos órgãos são os juízes e tribunais descritos na Constituição de 1988 (STF, STJ, TST, tribunais regionais federais, tribunais do trabalho, tribunais eleitorais, tribunais militares, tribunais dos estados e do Distrito Federal e juízes federais, do trabalho, eleitorais, militares, dos estados e do Distrito Federal; CF/88, art. 92). Em situações específicas, ditadas constitucionalmente, a jurisdição é exercida pelo Poder Legislativo (CF/88, art. 52, I e II).

Tribunal do Júri: a Constituição de 1988, no catálogo de direitos e deveres individuais e coletivos, reconhece a instituição do júri, com a organização que lhe der a lei, assegurados: i) a plenitude de defesa; ii) o sigilo das votações; iii) a soberania dos veredictos; e iv) a competência para o julgamento dos crimes dolosos contra a vida. (CF/88, art. 5º, XXXVIII, a, b, c e d). Como ensina Eduardo José da Fonseca Costa, "o corpo de jurados forma um colegiado leigo de representantes jurisdicionais não-judiciais do povo, de agentes jurisdicionantes que não são juízes de carreira; assim sendo, estão mais próximos do povo que dos juízes e tribunais, mais próximos da fonte emanante que do resultado emanado, mais próximos do uno que do múltiplo. Daí a soberania de seus veredictos (CF/88, art. 5º, XXXVIII, c), corolário da soberania do povo, de cujo seio os jurados são pinçados *per saltum*" (FONSECA COSTA, Eduardo José. O Poder Judiciário diante da soberania popular: o impasse entre a democracia e a aristocracia. *Revista Brasileira de Direito Processual – RBDPro*, Belo Horizonte, ano 27, n. 106, pp. 351-363, abr./jun. 2019).

Tribunal de Contas: os tribunais de contas (da União, dos estados e dos municípios de São Paulo e do Rio de Janeiro) são órgãos subordinados e auxiliares do Poder Legislativo e não exercem atividade jurisdicional; suas decisões têm caráter administrativo e sujeitam-se ao controle do Poder Judiciário (NERY JUNIOR, Nelson; ANDRADE NERY, Rosa Maria. *Código de Processo Civil Comentado.* 17. ed. São Paulo: Revista dos Tribunais, 2015. p. 234).

Arbitragem: a arbitragem não tem feição jurisdicional. É atividade de natureza contratual ou privada – a *autonomia da vontade* é a sua base legitimadora. Segundo a lição de Eduardo José da Fonseca Costa, "a CF/88 fala de (...) juízes e tribunais como representantes judiciários do povo (logo, magistrados não são propriamente servidores públicos, mas agentes políticos, que ocupam cargos em órgãos de soberania popular). Aliás, tão apenas juízes e tribunais. Nada se diz sobre o árbitro. Não é ele emanação jurisdicional do povo. O poder jurisdicional é emanado do povo, devotado para o povo e exercido pelo povo diretamente, nos termos da Constituição, ou mediante 1) juízes e 2) tribunais. Não há um *tertium*. (...) Por isso, é inconstitucional a interpretação da arbitragem como jurisdição. Nada impede que se lhe admita residualmente uma natureza contratual. Nesse caso, a sentença arbitral será um título executivo judicial *ex vi legis*, não *ex vi suae essentiae* (CPC, art. 515, VII)" (FONSECA COSTA, Eduardo José. O Poder Judiciário diante da soberania popular: o impasse entre a democracia e a aristocracia. *Revista Brasileira de Direito Processual – RBDPro*, Belo Horizonte, ano 27, n. 106, pp. 351-363, abr./jun. 2019).

Limite da jurisdição: decorre da *soberania*, fundamento *primeiro* da República Federativa do Brasil (CF/88, art. 1º, I), o poder estatal de criar leis e submetê-las a todos que integram a sua base territorial. Os dispositivos legais elaborados por um estado, justamente como reflexo da sua soberania, são válidos e aplicáveis tão somente dentro dos seus limites territoriais (= delimitação geográfica da validade e aplicação das leis). Importante: todo órgão judicial conta com uma circunscrição territorial dentro da qual exerce suas funções jurisdicionais, o que pode ser a comarca, o estado, o Distrito Federal ou todo o território nacional, em conformidade com o que dispõe a Constituição de 1988 e as leis de organização judiciária (THEODORO JÚNIOR, Humberto. *Curso de Direito Processual Civil*. v. I. 56. ed. Rio de Janeiro: Forense, 2015. p. 116). Conferir, adiante, comentários aos arts. 21, 22 e 23.

Disciplina legal da jurisdição: são plurais os mecanismos legais direcionados à regência (= proceder, atuar, levar a efeito, pôr em prática, conduzir, controlar) da atividade jurisdicional e que funcionam seja detalhando *poderes* e *atribuições* de juízes e tribunais

(= direito jurisdicional), seja regulando *caminhos* e *técnicas* a serem seguidos e utilizados para a obtenção da tutela de direito (= direito procedimental *lato sensu*), seja ainda positivando uma base normativo-constitucional de *garantias fundamentais do cidadão* para obstar e combater eventuais desvios e abusos praticados por aqueles legitimados a exercer o poder jurisdicional (= direito processual). De todo modo, o legislador adota a nomenclatura "normas processuais" (ou "leis processuais") para se referir a todas essas possibilidades legislativas. De mais a mais, na medida em que as leis brasileiras têm sua validade e aplicação restritas ao território nacional, a própria regência da atividade jurisdicional, expressão do poder estatal, segue essa lógica, ressalvadas disposições normativas particularizadas previstas em tratados, convenções e/ou acordos internacionais dos quais o Brasil é parte.

Art. 17. Para postular em juízo é necessário ter interesse e legitimidade.

Correspondente
CPC/1973, art. 3º.

Referências

Súmula Vinculante nº 28 (STF). É inconstitucional a exigência de depósito prévio como requisito de admissibilidade de ação judicial na qual se pretenda discutir a exigibilidade de crédito tributário.

Súmula 258 (STF). É admissível reconvenção em ação declaratória.

Súmula 358 (STJ). O cancelamento de pensão alimentícia de filho que atingiu a maioridade está sujeito à decisão judicial, mediante contraditório, ainda que nos próprios autos.

Condições da ação: segundo Enrico Tullio Liebman, a própria existência da *ação* depende da materialização de determinados requisitos constitutivos sem os quais se torna impossível seguir-se para o julgamento de mérito (LIEBMAN, Enrico Tullio. *Manuale di Diritto Processuale Civile*. v. 1. 3. ed. Milão: Giuffrè, 1973). Aliás, nessa fase preliminar, destinada a verificação da presença das condições da ação, sequer se poderia falar, *ainda segundo pensava o jurista italiano*, em atividade de natureza jurisdicional. A partir dessa linha de raciocínio, faz mesmo sentido a nomenclatura *condições da ação* (= condições para a existência da ação). Embora alvo de ferrenhas críticas, a teoria *liebmaniana* (= teoria eclética) recebeu, *em certa medida*, a acolhida do CPC/1973, sendo conhecida a regra de que "[p]ara propor ou contestar ação é necessário ter interesse e legitimidade" (CPC/1973, art. 3º).

Ação como direito abstrato: o *direito de ação*, cuja natureza é de ordem *constitucional*, independe de requisitos prévios e até do fato de o postulante possuir ou não razão no pedido por ele formulado – *é, nesse exato sentido, um direito abstrato por não se subordinar à comprovação do direito material*. Por isso, a lei estabelece que *a ação é considerada proposta quando a petição inicial for protocolada* (CPC/2015, art. 312).

Ou seja, a ação corporifica-se formalmente pela protocolização do instrumento da demanda (= petição inicial), e pouco importa se, logo depois ou bem adiante, sobrevier decisão extinguindo o feito pela ausência de uma das condições da ação; mesmo nessa hipótese, a ação efetivamente existiu, ensejou a instauração de um procedimento e fez atuar o poder jurisdicional.

Pressupostos para análise do mérito: é irrelevante se o órgão judicial decidiu *sem* ou *com* resolução de mérito; ter-se-á, *sempre e em ambas as hipóteses*, exercício de *ação* e *jurisdição*. A terminologia *condições da ação* é ruim, pois pode levar a conclusões equivocadas; no entanto, permanece usual porque já consagrada pela doutrina e prática jurídicas. Também é impróprio, pela mesmíssima razão, falar-se em *carência de ação*. Importa o seguinte: as condições da ação são pressupostos para análise do mérito (= juízo de admissibilidade), ou seja, sua presteza está em evitar o desenvolvimento inútil – com desperdício de tempo, energia e dinheiro – da função jurisdicional. *Mais que isso, configura espécie de microgarantia, pois não há racionalidade em manter-se viva a potência estatal, com prejuízo moral e material ao réu, quando o autor sequer conseguiu atender os requisitos mínimos exigidos por lei para a obtenção de uma prestação jurisdicional de mérito.* De tal sorte, ausente a *legitimidade* ou o *interesse de agir*, o feito será extinto *sem resolução de mérito* (CPC/2015, art. 485, VI). Importante: parcela da doutrina, a partir da percepção de que o CPC/2015 não faz referência à expressão "condição da ação", defende não haver mais razão para trabalhar com essa categoria, propugnando que "a legitimidade *ad causam* e o interesse de agir devem hoje ser explicados com suporte no repertório teórico dos pressupostos processuais" (DIDIER JUNIOR, Fredie. *Curso de Direito Processual Civil*: introdução ao direito processual civil, parte geral e processo de conhecimento. v. 1. 18. ed. Salvador: JusPodivm, 2016. p. 306-309). Em sentido oposto, conferir: CÂMARA, Alexandre Freitas. Será o fim da categoria condição da ação? Uma resposta a Fredie Didier Junior. *Revista de Processo*, São Paulo: RT, jul. 2011, v. 197, p. 261-269.

Ação rescisória e julgamento sem resolução de mérito: é rescindível a decisão transitada em julgado que, *embora não tenha resolvido o mérito*, impeça nova propositura da demanda ou admissibilidade do recurso correspondente (CPC/2015, art. 966, §2º). Segundo ensina a doutrina especializada: i) "as duas hipóteses previstas no §2º do art. 966 são de decisões impugnáveis por rescisória, mas que não fazem coisa julgada", de modo que "a coisa julgada deixa de ser um pressuposto absoluto para a propositura da ação rescisória, como ocorria no Código revogado"; ii) pode-se dizer, no entanto, "que as decisões do referido §2º, muito embora não formem coisa julgada, alcançam estabilidade processual", não podendo "ser desrespeitadas em processos futuros", ou seja, "a estabilidade externa dessas decisões justifica o uso da rescisória" (CRAMER, Ronaldo. *Comentários ao Novo Código de Processo Civil.* Organizadores: Antonio do Passo Cabral e Ronaldo Cramer. Rio de Janeiro: Forense, 2015. p. 1.399).

Postulação em juízo: quis o legislador imprimir ao art. 17 redação mais adequada que aquela constante do CPC/1973. Lá, no código revogado, lia-se que para "*propor* ou *contestar* ação é necessário ter interesse e legitimidade" (CPC/1973, art. 3º). Era mesmo uma redação equivocada, primeiramente porque restritiva, pois desconsiderava a existência de outros atos processuais para além da *propositura* e *contestação* da demanda; em segundo lugar, impunha condicionante irreal. Afinal de contas, qualquer um pode *propor* demanda, da mesma forma que qualquer um pode, se quiser, *contestar* demanda proposta – nunca foi necessário ter interesse ou legitimidade para tanto. Em miúdos: ausente interesse ou legitimidade, simplesmente não se terá julgamento *com resolução* de mérito. Ter-se-á, sem dúvida, prestação jurisdicional, mas de cunho incompleto, via sentença terminativa. De todo modo, a novel redação, embora superior àquela do CPC/1973, ainda é insuficiente para atestar a realidade dos fatos que ocorrem no ambiente procedimental-jurisdicional. *O ato de postulação é sempre livre.* O autor *postula* via petição inicial; o réu, pela via da contestação; e ambos *postulam* mediante petições variadas apresentadas ao longo do procedimento jurisdicional. Assim farão do início ao fim, às vezes por meses ou anos, e talvez aconteça de o feito ser encerrado por sentença sem resolução de mérito. Um terceiro, igualmente, pode postular a sua admissão como assistente litisconsorcial e não ter sua pretensão atendida, mas ninguém negará que ele efetivamente postulou. Resumindo:

ter interesse e legitimidade é indispensável para se obter uma sentença com resolução de mérito, jamais para meramente postular em juízo.

A supressão legislativa da possibilidade jurídica do pedido: até o advento do CPC/2015, eram três as então denominadas *condições da ação*, vale dizer, a legitimidade *ad causam*, o interesse de agir e a *possibilidade jurídica do pedido*. Hoje, porém, decerto em função das muitas e severas críticas doutrinárias que recebeu, não se lê, no direito positivo, alusão à *possibilidade jurídica do pedido*. A distinção entre *possibilidade jurídica do pedido* e *mérito* sempre se mostrou dificultosa, de modo que a lei não mais menciona a primeira, optando, porém, "por admitir *a improcedência liminar do pedido* em casos em que a pretensão do autor seja nitidamente contrária a norma jurídica [CPC/2015, art. 332], situação que se aproxima daquela que, à luz do CPC/1973, poderia ser considerada impossibilidade jurídica da ação (...)" (GARCIA MEDINA, José Miguel. *Novo Código de Processo Civil Comentado*. 3. ed. São Paulo: Revista dos Tribunais, 2015. p. 80). Sobre as críticas dirigidas à possibilidade jurídica do pedido, conferir: PASSOS, José Joaquim Calmon. Em torno das condições da ação: a possibilidade jurídica do pedido. *Revista de Direito Processual Civil*, Rio de Janeiro: Saraiva, v. 4, pp. 61-62, 1964.

Interesse de agir: o interesse de agir está presente quando se puder vislumbrar a *necessidade* e a *utilidade* da prestação jurisdicional perseguida pelo autor. De um lado, é necessária a prestação jurisdicional quando a intervenção do Estado-Juiz for *indispensável* à satisfação do interesse ou direito subjetivo postulado – por exemplo: a execução de obrigação constante em título executivo somente viabiliza-se em caso de inadimplemento do executado; de outro, haverá *utilidade* sempre que algum proveito ou vantagem resultar *presumivelmente* da prestação jurisdicional, isto é, seja ela capaz de situar o autor, a partir do provimento que busca obter, em posição jurídica mais favorável do que aquela na qual atualmente se encontra (FABRÍCIO, Adroaldo Furtado. O interesse de agir como pressuposto processual. *Revista EMERJ*, Rio de Janeiro, v. 20, n. 1, pp. 164-195, jan./abr. 2018) – por exemplo: admite-se ao réu, *favorecido por sentença terminativa*, interpor recurso de apelação com a finalidade de obter sentença de mérito (nesse sentido: TJMG,

AC nº 1.0003.08.025799-5/005, 16 Câmara Cível, rel. Des. Wagner Wilson, julgamento: 20.03.2013, disponível em: www.tjmg.jus.br). *Enfim, presente o binômio necessidade/adequação, estará caracterizado o interesse de agir.*

Legitimidade *ad causam*: a legitimidade *ad causam* diz respeito à *pertinência subjetiva da demanda* – por todos: BUZAID, Alfredo. *A ação declaratória no direito brasileiro*. 2. ed. São Paulo: Editora Saraiva, 1986. Verifica-se, via de regra, quando coincidentes a situação em que se encontra a parte perante o ordenamento jurídico e a situação que ela própria atribui a si (= legitimidade ativa) e a outra parte, contra quem propõe a ação (= legitimidade passiva) (PIZZOL, Patrícia Miranda. Legitimidade extraordinária e sua abrangência. *Revista do Instituto de Pesquisa e Estudos*. Bauru: Instituição Toledo de Ensinos, p. 157-214, abr./jul. 1999). Ou seja, relaciona-se à identificação daquele que pode pretender ser o titular do bem da vida deduzido em juízo, seja como autor, seja como réu (BUENO, Cassio Scarpinella. *Curso Sistematizado de Direito Processual Civil*: Teoria Geral do Direito Processual Civil. v. 1. São Paulo: Editora Saraiva, 2007. p. 355). Importante: em consonância com a regra da *primazia do julgamento de mérito* (art. 6º), o CPC/2015 faculta ao autor, em 15 (quinze) dias, a alteração da petição inicial para substituição do polo passivo sempre que o réu, em sua contestação, arguir ser parte ilegítima ou não ser o responsável pelo prejuízo invocado (CPC/2015, art. 338). Nessa hipótese, realizada a substituição, o autor reembolsará as despesas e pagará os honorários ao procurador do réu excluído, que serão fixados entre 3 (três) e 5 (cinco) por cento do valor da causa ou, sendo este irrisório, nos termos do art. 85, §8º (CPC/2015, art. 338, parágrafo único). Para uma compreensão aprofundada sobre o tema da legitimidade, conferir: ARMELIN, Donaldo. *A legitimidade para agir no direito processual civil brasileiro*. São Paulo: Revista dos Tribunais, 1979.

Legitimidade *ad causam* e legitimidade *ad processum*: a legitimidade *ad causam* é caracterizada pela doutrina como a *pertinência subjetiva da demanda*. Quando um juiz extingue o feito porque ausente a legitimidade *ad causam*, não terá havido decisão sobre a existência ou não do direito pleiteado, e sim, exclusivamente, a respeito da *titularidade* do direito de pleiteá-lo (ou de respondê-lo, a depender do caso) – não preenchida essa condição jurídica, não se poderá avançar para a discussão do mérito (ALVIM, Arruda. *Manual de Direito Processual Civil*: Teoria Geral do Processo e Processo de Conhecimento. 17. ed. São Paulo: Revista dos Tribunais, 2017. p. 164). De outro lado, a legitimidade *ad processum* (= capacidade de estar em juízo), pressuposto de *validade do procedimento*, é a aptidão para atuar em juízo sem a necessidade de assistência ou representação. Está intimamente ligada ao conceito de *capacidade civil* (STJ, REsp nº 266.219-AgRg, 1ª Turma, rel. Min. Luiz Fux, julgado em 27.04.2004, disponível em: www.stj.jus.br). Em outros termos: tem *capacidade para estar em juízo* todo aquele que possui *capacidade civil*, ou seja, que se encontre no exercício de seus direitos e deveres na ordem civil. Ver comentários aos arts. 70 e segs.

Teoria da asserção: não há racionalidade em o réu arguir, em sua contestação, a ausência de uma das condições da ação e, concomitantemente, requerer a instrução probatória para demonstrar o que afirma. Também falece de sentido a corriqueira prática de não examinar *prontamente* "preliminar de carência" (= falta de interesse de agir ou legitimidade *ad causam*), escorando-se os juízes em uma suposta confusão entre ela e o mérito, de modo que a sua apreciação é arrastada para o momento da prolação da sentença. Uma e outra hipótese podem conduzir à possibilidade perniciosa de se terem *sentenças terminativas* (= julgamentos sem resolução de mérito) depois de superados longo embate técnico e profícua produção probatória. Em miúdos: a lógica legislativa, que levou à criação da categoria *condições da ação*, perde com isso qualquer restolho de lógica e utilidade. Embora não totalmente imune a críticas, a *teoria da asserção*, se bem aplicada, oferece ao julgador manancial técnico para evitar, quando faltante uma das condições da ação, o desnecessário e pernicioso prosseguimento da atividade jurisdicional. Basicamente ela propõe que a investigação das condições da ação leve em conta *tão somente* as afirmações formuladas pelo demandante em sua petição inicial. Adotando como parâmetro um raciocínio lastreado pela *ficção* (= raciocínio hipotético), o juiz então admite como verídicas as afirmações trazidas pela petição inicial e, a partir disso, passará a verificar, com base nelas, se de fato estão presentes *interesse de agir* e *legitimidade ad causam*. Noutras palavras: a autoridade judicial deve apoiar-se *apenas* na versão traçada pela petição inicial, tomando-a *provisoriamente* como verdadeira, de maneira que, nessa exata medida, tenha condições ou de extinguir imediatamente o feito (= sem resolução de mérito), ou de afastar a preliminar suscitada em contestação e permitir o sequenciamento do procedimento jurisdicional rumo à futura decisão de mérito.

Art. 18. Ninguém poderá pleitear direito alheio em nome próprio, salvo quando autorizado pelo ordenamento jurídico.

Parágrafo único. Havendo substituição processual, o substituído poderá intervir como assistente litisconsorcial.

Correspondente

CPC/1973, art. 6º.

Referências

Súmula nº 365 (STF). Pessoa jurídica não tem legitimidade para propor ação popular.

Súmula nº 629 (STF). A impetração de mandado de segurança coletivo por entidade de classe em favor dos associados independe da autorização destes.

Súmula nº 630 (STF). A entidade de classe tem legitimação para o mandado de segurança ainda quando a pretensão veiculada interesse apenas a uma parte da respectiva categoria.

RE nº 631.111-GO com repercussão geral (STF). "(...) a legitimação do Ministério Público (...) se justifica, com base no art. 127 da Constituição, pelo interesse social de que se reveste a tutela do conjunto de segurados que teriam sido lesados pela Seguradora (legitimidade ativa do Ministério Público para defender em juízo direitos e interesses de pessoas titulares do seguro DPVAT) (STF, RE nº 631.111-GO, rel. Min. Teori Zavascki, julgamento: 07.08.2014, disponível em: www.stf.jus.br).

Súmula nº 329 (STJ). O Ministério Público tem legitimidade para propor ação civil pública em defesa do patrimônio público.

Súmula nº 470 (STJ). O Ministério Público não tem legitimidade para pleitear, em ação civil pública, a indenização decorrente do DPVAT em benefício do segurado.

REsp (repetitivo) nº 1.110.549-RS. Ajuizada ação coletiva atinente à macrolide geradora de processos multitudinários, suspendem-se as ações individuais, no aguardo do julgamento da ação coletiva (STJ, RESP nº 1.110.549-RS, Rel. Sidnei Beneti, 2ª Seção, julgamento: 28.10.2009, disponível em: www.stj.jus.br).

Legitimidade ordinária e extraordinária: a ninguém é dado pleitear, em nome próprio, direito alheio (CPC/2015, art. 18, primeira parte). Mais tecnicamente: apenas o titular do direito subjetivo perseguido em juízo pode *receber* prestação jurisdicional de mérito. Tida pela doutrina majoritária como sendo uma das *condições da ação*, a legitimidade *ad causam* (= legitimidade ordinária) diz respeito à *pertinência subjetiva da demanda* – por todos: BUZAID, Alfredo. *A ação declaratória no direito brasileiro.* 2. ed. São Paulo: Editora Saraiva, 1986. Ou seja, quando um juiz extingue o feito *por ausência de legitimidade ativa ad causam* (= sentença terminativa), não terá decidido sobre a existência ou não do direito pleiteado, e sim, exclusivamente, acerca da *titularidade* do direito de pleiteá-lo (ALVIM, Arruda. *Manual de Direito Processual Civil*: Teoria Geral do Processo e Processo de Conhecimento. 17. ed. São Paulo: Revista dos Tribunais, 2017. p. 164). Há, porém, circunstâncias excepcionais, devidamente autorizadas pelo ordenamento jurídico, nas quais alguém, em nome próprio, pode litigar em defesa do interesse de terceiro (= legitimidade extraordinária). Como leciona Barbosa Moreira, "[q]uando a situação legitimante coincide com a situação deduzida em juízo, diz-se ordinária a legitimação; no caso contrário, a legitimação diz-se extraordinária. O legitimado ordinário deve encontrar na sentença a disciplina da sua própria situação; o legitimado extraordinário, a disciplina de situação alheia, talvez suscetível de repercutir na sua" (BARBOSA MOREIRA, José Carlos. Apontamentos para um estudo sistemático da legitimação extraordinária. *Revista dos Tribunais*, 404. São Paulo: Revista dos Tribunais, v. 39, 1985, p. 10).

Autorizado pelo ordenamento jurídico: a redação adotada na feitura do art. 18 do CPC/2015 substituiu a palavra *lei*, que constava do art. 6º do CPC/1973, pela expressão *ordenamento jurídico*, sem dúvida mais abrangente e adequada. Com certeza, a mudança teve por finalidade albergar o entendimento – fortemente defendido por setor da doutrina (por todos: Nelson Nery Jr. e Rosa Maria de Andrade Nery) – de que a legitimação extraordinária tem lugar não apenas em casos autorizados *expressamente* pela lei (em sentido estrito), mas também quando a autorização decorrer logicamente do ordenamento jurídico (por exemplo, legitimação recursal da parte para recorrer especificamente do capítulo da sentença referente à fixação de honorários advocatícios sucumbenciais) (BORGES MOTTA, Francisco José; OLIVEIRA, Rafael

Tomaz de. *Comentários ao Código de Processo Civil*. 2. ed. Organizadores: Lenio Luiz Streck, Dierle Nunes, Leonardo Carneiro da Cunha. São Paulo: Editora Saraiva, 2017. p. 70).

Legitimidade extraordinária e substituição processual: embora exista dissenso na doutrina, prevalece o entendimento segundo o qual as expressões *legitimidade extraordinária* e *substituição processual* se referem a um mesmíssimo fenômeno – nesse sentido: ASSUMPÇÃO NEVES, Daniel Amorim. *Manual de Direito Processual Civil*. Volume único. São Paulo: Editora Método, 2009. p. 82.

Sucessão processual, representação processual e substituição processual: não se pode confundir *sucessão processual* e *representação processual*. Tem-se a *sucessão processual* quando um indivíduo que compõe o polo ativo ou passivo da demanda é substituído por outro. É o que ocorre na ocasião da morte de qualquer das partes, quando se dará a sucessão pelo espólio ou pelos sucessores (CPC/2015, art. 110). Já a *representação processual* é fenômeno relacionado à capacidade de estar em juízo: o representante que atua em nome alheio na defesa de interesse alheio não é parte, é, isto sim, mero sujeito que confere à parte a capacidade para atuar em juízo – exemplo: numa ação de investigação de paternidade, a mãe será representante processual do incapaz, que será autor e titular do direito discutido na demanda (ASSUMPÇÃO NEVES, Daniel Amorim. *Manual de Direito Processual Civil*. Volume único. São Paulo: Editora Método, 2009. p. 82). A *substituição processual*, de sua vez, em nada guarda relação conceitual com os institutos anteriores, referindo-se às circunstâncias excepcionais, *devidamente previstas no ordenamento jurídico*, em que alguém, em nome próprio, pode litigar em defesa do interesse de terceiro.

Legitimação passiva extraordinária: a legitimidade extraordinária pode ser ativa ou passiva, a depender se o substituto processual figure na posição de autor ou de réu, respectivamente – por exemplo: i) na interdição, o Ministério Público (ou um curador) poderá defender os interesses do interditando, conforme o caso; ii) curador especial que atua na defesa do réu revel citado por edital ou com hora certa (GRECO, Leonardo. *Instituições de Processo Civil*: Introdução ao Direito Processual Civil. v. I. 2. ed. Rio de Janeiro: Editora Forense, 2010. p. 236).

Art. 19. O interesse do autor pode limitar-se à declaração:

I – da existência, da inexistência ou do modo de ser de uma relação jurídica;

II – da autenticidade ou da falsidade de documento.

Correspondente

CPC/1973, art. 4º, *caput*.

Referências

Súmula nº 181 (STJ). É admissível ação declaratória visando obter certeza quanto à exata interpretação de cláusula contratual.

Súmula nº 213 (STJ). O mandato de segurança constitui ação adequada para a declaração do direito à compensação tributária.

Súmula nº 242 (STJ). Cabe ação declaratória para reconhecimento de tempo de serviço para fins previdenciários.

Sentenças satisfativas e não satisfativas: as sentenças são *técnicas* desenhadas legislativamente para se instrumentalizar e atingir a tutela jurisdicional de direitos. É óbvio que, diante da variedade de direitos materiais que podem ser postulados em juízo, há de se ter, por igual, uma diversidade de sentenças, essencialmente singulares, adequadas à efetividade desses mesmos direitos materiais. Daí a razão pela qual existem sentenças que, por si sós, proporcionam *prontamente* a tutela jurisdicional de direito (= sentenças satisfativas), enquanto outras, de natureza diversa, desprovidas dessa oportuna *eficácia imediata*, dependem, no mais das vezes, de posteriores atos práticos (diretos ou indiretos) hábeis para o ajustamento da realidade mundana aos seus *comandos* (= sentenças não satisfativas).

Espécies de sentença: há dissenso entre os doutrinadores acerca da classificação das sentenças (teorias *trinária* e *quinaria*). A melhor posição é a tradicional (*teoria trinária*), porém acrescida de indispensáveis influxos teóricos – sobretudo aqueles decorrentes dos ensinamentos de Pontes de Miranda e Ovídio A. Baptista da Silva –

capazes de explicar adequadamente a técnica sentencial em sua inteireza e seu papel na efetivação da prestação jurisdicional. Em miúdos: i) segundo um critério pautado no *conteúdo* (= essência), as sentenças distinguem-se em *meramente declaratória, constitutiva* e *condenatória*; ii) a *sentença condenatória* merece olhar específico, pois poderá exigir formas diversas para a realização procedimental (= execução, efetivação) do seu conteúdo obrigacional; iii) em atenção justamente ao procedimento ou aos meios formais a serem utilizados para a realização do seu conteúdo obrigacional, pode-se afirmar que a *sentença condenatória* assume as subfeições sentenças *mandamentais* e *executivas lato sensu*. Em semelhante sentido: CÂMARA, Alexandre Freitas. *Lições de Direito Processual Civil*. 16. ed. v. 1. Rio de Janeiro: Lumen Juris, 2004. p. 438.

Sentença meramente declaratória: o conteúdo das sentenças *meramente declaratórias* consiste, em regra, no ato de *acertamento* quanto à *existência, inexistência* ou *modo de ser* de uma relação jurídica ou mesmo quanto à *autenticidade* ou *falsidade* de documento (CPC/2015, art. 19, I e II). O que se obtém por meio delas é reflexo instantâneo desse mesmo *acertamento* (= conteúdo), vale dizer, seu efeito se desdobra na obtenção de uma *certeza jurídica* pacificadora dos interesses das partes envolvidas no conflito de interesses. Apresenta *eficácia imediata* sobretudo pela adjacência de significados entre *conteúdo* e *efeito*, alheia que é a atos práticos, de quando em vez necessários no tocante a sentenças de outras naturezas a fim de atingir a conformação do mundo sensível à realidade jurídica por elas impostas. Importante: há sentenças declaratórias positivas cujos efeitos excedem a certeza jurídica a ponto de admitirem o manejo de atos executivos capazes de permitir a satisfação das obrigações nelas reconhecidas (CPC/2015, art. 515, I). Isso significa que sentenças declaratórias também podem se constituir em títulos executivos judiciais – nesse sentido: STJ, EREsp nº 609.266/RS, 1ª Seção, rel. Min. Teori Zavascki, julgamento: 23.08.2006, disponível em: www.stj.jus.br).

Sentença constitutiva: além de encerrarem, em seu conteúdo, a *certificação* do direito afirmado pelo demandante – o que, de resto, é comum em toda e qualquer *sentença de procedência* –, as *sentenças* *constitutivas* apresentam um "algo mais", isto é, a determinação da *criação, modificação* ou *extinção* de uma relação jurídica. Enfim, identificam-se pela *certificação* e *determinação* de uma nova situação. A exemplo do que ocorre com as sentenças *meramente declaratórias*, também as *constitutivas* detêm índole satisfativa, pois seu *efeito* se opera *de pronto* e, por isso, não comportam ulterior execução. Ou seja, a simples existência da sentença constitutiva acarreta modificação em determinado estado jurídico (THEODORO JUNIOR, Humberto. *Curso de Direito Processual Civil*: Teoria Geral do Direito Processual Civil e Processo de Conhecimento. v. I. 47. ed. Rio de Janeiro: Forense, 2007. p. 587).

Sentença condenatória: é maior o grau de complexidade afeto às *sentenças condenatórias*. Irretorquível que seu *conteúdo* é igualmente marcado pela *certificação* do direito afirmado pelo demandante. No entanto, o que as identifica é a existência, ainda em seu conteúdo, de um *comando*, ou seja, de uma *imposição* que o órgão judicial inflige ao demandado a fim de que este cumpra determinada prestação (CÂMARA, Alexandre Freitas. *Lições de Direito Processual Civil*. 106. ed. v. 1. Rio de Janeiro: Lumen Juris, 2004. p. 444). Em outros termos: a *sentença condenatória* é marcada pela *certificação* de um direito, além de abrigar um *comando* que autoriza, em desfavor do demandado, a deflagração de *medidas executivas* (diretas e/ou indiretas, a depender do caso) hábeis para a satisfação desse mesmo direito. São rotuladas de *não satisfativas* porque seus *efeitos* dependem de atos práticos *ulteriores*.

Sentença mandamental: por intermédio da *sentença mandamental*, o juiz não apenas declara (= pensamento puro, enunciado de existência), nem outrossim condena (= enunciado de fato e de valor), e tampouco constitui; *o juiz simplesmente manda* – "no mandato, o ato é ato que só o juiz pode praticar, por sua estatalidade" (PONTES DE MIRANDA, Francisco Cavalcanti. *Tratado das Ações*. Tomo 1. Atualizado por Vilson Rodrigues Alves. São Paulo: Bookseller, 1998. p. 224). Enfim, a autoridade judicial emite uma *ordem* (= *mandamento, comando*) contra o obrigado a fim de admoestá-lo a cumprir determinada obrigação. Também aqui há, no mesmo procedimento, atuação jurisdicional desempenhada posteriormente à prolação da sentença, cuja inauguração se dará de ofício pelo julgador ou a requerimento da parte (CPC/2015, art. 536). Importante: a satisfação de sentenças mandamentais é alavancada a partir de medidas coercitivas (= execução indireta), as quais não incidem de modo direto no patrimônio do demandado, e sim sobre a sua vontade com o desígnio de convencê-lo a cumprir o que deve – a multa diária (*astreintes*) é o melhor exemplo de tais medidas indiretas.

Sentença executiva *lato sensu*: diferentemente das sentenças mandamentais, que devem ser cumpridas pelo próprio devedor sob pena de se sujeitar a medidas de pressão (por exemplo, as *astreintes*), as sentenças executiva *lato sensu*, na hipótese de não cumprimento voluntário da obrigação, são cumpridas pelo próprio Estado-Juiz a partir de atos de sub-rogação (= execução direta). Ou seja, o órgão judicial atua em substituição a condutas que caberiam ao demandado. Exemplos tradicionais se verificam em procedimentos jurisdicionais voltados ao despejo e à tutela da posse.

Interesse limitado à declaração da existência, da inexistência ou do modo de ser de uma relação jurídica: há crises objetivas de certeza cuja solução pode se dar mediante ações meramente declaratórias. Se alguém objeta a outrem afirmação de *existência, inexistência* ou *modo de ser* de uma relação jurídica, é o que basta para a configuração do *interesse de agir* indispensável à viabilização da tutela de direito voltada à obtenção da *certeza jurídica*. Entretanto, não há lugar para a ação declaratória que verse "sobre situação hipotética ou futura, contendo pedido genérico e abstrato, sem a delimitação de uma relação jurídica concreta, ou seja, a ação declaratória não consubstancia via adequada para obter-se pronunciamento judicial acerca da existência ou inexistência de relação jurídica genérica e abstrata, lastreada unicamente na interpretação em tese de dispositivo legal, sem que se indique a repercussão do provimento postulado na esfera jurídica da parte" (STJ, REsp nº 870.445-RS, 2ª Turma, rel. Min. Mauro Campbell, julgamento: 16.12.2010, disponível em: www.stj.jus.br). O legislador do CPC/2015 aperfeiçoou dispositivo legal análogo, que constava do estatuto anterior e que só mencionava a existência ou inexistência de relação jurídica, sem nenhuma referência sobre seu *modo de ser* (incluem-se, nesse conceito, todos os elementos de identificação, delimitação ou quantificação dos direitos e obrigações incluídos em dada relação jurídica) (DINAMARCO, Cândido Rangel. *Comentários ao Código* *de Processo Civil.* v. I. Coordenadores: José Roberto F. Gouvêa, Luis Guilherme A. Bondioli e João Francisco N. da Fonseca. São Paulo: Saraiva, 2018. p. 204). Importante: segundo posicionamento tranquilo do STJ, admite-se ação declaratória visando: i) obter certeza quanto à exata interpretação de cláusula contratual (Súmula nº 181); ii) certificar a existência de direito à compensação tributária – o que se aceita também pela via do mandado de segurança (Súmula nº 213); e iii) reconhecer tempo de serviço para fins previdenciários (Súmula nº 242).

Declaração da autenticidade ou da falsidade de documento: o CPC/2015 autoriza o autor a requerer pronunciamento meramente declaratório a fim de obter a revelação da autenticidade ou falsidade do conteúdo de dado documento (MELLO, Marco Aurélio. *Comentários ao Código de Processo Civil.* 2. ed. Coordenadores: Angélica Arruda Alvim, Araken de Assis, Eduardo Arruda Alvim e George Salomão Leite. São Paulo: Saraiva, 2017. p. 81). Leciona Moacyr Amaral Santos: "Tais sejam os vícios, tanto *extrínsecos* como *intrínsecos*, diz-se que há falsidade do documento. Por falsidade se entende 'a alteração da verdade, consciente ou inconscientemente praticada, em detrimento do direito alheio' (Bonumá). O documento pode ser falso como documento, isto é, por ser falso o fato de sua formação; ou pode ser falso porque formado para fornecer a prova de fatos não verdadeiros. No primeiro caso fala-se em falsidade material; no segundo de falsidade ideológica, ou intelectual, ou moral. A falsidade material opera-se, geralmente, por dois modos: pela confecção de documento falso, isto é, pela criação de documento falso; ou pela adulteração, ou alteração, de documento existente, seja transformando-o materialmente, ou adicionando-lhe, suprimindo-lhe ou substituindo-lhe palavras ou cifras. A falsidade ideológica diz respeito à substância do ato ou fato representado no documento. Materialmente o documento é perfeito; no entanto traduz ideias, declarações, notícias falsas" (SANTOS, Moacyr Amaral. *Primeiras Linhas de Direito Processual Civil.* v. 2. 23. ed. São Paulo: Saraiva, 2004. p. 424). No que toca à *falsidade material*, a partir do que dispõe o art. 19, II, CPC/2015, admite-se ação meramente declaratória com a finalidade de sanar, *como questão principal*, dúvida em relação à autenticidade de documento – por exemplo: ação declaratória proposta com o fito de certificar a falsidade de carteira de habilitação na qual se suprimiu observação sobre a necessidade de o motorista usar lentes corretivas. Já no que diz respeito à *falsidade ideológica*, a orientação predominante é de admitir a sua arguição, incidentalmente (CPC/2015, arts. 430 a 433) ou via ação autônoma, "quando o documento tiver caráter declaratório e o reconhecimento da sua falsidade não implicar desconstituição da situação jurídica" (STJ, AgRg no AI nº 354.529-MT, 3ª Turma, rel. Min. Castro Filho, julgamento: 30.04.2002, disponível em: www.stj.jus.br) – por exemplo: ação declaratória promovida para certificar informação inverídica inserida em documento particular.

Art. 20. É admissível a ação meramente declaratória, ainda que tenha ocorrido a violação do direito.

Correspondente
CPC/1973, art. 4º, parágrafo único.

Admissibilidade da ação declaratória: o art. 20 do CPC/2015 confere destaque àqueles casos nos quais a situação concreta autoriza o autor a pleitear sentença condenatória, mas ele, por alguma razão, faz opção pela ação meramente declaratória. Sobre a inadequação do emprego da locução "violação do direito", conferir: DINAMARCO, Cândido Rangel. *Comentários ao Código de Processo Civil.* v. I. Coordenadores: José Roberto F. Gouvêa, Luis Guilherme A. Bondioli e João Francisco N. da Fonseca. São Paulo: Saraiva, 2018. p. 213.

Liberdade de escolha do autor: se o ordenamento jurídico legitima ação voltada, de pronto, à obtenção de título executivo judicial para, posteriormente e se for o caso, dar sequência ao procedimento jurisdicional a fim de executar a obrigação nele certificada, ficava a dúvida sobre a existência de *interesse de agir* do demandante em tais circunstâncias quando seu pleito estivesse restrito à mera obtenção de *sentença declaratória*. Entretanto, o CPC/1973 já abria as portas em favor da liberdade da parte em optar entre uma ou outra ação (*condenatória* ou *declaratória*, a seu critério), *tenha ocorrido ou não a "violação de direito"*, e assim permanece a linha de orientação da legislação em vigor. Aliás, agora com ainda mais razão, pois a ordem jurídica albergou a tese segundo a qual há sentenças declaratórias positivas, cujos efeitos excedem a certeza jurídica a ponto de admitirem o manejo de atos executivos capazes de permitir a satisfação das obrigações nelas reconhecidas (CPC/2015, art. 515, I) – sentenças declaratórias também podem se constituir em títulos executivos judiciais. Sobre o tema, consultar: BARBI, Celso Agrícola. *Comentários ao Código de Processo Civil.* v. I. Rio de Janeiro: Forense, 1981. pp. 86-87; ZAVASCKI, Teori Albino. Sentenças declaratórias, sentenças condenatórias e eficácia dos julgados. *Revista de Processo – RePro,*

São Paulo, 109, jan./mar. 2003, pp. 45-56; THEODORO JÚNIOR, Humberto. A sentença declaratória e sua possível força executiva. *In*: *Tendências do moderno processo civil brasileiros. Aspectos individuais e coletivos das tutelas preventivas e ressarcitórias. Estudos em homenagem ao jurista Ronaldo Cunha Campos*. Coordenadores: Lúcio Delfino, Fernando Rossi, Luiz Eduardo Ribeiro Mourão e Ana Paula Chiovitti. Belo Horizonte: Editora Fórum, 2008. pp. 369-384.

Título II

DOS LIMITES DA JURISDIÇÃO NACIONAL E DA COOPERAÇÃO INTERNACIONAL

Capítulo I

DOS LIMITES DA JURISDIÇÃO NACIONAL

Art. 21. Compete à autoridade judiciária brasileira processar e julgar as ações em que:

I – o réu, qualquer que seja a sua nacionalidade, estiver domiciliado no Brasil;

II – no Brasil tiver de ser cumprida a obrigação;

III – o fundamento seja fato ocorrido ou ato praticado no Brasil.

Parágrafo único. Para o fim do disposto no inciso I, considera-se domiciliada no Brasil a pessoa jurídica estrangeira que nele tiver agência, filial ou sucursal.

Correspondente
CPC/1973, art. 88.

Jurisdição e competência: é a jurisdição *serviço público* (= poder, função e atividade) realizado por juízes e tribunais que tem por finalidade, *mediante a aplicação do direito objetivo*, resolver conflitos de interesses (= jurisdição contenciosa) ou tutelar determinadas pretensões cuja materialização não dependa da mera vontade do(s) interessado(s) (= jurisdição voluntária). A competência, por sua vez, diz respeito aos critérios legislativos adotados para distribuir, entre os vários órgãos judiciários, as atribuições relativas ao desempenho da atividade jurisdicional (THEODORO JUNIOR, Humberto. *Curso de Direito Processual Civil*. v. I. 56. ed. Rio de Janeiro: Forense, 2015. pp. 187-188). Em outros termos, chama-se jurisdição "o poder de julgar, indiferente à repartição desse poder feita pelo Estado"; quando "o Estado reparte essa jurisdição, essa *iudicis dandi licentia*, então se chama, ao poder de julgar repartido, *competência*" (PONTES DE MIRANDA, Francisco Cavalcanti. *Comentários ao Código de Processo Civil*. v. I. Tomo II. Rio de Janeiro: Forense, 1974. p. 88). Como costumeiramente se diz, a competência é nada mais que a "medida da jurisdição": embora juízes e tribunais de modo geral exerçam jurisdição, isso não significa que possuam competência para conhecer e julgar toda e qualquer pretensão. *Objetivamente*, a competência é "a quantidade de poder jurisdicional; *subjetivamente*, a limitação desse poder" (LOPES DA COSTA, Alfredo Araújo. *Manual Elementar de Direito Processual Civil*. Revisor e atualizador: Sálvio de Figueiredo Teixeira. 3. ed. Rio de Janeiro: Forense, 1982. p. 75). Nas palavras de Leonardo Greco, o *fracionamento da jurisdição* a partir de regras de competência justifica-se em função dos seguintes objetivos: i) racionalização da administração da justiça para lhe assegurar eficiência operacional mediante a especialização de cada órgão jurisdicional no julgamento de dados tipos de causa; ii) facilitação do acesso à justiça e exercício do direito de defesa pelos litigantes, vinculando o serviço jurisdicional ao juízo da área geográfica mais próxima às partes, aos bens ou aos fatos a ela submetidos; iii) preservação da estrutura hierárquica e piramidal do Poder Judiciário, em cuja base estão os órgãos mais numerosos, compostos por juízes mais novos e que realizam o primeiro exame da maioria das causas, sobrepondo a eles, sucessivamente, órgãos menos numerosos, compostos de juízes mais experientes e com grau de qualificação mais elevado e que, em regra, reexaminam o julgamento proferido pelos primeiros quando uma das partes não se conformou com a primeira decisão (GRECO, Leonardo. *Instituições de direito processual civil*. v. 1. Rio de Janeiro: Forense, 2009. pp. 129-131).

Competências internacional e interna: o legislador do CPC/2015 seleciona abstratamente algumas espécies de lides que, com exclusividade ou não, são atribuídas à justiça brasileira (CPC/2015, arts. 21 a 25) e, quase na sequência, regulamenta quais órgãos judiciários nacionais devem se encarregar da solução de tais e quais causas (CPC/2015, arts. 42 a 53) (THEODORO JUNIOR,

Humberto. *Curso de Direito Processual Civil.* v. I. 56. ed. Rio de Janeiro: Forense, 2015. pp. 187-188). No primeiro caso, tem-se a chamada competência internacional; no derradeiro, a competência interna. Não obstante – *e a nomenclatura atribuída ao Titulo II do Livro II da Parte Geral do CPC/2015 evidencia isso* –, "a competência internacional é um tema relacionado com a jurisdição e não com a competência", razão por que "quando se diz que o juiz brasileiro é incompetente para tal causa no plano internacional, entende-se que ele não é destituído somente de competência para ali atuar, mas de autêntica jurisdição" (DINAMARCO, Cândido Rangel. *Comentários ao Código de Processo Civil.* v. I. Coordenadores: José Roberto F. Gouvêa, Luis Guilherme A. Bondioli e João Francisco N. da Fonseca. São Paulo: Saraiva, 2018. p. 216).

Competência internacional: recorde-se clássica lição de Enrico Tullio Liebman: "Nem todas as categorias de controvérsias estão sujeitas à jurisdição brasileira. E o mesmo acontece em relação às dos outros países. A soberania do Estado, como é entendida nos tempos modernos, exige que sejam atribuídas, ao conhecimento dos órgãos do poder judiciário, as causas que tenham qualquer relação com o território ou com os cidadãos brasileiros; mas, ao mesmo tempo, o reconhecimento dos outros Estados leva naturalmente a respeitar a esfera de competência das respectivas jurisdições. O mesmo interesse próprio bem entendido, adicionado a evidentes considerações de ordem prática, conduz o Brasil a desinteressar-se de todas as controvérsias não relevantes para a própria ordem jurídica, e a recusar-se, consequentemente, a atribuir a seus órgãos judiciários a tarefa de ter conhecimento das mesmas. Qualquer forma de autolimitação de cada país na extensão que atribui à própria jurisdição é pressuposto da possibilidade de reconhecer o exercício das jurisdições estrangeiras. Daí admitir em certas condições, no seio do próprio ordenamento, a eficácia das sentenças pronunciadas pelos tribunais estrangeiros" (LIEBMAN, Enrico Tullio. *Estudos sôbre o processo civil brasileiro.* São Paulo: Saraiva, 1947. pp. 11-12). Os arts. 21 a 25 do CPC/2015, situados no capítulo *Dos Limites da Jurisdição Nacional*, têm por finalidade regular e definir as causas em que a jurisdição brasileira está autorizada a funcionar (conhecendo, decidindo e executando). Trata-se de delimitação que se assenta no princípio lógico de que o exercício da atividade jurisdicional somente faz sentido onde o Estado efetivamente consiga executar suas decisões (THEODORO JUNIOR, Humberto. *Curso de Direito Processual Civil*. v. I. 56. ed. Rio de Janeiro: Forense, 2015. p. 190) – no mesmo sentido: BARBI, Celso Agrícola. *Comentários ao Código de Processo Civil*. v. I. Rio de Janeiro: Forense, 1981. p. 393). Fala-se com habitualidade que a distribuição da competência internacional se orienta a partir do chamado *princípio da efetividade*, pois não faz sentido ocupar os órgãos jurisdicionais com questões que não estejam atreladas de modo direto ao respectivo ordenamento jurídico (DIDIER JUNIOR, Fredie. *Curso de Direito Processual Civil*: Introdução ao Direito Processual Civil. Parte Geral e Processo de Conhecimento. v. 1. 18. ed. Salvador: JusPodivm, 2016. p. 211). Mais detalhadamente, é correto afirmar que as normas internas sobre a competência internacional são resultado de um juízo duplo: i) *juízo de conveniência* (= o Estado recusa-se a pronunciar-se sobre litígios absolutamente indiferentes para seu povo ou território); e ii) *juízo de viabilidade* (= o Estado nega a competência de seus juízes para causas cujo julgamento se saiba de antemão que não poderão ser eficazes em território estrangeiro, culminando em decisões sem nenhuma utilidade e eficácia) (DINAMARCO, Cândido Rangel. *Comentários ao Código de Processo Civil*. v. I. Coordenadores: José Roberto F. Gouvêa, Luis Guilherme A. Bondioli e João Francisco N. da Fonseca. São Paulo: Saraiva, 2018. pp. 216-217).

Competências internacionais concorrente e exclusiva: há casos em que a atuação jurisdicional é admitida tanto no Brasil como no estrangeiro (= competência concorrente ou cumulativa); há outros que somente podem ser processados e julgados pela autoridade judiciária brasileira (= competência exclusiva). Os arts. 21 e 22 do CPC/2015 trazem exemplos relacionados ao primeiro bloco, ao passo que o art. 23 arrola hipóteses atinentes ao derradeiro. Em se tratando de competência concorrente, admite-se a *eleição de foro*, o que não se permite em situações envolvendo competência exclusiva, mesmo diante de expressa manifestação da vontade das partes (STJ, RO nº 114/DF, 4ª Turma, rel. Min. Raul Araújo, julgamento: 02.06.2015, disponível em: www.stj.jus.br). Enfim, "não cabe foro de eleição internacional para alterar as regras de competência internacional exclusiva" (CPC/2015, art. 25, §1º) (DIDIER JUNIOR, Fredie. *Curso de Direito Processual Civil*: Introdução ao Direito Processual Civil. Parte Geral e Processo de Conhecimento. v. 1. 18. ed. Salvador: JusPodivm, 2016. p. 213).

Rol exaustivo: o STJ firmou o entendimento de que a competência internacional da autoridade judiciária brasileira não se esgotava na mera análise dos arts. 88 e 89 do então CPC/1973. Em outros termos, para se concluir sobre a existência de competência internacional concorrente, fazia-se indispensável verificar se havia interesse da autoridade judiciária brasileira no julgamento da causa e, mormente, examinar a possibilidade de execução no país de eventual sentença de procedência (= princípio da efetividade) (STJ, RO nº 64-SP, 3ª Turma, rel. Min. Nancy Andrighi, julgamento: 13.05.2008, disponível em: www.stj.jus.br). A despeito disso, a orientação mais adequada – na esteira da lição de Cândido Rangel Dinamarco – segue rumo diverso: i) a competência da autoridade judiciária brasileira no âmbito internacional é delimitada pelas normas do direito nacional, que trazem um *rol exaustivo* de causas ou litígios; ii) fora das hipóteses dos arts. 21 e 22 do CPC/2015, o legislador brasileiro não desejou atribuir competência internacional aos juízes atuantes no Brasil; iii) ainda que se tenha a ocorrência de uma das hipóteses previstas nos citados arts. 21 e 22, situações concretas podem surgir em que a autoridade judiciária brasileira não será competente. Por exemplo, pelo disposto no art. 21, I, é da competência dos juízes brasileiros demanda referente a um imóvel situado em outro país caso seja o réu domiciliado no Brasil. Não obstante, muito dificilmente a sentença aqui proferida seria reconhecida pelo país onde o imóvel se situa, porque a competência internacional do foro do imóvel é uma constante nos Estados soberanos em geral. Em miúdos: "[a] competência internacional do juiz brasileiro depende da ocorrência de algum dos *requisitos positivos* postos pela lei nacional (arts. 21-23) e, cumulativamente, de um *requisito negativo* que é a inexistência de norma, no país onde se pretende cumprir a sentença, que impeça sua eficácia" (DINAMARCO, Cândido Rangel. *Comentários ao Código de Processo Civil*. v. I. Coordenadores: José Roberto F. Gouvêa, Luis Guilherme A. Bondioli e João Francisco N. da Fonseca. São Paulo: Saraiva, 2018. p. 217).

Hipóteses de competência internacional concorrente: os art. 21 e 22 do CPC/2015 indicam ações judiciais em que a autoridade judiciária brasileira possui competência internacional *concorrente*: i) aquelas nas quais o réu, qualquer que seja a sua nacionalidade, estiver domiciliado no Brasil, considerando-se domiciliada no país a pessoa jurídica estrangeira que nele tiver agência, filial ou sucursal; ii) as que devam ser cumpridas em território brasileiro; iii) as que tenham por fundamento fato ocorrido ou praticado no Brasil; iv) as de alimentos, quando o credor tiver domicílio ou residência no Brasil, ou se o réu mantiver vínculos no Brasil, tais como posse ou propriedade de bens, recebimento de renda ou obtenção de benefícios econômicos; v) as decorrentes de relações de consumo, quando o consumidor tiver domicílio ou residência no Brasil; e vi) aquelas nas quais as partes, expressa ou tacitamente, se submeterem à jurisdição nacional.

Art. 22. Compete, ainda, à autoridade judiciária brasileira processar e julgar as ações:

I – de alimentos, quando:

a) o credor tiver domicílio ou residência no Brasil;

b) o réu mantiver vínculos no Brasil, tais como posse ou propriedade de bens, recebimento de renda ou obtenção de benefícios econômicos;

II – decorrentes de relações de consumo, quando o consumidor tiver domicílio ou residência no Brasil;

III – em que as partes, expressa ou tacitamente, se submeterem à jurisdição nacional.

Correspondente

Não há correspondência no CPC/1973.

Hipóteses de competência internacional concorrente: os arts. 21 e 22 do CPC/2015 indicam hipóteses (não exaustivas) de ações judiciais cujos processamento e julgamento a autoridade judiciária brasileira possui competência internacional *concorrente*, a saber: i) aquelas nas quais o réu, qualquer que seja a sua nacionalidade, estiver domiciliado no Brasil, considerando-se domiciliada no país a pessoa jurídica estrangeira que nele tiver agência, filial ou sucursal; ii) as que devam ser cumpridas em território brasileiro; iii) as que tenham por fundamento fato ocorrido ou praticado no Brasil; iv) as de alimentos, quando o credor tiver domicílio ou residência no Brasil, ou se o réu mantiver vínculos no Brasil, tais como posse ou propriedade de bens, recebimento de renda ou obtenção de benefícios econômicos; v) as decorrentes de relações de consumo, quando o consumidor tiver domicílio ou residência no Brasil; e vi) aquelas nas quais as partes, expressa (eleição de foro) ou tacitamente (pela mera propositura da ação judicial), se submeterem à jurisdição nacional.

Ações de alimentos: possuindo o credor alimentar domicílio ou residência no Brasil, a autoridade judiciária brasileira tem competência para processar e julgar ação de alimentos, regra justificada em função da hipossuficiência oriunda da condição de alimentando. De igual modo, a autoridade judiciária brasileira detém competência para processar e julgar ação de alimentos em casos nos quais o réu mantiver vínculos no território brasileiro (por exemplo, posse ou propriedade de bens, recebimento de renda ou obtenção de benefícios econômicos); nada mais óbvio, afinal isso apenas sugere que muito provavelmente se terá facilidade na implementação de atos jurisdicionais destinados à satisfação do crédito alimentar (= execução civil).

Ações decorrentes de relações de consumo: em se tratando de litígio envolvendo relações de consumo, a autoridade judiciária brasileira possui competência para processar e julgar o litígio sempre que o consumidor, seja ele autor ou réu, tiver domicílio ou residência no Brasil. A regra é uma novidade e vem ao encontro de tantas outras endereçadas à facilitação da defesa dos direitos do consumidor em vista da sua presumida vulnerabilidade no mercado de consumo (CDC, art. 4º, I).

Submissão à jurisdição nacional: segundo a doutrina especializada, é bastante amplo o art. 22, inciso III, CPC/2015, vale dizer, abrange todas as hipóteses em que, de algum modo, as partes beneficiadas pela competência de outro país acedam em determinar ou ser determinadas no Brasil, como, por exemplo: i) *a eleição do foro brasileiro* por convenção entre as partes em cláusula contratual, espécie de contraponto da disposição pela qual se permite a derrogação da jurisdição brasileira em favor da jurisdição de outro país, também por eleição de foro (CPC/2015, art. 25); ii) *a renúncia pelo réu à jurisdição de outro país*, com aceitação da brasileira, manifestada quando citado em litígio pendente no Brasil, o que pode se dar de maneira explícita ou tácita – neste último caso, quando responder sem invocar a incompetência internacional do juiz brasileiro; iii) *a renúncia pelo autor à jurisdição de outro país*, quando ele próprio, favorecido pela competência concorrente de país estrangeiro, fizer opção pela competência brasileira e aqui promover a sua demanda (DINAMARCO, Cândido Rangel. *Comentários ao Código de Processo Civil*. v. I. Coordenadores: José Roberto F. Gouvêa, Luis Guilherme A. Bondioli e João Francisco N. da Fonseca. São Paulo: Saraiva, 2018. p. 225). Importante: não se aplica o art. 22, III, do CPC/2015 em se tratando de circunstância acobertada pela *competência exclusiva da justiça pátria*, sendo nula eventual cláusula de eleição de foro (CPC/2015, art. 25, §1º), ainda que o réu tenha se omitido em arguir o vício em sua contestação (THEODORO JUNIOR, Humberto. *Curso de Direito Processual Civil*. v. I. 56. ed. Rio de Janeiro: Forense, 2015. p. 192).

Art. 23. Compete à autoridade judiciária brasileira, com exclusão de qualquer outra:

I – conhecer de ações relativas a imóveis situados no Brasil;

II – em matéria de sucessão hereditária, proceder à confirmação de testamento particular e ao inventário e à partilha de bens situados no Brasil, ainda que o autor da herança seja de nacionalidade estrangeira ou tenha domicílio fora do território nacional;

III – em divórcio, separação judicial ou dissolução de união estável, proceder à partilha de bens situados no Brasil, ainda que o titular seja de nacionalidade estrangeira ou tenha domicílio fora do território nacional.

Correspondente
CPC/1973, art. 89.
LINDB, art. 12.

Competência internacional exclusiva: tem-se, a partir do comando estampado pelo art. 23 do CPC/2015, uma lista de causas cuja competência é *exclusiva* da autoridade judiciária brasileira, de modo que se porventura julgadas no exterior, será impossível a homologação das respectivas decisões pelo STJ (= ausência de validade). *Nem por convenção entre as partes interessadas é possível superar hipóteses de competência internacional exclusiva.*

Casos de competência internacional exclusiva: causas há em que a competência da justiça brasileira exclui a de qualquer outro país, de modo que decisões estrangeiras proferidas em relação a elas simplesmente não têm validade no Brasil. Indo ao ponto, o art. 23 do CPC/2015 impõe que compete à autoridade judiciária brasileira, *com exclusão de qualquer outra*: i) conhecer de ações relativas a imóveis situados no Brasil, refiram-se a direitos reais ou pessoais (são frequentes no mundo legislações em tal sentido, porque há uma tendência a não admitir que países estrangeiros decidam a respeito de bens imóveis situados em outros); ii) em matéria de sucessão hereditária, proceder à confirmação de testamento particular e ao inventário e à partilha de bens, imóveis ou não, situados no Brasil, ainda que o autor da herança seja de nacionalidade estrangeira ou tenha domicílio fora do território nacional (nesse sentido: AgRg nos EDcl na CR nº 2.894/MX, Corte Especial, rel. Min. Barros Monteiro, julgamento: 13.03.2008, disponível em: www.stj.jus.br) – elucida Pontes de Miranda que o interesse do legislador se limita aos bens situados em território brasileiro, de modo que, se houver outros situados fora do país, o inventário relativo a eles escapa à jurisdição brasileira e, naturalmente, serão inventariados e partilhados em separado, em outro país (PONTES DE MIRANDA, Francisco Cavalcanti. *Comentários ao Código de Processo Civil*. v. I. Tomo II. Rio de Janeiro: Forense, 1974. p. 400); e iii) em divórcio, separação judicial ou dissolução de união estável, proceder a partilha de bens situados no Brasil (quaisquer bens, imóveis ou não), ainda que o titular seja de nacionalidade estrangeira ou tenha domicílio fora do território nacional – aliás, já decidiu o STJ pela competência da justiça brasileira para a decretação do divórcio se o casamento foi celebrado no Brasil, mesmo residindo os cônjuges no exterior (STJ, REsp nº 978.655-MG, 4ª Turma, rel. Min. João Otávio de Noronha, julgamento: 23.02.2010, disponível em: www.stj.jus.br).

Art. 24. A ação proposta perante tribunal estrangeiro não induz litispendência e não obsta a que a autoridade judiciária brasileira conheça da mesma causa e das que lhe são conexas, ressalvadas as disposições em contrário de tratados internacionais e acordos bilaterais em vigor no Brasil.

Parágrafo único. A pendência de causa perante a jurisdição brasileira não impede a homologação de sentença judicial estrangeira quando exigida para produzir efeitos no Brasil.

Correspondente
CPC/1973, art. 90.

Desajuste metodológico: melhor seria se o legislador tivesse amalgamado em um único dispositivo legal os arts. 21, 22 e 24, porque todos, sem exceção, aludem a situações de *competência internacional concorrente*, evitando assim eventuais incompreensões e distorções interpretativas. Semelhante sugestão já havia sido feita, à época da vigência do CPC/1973, por Pontes de Miranda (PONTES DE MIRANDA, Francisco Cavalcanti. *Comentários ao Código de Processo Civil*. v. I. Tomo II. Rio de Janeiro: Forense, 1974. pp. 400-401).

Competência concorrente e ausência de litispendência: em se tratando de *competência internacional concorrente* (CPC/2015, arts. 21 e 22), eventual ação judicial proposta perante tribunal estrangeiro sobre uma lide já em processamento e julgamento no Brasil não induz litispendência (= "uma ação é idêntica a outra quando possui as mesmas partes, a mesma causa de pedir e o mesmo pedido"; CPC/2015, art. 337, VI, §2º) e tampouco obsta o conhecimento, pela autoridade judiciária brasileira, da mesma causa e das que lhe forem conexas. Justificativas da regra: i) sendo concorrente a competência, é apropriado que a lei interna prefira o julgamento das causas pelos tribunais brasileiros; ii) o exame da existência da litispendência teria de ser feito pelo juiz brasileiro da causa, o qual é, normalmente, o juiz de primeira instância, obrigando-o a aprofundar-se no estudo da ação proposta no estrangeiro para verificar se a sentença que viesse a ser prolatada ali teria validade no Brasil, ou seja, teria que se embrenhar num julgamento provisório e precário de questão cujos exame e decisão competem exclusivamente ao STJ (CF/88, art. 105, I); e iii) se a propositura da ação no estrangeiro sequer impede que seja promovida outra idêntica no Brasil, motivo algum há para se colocar uma trava na jurisdição brasileira quando ações diferentes, *ainda que possuam com a primeira relação de conexão*, forem intentadas no país (PONTES DE MIRANDA, Francisco Cavalcanti. *Comentários ao Código de Processo Civil*. v. I. Tomo II. Rio de Janeiro: Forense, 1974. p. 401). Por fim, uma ressalva ao art. 24 do CPC/2015 deve ser feita no que tange às disposições em contrário previstas nos tratados internacionais e acordos bilaterais em vigor no Brasil.

Pendência de causa e homologação de sentença estrangeira: o STJ às vezes recusava-se, em prol da preservação da soberania nacional, a homologar sentença estrangeira por existir causa pendente na justiça brasileira – consultar: STJ, SEC nº 819-EX, Corte Especial, rel. Min. Humberto Gomes de Barros, julgamento: 17.05.2006, disponível em: www.stj.jus.br. Em outras situações, decidia que a existência de ação judicial perante a justiça brasileira não constituía óbice à homologação de sentença estrangeira já transitada em julgado – consultar: STJ, SEC nº 3.932-EX, Corte Especial, rel. Min. Felix Ficher, julgamento: 06.04.2011, disponível em: www.stj.jus.br). O CPC/2015 resolveu a discrepância fazendo opção, clara e expressa, pela segunda tese, de modo que "a pendência de causa perante a jurisdição brasileira não impede a homologação de sentença judicial estrangeira quando exigida para produzir efeitos no Brasil" (CPC/2015, art. 24, parágrafo único). Importante: nenhum efeito produzirá a coisa julgada estrangeira em questão atinente à competência *exclusiva* da justiça brasileira (CPC/2015, art. 23) pelo simples fato de que, em tal circunstância, a lei impede categoricamente a homologação da decisão (THEODORO JUNIOR, Humberto. *Curso de Direito Processual Civil*. v. I. 56. ed. Rio de Janeiro: Forense, 2015. p. 192).

Coisa julgada e sentença estrangeira: a mera *pendência* de causa perante a jurisdição brasileira não impede a homologação de sentença judicial estrangeira para que produza efeitos no Brasil. Entretanto, já se tendo *coisa julgada brasileira*, há invencível impedimento para a homologação da decisão estrangeira (CPC/2015, art. 963, IV), razão por que eventual procedimento homologatório instaurado no STJ será extinto *sem resolução de mérito*. De mais a mais, se pendente no Brasil causa idêntica a outra julgada no exterior, *com a sentença estrangeira devidamente homologada pela autoridade judiciária brasileira*, ter-se-á por igual a extinção da primeira, *sem resolução de mérito*. Por fim, mesmo diante de coisa julgada no exterior, não se admite a obstrução da jurisdição brasileira, pois a homologação da sentença estrangeira pelo STJ é condição imperativa para que produza eficácia em território brasileiro – nesse sentido: STJ, MC nº 15.398, 3ª Turma, rel. Min. Nancy Andrigi, julgamento: 02.04.2009, disponível em: www.stj.jus.br).

Art. 25. Não compete à autoridade judiciária brasileira o processamento e o julgamento da ação quando houver cláusula de eleição de foro exclusivo estrangeiro em contrato internacional, arguida pelo réu na contestação.

§1º Não se aplica o disposto no caput às hipóteses de competência internacional exclusiva previstas neste Capítulo.

§2º Aplica-se à hipótese do caput o art. 63, §§1º a 4º.

Correspondente

Sem correspondente no CPC/1973.

Cláusula de eleição de foro estrangeiro: havendo cláusula de eleição de foro atribuindo competência exclusiva à autoridade judiciária estrangeira, as seguintes situações poderão surgir: i) a ação judicial é proposta no estrangeiro, devidamente amoldada ao que estabelece a cláusula de eleição de foro estrangeiro; ii) a ação judicial é proposta no Brasil, e o réu, *em sua contestação*, deixa de suscitar preliminar de incompetência, submetendo-se *tacitamente* à jurisdição nacional (= renúncia ao juízo estrangeiro); iii) o réu suscita, em sede de contestação, preliminar de incompetência e, assim, o juízo brasileiro estará impedido de processar e julgar a causa (= extinção do feito sem resolução de mérito; CPC/2015, art. 25, *caput*) – como ao juiz incompetente no plano internacional o que falta é a jurisdição, *e não propriamente competência*, o reconhecimento da sua incompetência internacional implica a própria extinção do processo, o que não se dá quando se tem a mera ausência de competência interna (DINAMARCO, Cândido Rangel. *Comentários ao Código de Processo Civil*. v. I. Coordenadores: José Roberto F. Gouvêa, Luis Guilherme A. Bondioli e João Francisco N. da Fonseca. São Paulo: Saraiva, 2018. p. 220); e iv) a ação judicial é proposta no estrangeiro, mas a eleição de foro contraria regra de competência exclusiva da justiça pátria (CPC/2015, art. 23), razão por que a cláusula será considerada nula de pleno direito (ordem pública), independentemente da arguição do vício em sede de contestação, prevalecendo a competência da autoridade judiciária brasileira (THEODORO JUNIOR, Humberto. *Curso de Direito Processual Civil*. v. I. 56. ed. Rio de Janeiro: Forense, 2015. p. 192).

Nulidade de cláusula de eleição de foro estrangeiro: aplicam-se às hipóteses de cláusula de eleição de foro *exclusivo* estrangeiro as regras previstas no art. 63, §§1º a 4º, do CPC/2015. Conferir comentários adiante.

Capítulo II
DA COOPERAÇÃO INTERNACIONAL

Seção I
DISPOSIÇÕES GERAIS

Art. 26. A cooperação jurídica internacional será regida por tratado de que o Brasil faz parte e observará:

I – o respeito às garantias do devido processo legal no Estado requerente;

II – a igualdade de tratamento entre nacionais e estrangeiros, residentes ou não no Brasil, em relação ao acesso à justiça e à tramitação dos processos, assegurando-se assistência judiciária aos necessitados;

III – a publicidade processual, exceto nas hipóteses de sigilo previstas na legislação brasileira ou na do Estado requerente;

IV – a existência de autoridade central para recepção e transmissão dos pedidos de cooperação;

V – a espontaneidade na transmissão de informações a autoridades estrangeiras.

§1º Na ausência de tratado, a cooperação jurídica internacional poderá realizar-se com base em reciprocidade, manifestada por via diplomática.

§2º Não se exigirá a reciprocidade referida no §1º para homologação de sentença estrangeira.

§3º Na cooperação jurídica internacional não será admitida a prática de atos que contrariem ou que produzam resultados incompatíveis com as normas fundamentais que regem o Estado brasileiro.

§4º O Ministério da Justiça exercerá as funções de autoridade central na ausência de designação específica.

Correspondente
Sem correspondente no CPC/1973.

Referências
CPC/2015, art. 39.
RISTJ, art. 216-P.

Cooperação jurídica internacional: diante da globalização, as diversas nações espalhadas no globo terrestre aproximaram-se de modo exponencial nas últimas décadas, fenômeno que permitiu um riquíssimo e aprofundado intercâmbio entre pessoas, bens, serviços, informações e capitais – sobre a globalização, consultar: GIDDENS, Anthony. *O mundo na era da globalização*. 6. ed. Lisboa: Editorial Presença, 2006. Disso despontou a importância da *cooperação jurídica internacional*, mecanismo que permite ao Estado brasileiro solicitar *assistência* de países a fim de assegurar o funcionamento do seu sistema de justiça em território estrangeiro (= cooperação ativa) ou, ainda, atender solicitações de outros Estados para que seus próprios sistemas de justiça tenham efetividade no território brasileiro (= cooperação passiva). Em outras palavras, uma vez que os Estados soberanos somente podem fazer valer suas leis, atos e decisões judiciais nos limites do seu território, naturalmente surge a necessidade de um Estado cooperar com o outro para que possa ver efetivados seus próprios interesses e os de seus jurisdicionados (PEREIRA, Luciano Meneguetti. A cooperação jurídica internacional no Novo Código de Processo Civil. *Revista CEJ*, Brasília, Ano XIX, n. 67, pp. 18-34, set./dez. 2015). Exemplos: citações, intimações, notificações, colheita de provas e obtenção de informações, homologação e cumprimento de decisões, concessão de medida judicial de urgência, assistência jurídica internacional. Algumas indicações doutrinárias específicas sobre o tema: ABADE, Denise Neves. *Direitos fundamentais na cooperação jurídica internacional*. São Paulo: Saraiva, 2013; ADOLINA, Italo. *Cooperazione Internazionale in Matéria Giudiziaria*. Catania: Libreria Editrice Torre, 1996; AGUIAR, Julio Cesar de. Novos paradigmas da cooperação jurídica internacional e o conceito contemporâneo de soberania. *Revista do Direito Público*, v. 12, n. 2, pp. 77-103, ago. 2017; ARAUJO, Nadia de. *Cooperação Jurídica Internacional no Superior Tribunal de Justiça*:

Comentários à Resolução n. 09/2005. Rio de Janeiro: Renovar, 2010; CANÇADO TRINDADE, Antonio Augusto. *A humanização do direito internacional.* Belo Horizonte: Del Rey, 2008; CAPUCIO, Camila. Dimensões da cooperação jurídica internacional: do direito à cooperação ao dever de cooperar. *Revista da Faculdade de Direito – UFPR*, Curitiba, v. 61, n. 3, set./dez. 2016, pp. 277-297; CASELLA, Paulo Borba; SANCHEZ, Rodrigo Elian. *Cooperação Judiciária Internacional*. Rio de Janeiro: Renovar, 2002; IENSUE, Geziela; CARVALHO, Luciani Coimbra. Cooperação Jurídica Internacional e Direitos Humanos: para além da interação rumo à harmonização. *Revista Thesis Juris – RTJ*, São Paulo, v. 4, n. 3, pp. 521-553, set./dez. 2015; FREITAS, Edmundo Gouvêa; GAIO JÚNIOR, Antônio Pereira. Os limites da jurisdição nacional e a cooperação internacional no plano do novo Código de Processo Civil. *Revista de Processo – RePro*, São Paulo, 243, maio 2015, pp. 537-551; PEREIRA, Luciano Meneguetti. A cooperação jurídica internacional no Novo Código de Processo Civil. *Revista CEJ*, Brasília, ano XIX, n. 67, pp. 18-34, set./dez. 2015; PAGLIARINI, Alexandre Coutinho; CHOUKR, Fauzi Hassan. *Cooperação jurídica internacional*. Belo Horizonte: Fórum, 2014; PIOVESAN, Flávia. *Direitos humanos e justiça internacional*. São Paulo: Saraiva, 2010; RAMOS, André de Carvalho; MENEES, Wagner. *Direito Internacional Privado e a Nova Cooperação Jurídica Internacional*. Belo Horizonte: Arraes Editores, 2015; RAMOS, André de Carvalho. Cooperação jurídica internacional e o diálogo das fontes no direito internacional privado contemporâneo. *Revista de la Secretaría del Tribunal Permanente de Revisión*, Paraguay, ano 5, n. 10, pp. 56-72, out. 2017.

Critérios da cooperação jurídica internacional: o CPC/2015 traçou critérios mais ou menos objetivos a serem observados na implementação da cooperação jurídica internacional: i) será regida por tratados internacionais e outros instrumentos legais dos quais o Brasil deve ser parte integrante, mas, na sua ausência, admite-se a sua realização com base em reciprocidade manifestada pela via diplomática; ii) respeito às garantias fundamentais processuais no Estado requerente (= devido processo legal; processo como instituição de garantia); iii) inadmissão da prática de atos contrários ou que produzam resultados incompatíveis com as normas fundamentais que regem o Estado brasileiro; iv) igualdade de tratamento entre nacionais e estrangeiros, residentes ou não no Brasil, em relação ao acesso à justiça e à tramitação dos processos, assegurando-se assistência judiciária aos necessitados; v) publicidade processual, salvo nas hipóteses de sigilo previstas na legislação brasileira ou na do Estado requerente; vi) a existência de *autoridade central* para recepção e transmissão dos pedidos de cooperação; e vii) a espontaneidade na transmissão de informações a autoridades estrangeiras. Como aponta a doutrina, os incisos I a III e o §3º do art. 26 do CPC/2015 relacionam-se à observância da ordem pública do Estado brasileiro, o que tem por significado o próprio respeito à sua soberania (DINAMARCO, Cândido Rangel. *Comentários ao Código de Processo Civil*. v. I. Coordenadores: José Roberto F. Gouvêa, Luis Guilherme A. Bondioli e João Francisco N. da Fonseca. São Paulo: Saraiva, 2018. p. 236).

Espécies de cooperação jurídica internacional: tem-se duas espécies de cooperação jurídica internacional, a saber, o *auxílio direto* (CPC/2015, arts. 28 a 34) e a *cooperação jurisdicional* que se implementa pela via da *carta rogatória* (CPC/2015, art. 36) (DINAMARCO, Cândido Rangel. *Comentários ao Código de Processo Civil*. v. I. Coordenadores: José Roberto F. Gouvêa, Luis Guilherme A. Bondioli e João Francisco N. da Fonseca. São Paulo: Saraiva, 2018. p. 234).

Autoridade central: autoridade central é o órgão responsável pela boa condução da cooperação jurídica que cada país realiza com os demais, cabendo a ela, *como forma de conferir mais agilidade ao procedimento*, receber, analisar, adequar, transmitir e acompanhar o cumprimento dos pedidos formulados, sempre em atenção aos requisitos previstos na legislação do Estado requerido, aos seus costumes, bem assim ao tratado envolvido (SAADI, Ricardo Andrade (Org.). *Cartilha Cooperação Jurídica Internacional em Matéria Cível*. Brasília: Secretaria Nacional de Justiça, 2014. P. 7). A figura da autoridade central é uma constante na cooperação internacional realizada por solicitação de auxílio direto, um dos diferenciais entre essa modalidade e a carta rogatória; a despeito disso, há tratados e acordos internacionais prevendo a tramitação de cartas rogatórias não pela via diplomática, e sim diretamente pela autoridade central, a exemplo da Convenção sobre a Obtenção de Provas no Estrangeiro em Matéria Civil ou Comercial (DINAMARCO, Cândido Rangel. *Comentários ao Código de Processo Civil*. v. I. Coordenadores: José Roberto F. Gouvêa, Luis Guilherme A. Bondioli e João Francisco N. Da Fonseca. São Paulo: Saraiva, 2018. P. 255).

Não exigência de reciprocidade para homologação de sentença estrangeira: a cooperação jurídica internacional deve ser regida por tratados internacionais e mesmo por acordos bilaterais dos quais o Brasil faça parte e, na ausência deles, poderá realizar-se com base em reciprocidade, manifestada por via diplomática. Entretanto, a própria reciprocidade é dispensada no que tange especificamente à *homologação de sentenças estrangeiras*, modalidade de cooperação passiva realizada pelo STJ.

Art. 27. A cooperação jurídica internacional terá por objeto:
I – citação, intimação e notificação judicial e extrajudicial;
II – colheita de provas e obtenção de informações;
III – homologação e cumprimento de decisão;
IV – concessão de medida judicial de urgência;
V – assistência jurídica internacional;
VI – qualquer outra medida judicial ou extrajudicial não proibida pela lei brasileira.

Correspondente
Sem correspondente no CPC/1973.

Atos de cooperação jurídica internacional: o art. 27 do CPC/2015 traz um elenco de atos de cooperação jurídica internacional, tanto aqueles incluídos na modalidade *auxílio direto* (incisos I, II e III) como os da espécie *cooperação jurisdicional* (incisos IV e V). Como indica a leitura do inciso VI, o rol é meramente *exemplificativo*, pois são autorizados no país quaisquer atos de cooperação jurídica internacional, judicial ou extrajudicial, não proibidos pelo ordenamento jurídico brasileiro.

Seção II

AUXÍLIO DIRETO

Art. 28. Cabe auxílio direto quando a medida não decorrer diretamente de decisão de autoridade jurisdicional estrangeira a ser submetida a juízo de delibação no Brasil.

Correspondente

Sem correspondente no CPC/1973.

Auxílio direto: como mostra a doutrina autorizada, ao contrário do que sugere à primeira vista o nome, o auxílio direto não representa uma comunicação propriamente direta entre *juiz estrangeiro* e *juiz brasileiro*, ou vice-versa, exigindo-se a intermediação entre as autoridades centrais dos dois países envolvidos – é "direto" por dispensar o juízo de delibação perante o STJ (MONTEIRO, André Luís; VERÇOSA, Fabiane. *Breves Comentários ao Novo Código de Processo Civil*. Organizadores: Teresa Arruda Alvim Wambier, Fredie Didier Jr., Eduardo Talamini e Bruno Dantas. São Paulo: Revista dos Tribunais, 2015. Pp. 121-122). Em outros termos: o auxílio direto não se presta para reconhecer decisões ou sentenças estrangeiras sobre as quais impera a necessidade do juízo de delibação, e sim para pedidos restritos à esfera administrativa, que podem ou não necessitar de prestações jurisdicionais a serem provocadas pela autoridade central (FINKELSTEIN, Cláudio. *Comentários ao Código de Processo Civil*: Arts. 1º a 317. Coordenador: Cassio Scarpinella Bueno. São Paulo: Saraiva, 2017. P. 330). Por exemplo, estão fora do âmbito do auxílio direto: i) a execução forçada do direito reconhecido em sentenças enquanto não homologadas (CPC/2015, art. 515, VIII); ii) o cumprimento de cartas rogatórias, pois sujeitas ao juízo de delibação mediante procedimento do *exequatur* realizado perante o Judiciário (CPC/2015, arts. 960 a 965) (DINAMARCO, Cândido Rangel. *Comentários ao Código de Processo Civil*. v. I. Coordenadores: José Roberto F. Gouvêa, Luis Guilherme A. Bondioli e João Francisco

N. Da Fonseca. São Paulo: Saraiva, 2018. P. 241). Por fim, essa modalidade de cooperação jurídica internacional pode dar-se de modo *ativo* (= em situações que o Brasil solicita colaboração ao país estrangeiro) ou *passivo* (= em situações em que o país estrangeiro solicita colaboração ao Brasil).

Art. 29. A solicitação de auxílio direto será encaminhada pelo órgão estrangeiro interessado à autoridade central, cabendo ao Estado requerente assegurar a autenticidade e a clareza do pedido.

Correspondente
Sem correspondente no CPC/1973.

Autoridade central: autoridade central é o órgão responsável pela boa condução da cooperação jurídica que cada país realiza com os demais, cabendo a ela, como forma de conferir mais agilidade ao procedimento, receber, analisar, adequar, transmitir e acompanhar o cumprimento dos pedidos formulados, sempre em atenção aos requisitos previstos na legislação do Estado requerido, aos seus costumes, bem assim ao tratado envolvido (SAADI, Ricardo Andrade (Org.). *Cartilha Cooperação Jurídica Internacional em Matéria Cível*. Brasília: Secretaria Nacional de Justiça, 2014. p. 7). Somente no auxílio direto tem-se a figura da autoridade central – que, no Brasil, é exercida pelo Ministério da Justiça –, não em cooperações implementadas via cartas rogatórias.

Clareza e autenticidade do pedido: cumpre à autoridade central brasileira verificar a presença dos requisitos previstos em tratados e/ou acordos bilaterais exigidos para que se atenda o pedido de auxílio direto. E não obstante sejam variadas as condições e dispensas de requisitos formais, particularmente estabelecidas em cada tratado ou acordo, é possível identificar alguns elementos básicos: i) a identificação do requerente e do requerido, com a indicação das instituições a que pertençam; ii) a indicação das autoridades centrais de cada Estado; iii) a identificação do processo de onde se originou o pedido, se for o caso; iv) a identificação das pessoas físicas ou jurídicas destinatárias da medida solicitada ou nela interessadas; v) a descrição pormenorizada do objeto e da finalidade da medida; vi) o atestado de autenticidade (DINAMARCO, Cândido Rangel. *Comentários ao Código de Processo Civil*. v. I. Coordenadores: José Roberto F. Gouvêa, Luis Guilherme A. Bondioli e João Francisco N. da Fonseca. São Paulo: Saraiva, 2018. p. 243).

Art. 30. Além dos casos previstos em tratados de que o Brasil faz parte, o auxílio direto terá os seguintes objetos:

I – obtenção e prestação de informações sobre o ordenamento jurídico e sobre processos administrativos ou jurisdicionais findos ou em curso;

II – colheita de provas, salvo se a medida for adotada em processo, em curso no estrangeiro, de competência exclusiva de autoridade judiciária brasileira;

III – qualquer outra medida judicial ou extrajudicial não proibida pela lei brasileira.

Correspondente

Sem correspondente no CPC/1973.

Auxílio direto – vias administrativa e judicial: o auxílio direto (passivo) consubstancia-se na realização no Brasil de diligências administrativas ou mesmo na busca de decisão judicial relativa a litígio que tem lugar em Estado estrangeiro (SAADI, Ricardo Andrade (Org.). *Cartilha Cooperação Jurídica Internacional em Matéria Cível*. Brasília: Secretaria Nacional de Justiça, 2014. p. 19). Daí a subdivisão em auxílio direto *administrativo* (= quando a autoridade central cumpre ela própria o pedido de auxílio ou diligência perante o órgão administrativo competente) e auxílio direto *judicial* (= quando a autoridade central brasileira toma as providências para obter medidas frente ao Judiciário).

Natureza não jurisdicional: medidas de auxílio direto não apresentam natureza jurisdicional, mesmo quando solicitadas com a desígnio de instruir processos pendentes ou ainda a serem instaurados. A sua implementação ocorre mediante atividades praticadas pela autoridade central brasileira, quer diretamente, quer por intermédio de diligências perante outros órgãos, administrativos ou judiciais. Recebido o pedido de auxílio direto passivo e havendo necessidade de postulação em juízo, a autoridade central o encaminhará à Advocacia-Geral da União, que fará o requerimento da medida requerida (CPC/2015, art. 33). Por exemplo: pedido de auxílio direto de colheita de elementos probatórios que exija a instauração de *procedimento de produção antecipada de provas* (CPC/2015, arts. 381 a 383).

Cabimento do auxílio direto: o auxílio direto tem lugar nos casos previstos em tratados de que o Brasil faz parte, tendo ainda por objetos: i) a obtenção e prestação de informações sobre o ordenamento jurídico e sobre processos administrativos ou jurisdicionais findos ou em curso; ii) a colheita de provas, salvo se a medida for adotada em processo, em curso no estrangeiro, de competência exclusiva de autoridade judiciária brasileira; iii) qualquer outra medida judicial ou extrajudicial não proibida pela lei brasileira. O rol trazido pelo art. 30 do CPC/2015 é exemplificativo, como deixa entrever seu *caput* ("... casos previstos em tratados de que o Brasil faz parte...") e inciso III ("... qualquer outra medida judicial ou extrajudicial...").

Art. 31. A autoridade central brasileira comunicar-se-á diretamente com suas congêneres e, se necessário, com outros órgãos estrangeiros responsáveis pela tramitação e pela execução de pedidos de cooperação enviados e recebidos pelo Estado brasileiro, respeitadas disposições específicas constantes de tratado.

Correspondente

Sem correspondente no CPC/1973.

Celeridade e desburocratização: com a Convenção de Haia de Comunicação de Atos Processuais, de 1965, inaugurou-se o modelo no qual cada Estado-Parte se viu obrigado a designar uma *autoridade central* para receber pedidos de cooperação jurídica, posteriormente reproduzido na maioria dos acordos e tratados referentes à assistência jurídica internacional (SAADI, Ricardo Andrade; BEZERRA, Camila Colares. *Manual de Cooperação Jurídica Internacional e Recuperação de Ativos*: Cooperação em matéria penal. 2. ed. Brasília: Secretaria Nacional de Justiça, 2012. p. 22). As vantagens são muitas, sobretudo em termos de desburocratização, uma vez que as autoridades centrais têm concentradas em si os papéis de envio e recebimento dos pedidos, de análise e adequação em relação à legislação aplicável, da tramitação, efetividade e lisura das solicitações. Outros aspectos importantes: i) cada qual das autoridades centrais corresponde a um órgão técnico-especializado responsável pela boa condução da cooperação jurídica exercida com as demais soberanias; ii) a partir da especialização do seu corpo de servidores e das suas rotinas, a autoridade central confere maior celeridade à relação de cooperação mediante a conformação da solicitação formulada aos requisitos exigidos, cujo espectro de variantes pode ser enorme e peculiar; iii) cumpre a autoridade central, conhecendo cada uma dessas peculiaridades, instruir as autoridades nacionais e estrangeiras a fim de tornar mais fluido e eficiente o intercâmbio entre os muitos Estados; iv) as autoridades centrais comunicam-se entre si diretamente, sendo desnecessária uma instância diplomática para tramitação de documentos, o que diminui o número de interlocutores e, por conseguinte, a probabilidade de haver ruídos na comunicação interestatal, além de favorecer a formação de uma rede de órgãos especializados que sempre estão buscando junto à comunidade internacional melhorias no sistema de cooperação e padronização de boas práticas na área (SAADI, Ricardo Andrade; BEZERRA, Camila Colares. *Manual de Cooperação Jurídica Internacional e Recuperação de Ativos*: Cooperação em matéria penal. 2. ed. Brasília: Secretaria Nacional de Justiça, 2012. pp. 22-23).

Facilidade de operacionalização: respeitadas as disposições específicas constantes de cada tratado, a autoridade central brasileira está autorizada a comunicar-se diretamente com a autoridade central do Estado que solicitou ou recebeu o pedido de auxílio direto, bem assim a comunicar com outros órgãos estrangeiros responsáveis pela tramitação e execução dos pedidos. No fundo, o CPC/2015 extravasa preocupação com a operacionalização da cooperação jurídica, a qual deve se dar de modo direto, sem intermediários e/ou empecilhos burocráticos e formais, que só fazem atravancar a conclusão do procedimento.

Art. 32. No caso de auxílio direto para a prática de atos que, segundo a lei brasileira, não necessitem de prestação jurisdicional, a autoridade central adotará providências necessárias para seu cumprimento.

Correspondente

Sem correspondente no CPC/1973.

Auxílio direto – vias administrativa e judicial: por meio do auxílio direto *passivo*, possibilita-se que, no Brasil, se realizem diligências administrativas ou mesmo atinentes à busca da prolação de uma decisão judicial brasileira relativa a litígio que tem lugar em Estado estrangeiro (SAADI, Ricardo Andrade (Org.). *Cartilha Cooperação Jurídica Internacional em Matéria Cível*. Brasília: Secretaria Nacional de Justiça, 2014. p. 19). Daí se falar em auxílio direto *administrativo* (= quando a autoridade central cumpre ela própria o pedido de auxílio ou diligencia perante o órgão administrativo competente) e auxílio direto *judicial* (= quando a autoridade central brasileira toma as providências para obter medidas frente ao Judiciário). De todo modo, as medidas de auxílio direto não apresentam natureza jurisdicional, mesmo quando solicitadas com o desígnio de instruir processos pendentes ou ainda a serem instaurados. São implementadas mediante atividades praticadas pela autoridade central brasileira, quer diretamente, quer por intermédio de diligências perante outros órgãos, administrativos ou judiciais. Recebido o pedido de auxílio direto passivo e havendo necessidade de postulação em juízo, a autoridade central o encaminhará à Advocacia-Geral da União, que fará o requerimento da medida requerida (CPC/2015, art. 33).

Auxílio direto pela via administrativa: se a solicitação de auxílio direto concernir a prática de atos que dispensem a atuação do serviço jurisdicional, cumprirá a autoridade central por ato próprio a adoção de providências necessárias ao seu cumprimento. Inexistirá, por conseguinte, razão para o encaminhamento do pedido de cooperação jurídica internacional para a Advocacia-Geral da União, órgão legitimado para requerer em juízo, quando necessário, a medida solicitada (CPC/2015, art. 33).

Art. 33. Recebido o pedido de auxílio direto passivo, a autoridade central o encaminhará à Advocacia-Geral da União, que requererá em juízo a medida solicitada.

Parágrafo único. O Ministério Público requererá em juízo a medida solicitada quando for autoridade central.

Correspondente

Sem correspondente no CPC/1973.

Requerimento de medidas de auxílio direto em juízo: medidas de auxílio direto praticadas pela autoridade central não possuem natureza jurisdicional, ainda quando lhe forem requeridas com o propósito de instruir procedimentos jurisdicionais pendentes ou ainda a serem instaurados, pois, exigindo o pedido de auxílio direto passivo à propositura de alguma demanda, não cumpre a autoridade central agir diretamente, e sim encaminhá-lo à AGU, instituição legitimada para postular a medida solicitada.

Advocacia-Geral da União e auxílio direto passivo: compete à União manter relações com Estados estrangeiros (CF/88, art. 21, I), sendo a Advocacia-Geral da União a instituição que a representa judicial e extrajudicialmente, de modo direto ou por intermédio de órgão vinculado (CF/88, art. 131). Portanto, nada mais adequado que a lei atribuir à própria AGU legitimidade *ad causam* para requerer em juízo, quando isso se fizer necessário, medidas solicitadas de outros países a título de auxílio direito.

Ministério Público: há circunstâncias em que tratados internacionais preveem entidade diferente, que não o Ministério da Justiça, para atuar na condição de autoridade central, função às vezes atribuída ao Ministério Público. Se assim for, havendo necessidade de medidas judiciais, dita a lei que caberá ao próprio MP requerer em juízo a medida solicitada a título de auxílio direto passivo. Nada mudará, porém, em relação à natureza do auxílio direto.

Art. 34. Compete ao juízo federal do lugar em que deva ser executada a medida apreciar pedido de auxílio direto passivo que demande prestação de atividade jurisdicional.

Correspondente
Sem correspondente no CPC/1973.

Competência do juízo federal: segundo estabelece a Constituição de 1988, aos juízes federais compete processar e julgar as causas: i) em que a União for interessada na condição de autoras, rés, assistentes ou oponentes (CF/88, art. 109, I); e ii) fundadas em tratado ou contrato da União com Estado estrangeiro ou organismo internacional (CF/88, art. 109, III). Tais regras constitucionais impõem ao juízo federal competência para processar e julgar ações judiciais promovidas por determinação da autoridade central brasileira – ou provocadas diretamente por ela própria em se tratando do MP (CPC/2015, art. 33, parágrafo único) – a fim de atender solicitação de auxílio direto de outro país.

Inconstitucionalidade: parcela da doutrina, com acerto, enxerga afronta à Constituição perpetrada pela redação insculpida no art. 34 do CPC/2015. É que, conforme prescreve o §1º do art. 109 da CF/88, as "causas em que a União for autora serão aforadas na seção judiciária onde tiver domicílio a outra parte" e, sendo a autoridade central um órgão integrante da administração da União, tal subseção judiciária (*a de onde tiver domicílio a contraparte*, e não a do lugar onde a medida deva ser executada) será o foro competente para as ações judiciais nas quais esse órgão compareça como autor, propostas em atendimento a uma solicitação de auxílio direto (DINAMARCO, Cândido Rangel. *Comentários ao Código de Processo Civil*. v. I. Coordenadores: José Roberto F. Gouvêa, Luis Guilherme A. Bondioli e João Francisco N. da Fonseca. São Paulo: Saraiva, 2018. p. 248).

Seção III

DA CARTA ROGATÓRIA

Art. 35. Dar-se-á por meio de carta rogatória o pedido de cooperação entre órgão jurisdicional brasileiro e órgão jurisdicional estrangeiro para prática de ato de citação, intimação, notificação judicial, colheita de provas, obtenção de informações e cumprimento de decisão interlocutória, sempre que o ato estrangeiro constituir decisão a ser executada no Brasil. (VETADO)

Correspondente

Sem correspondente no CPC/1973.

Carta rogatória: as cartas rogatórias, *que, comparadas ao auxílio direto, apresentam rigor formal mais acentuado*, são um expediente tradicional de cooperação jurídica internacional. Subdividem-se em *ativas* (= solicitações formuladas por juiz brasileiro a um juiz estrangeiro) e *passivas* (= solicitações formuladas por juiz estrangeiro a um juiz brasileiro), e ambas têm por escopo a comunicação entre os órgãos judiciais *nacional* e *estrangeiro* para viabilizar a prática de atos processuais variados, como citação, intimação, notificação judicial, colheita de provas, obtenção de informações e cumprimento de decisão interlocutória. Importante: no Brasil, *por expressa disposição constitucional*, as cartas rogatórias passivas somente são eficazes depois da concessão do *exequatur* (= "cumpra-se") pelo STJ (CF/88, art. 105, I, i).

Veto ao dispositivo: o art. 35 do CPC/2015 foi vetado pela Presidência da República por sugerir interpretação constrangendo o manejo obrigatório das cartas rogatórias para os atos processuais nele elencados. Isso realmente seria um problema, pois esvaziaria sobremaneira o instrumento de *auxílio direto*, mais célere, eficaz e desburocratizado. Noutras palavras, as "rogatórias atuam em paralelo com o auxílio direto, só sendo necessárias em casos nos quais não haja um tratado internacional autorizando essa modalidade de cooperação internacional"; havendo "um desses tratados, a parte interessada tem a faculdade de optar por uma via ou por outra" (DINAMARCO, Cândido Rangel. *Comentários ao Código de Processo Civil*. v. I. Coordenadores: José Roberto F. Gouvêa, Luis Guilherme A. Bondioli e João Francisco N. da Fonseca. São Paulo: Saraiva, 2018. p. 249).

Art. 36. O procedimento da carta rogatória perante o Superior Tribunal de Justiça é de jurisdição contenciosa e deve assegurar às partes as garantias do devido processo legal.

§1º A defesa restringir-se-á à discussão quanto ao atendimento dos requisitos para que o pronunciamento judicial estrangeiro produza efeitos no Brasil.

§2º Em qualquer hipótese, é vedada a revisão do mérito do pronunciamento judicial estrangeiro pela autoridade judiciária brasileira.

Correspondente

Sem correspondente no CPC/1973.

Competência: a Constituição de 1988 impõe, de modo expresso, que compete ao STJ processar e julgar, originariamente, a homologação de sentenças estrangeiras *e a concessão de exequatur às cartas rogatórias* (CF/88, art. 105, I, i). O art. 36 do CPC/2015 atualizou a redação do revogado art. 211 do CPC/1973, que atribuía a competência do *exequatur* de carta rogatória ao STF, em sintonia com a então vigente Constituição de 1967, competência mantida na redação original da Constituição de 1988, porém alterada com a Emenda Constitucional nº 45/2004 (FURTADO COÊLHO, Marcus Vinícius. Art. 36 do CPC – Carta rogatória. *Migalhas*. 18 jul. 2019. Disponível em: www.migalhas.com.br. Acesso em: 04 nov. 2019). Enfim, hoje CPC/2015 e CF/1988 estão em perfeita harmonia no que tange ao tema cartas rogatórias. Importante: a competência do STJ exaure-se no *juízo de delibação* (= aposição de um "cumpra-se"), de modo que, após concedido o *exequatur*, quem de fato atenderá à solicitação do juízo rogante será o juízo federal de primeiro grau jurisdicional – dentre os juízos federais, será competente o do domicílio do réu (CF/88, art. 109, §1º) –, a quem a carta será remetida (DINAMARCO, Cândido Rangel. *Comentários ao Código de Processo Civil*. v. I. Coordenadores: José Roberto F. Gouvêa, Luis Guilherme A. Bondioli e João Francisco N. da Fonseca. São Paulo: Saraiva, 2018. p. 251).

Procedimento de jurisdição contenciosa: não há mais dúvidas sobre a natureza *contenciosa* do procedimento jurisdicional de exequibilidade das cartas rogatórias em território brasileiro – sobre o tema: ABBUD, André de Albuquerque Cavalcanti. *Homologação de sentenças arbitrais estrangeiras*. São Paulo: Atlas, 2008). É tema superado, razão pela qual o legislador sentiu-se seguro em qualificar expressamente o procedimento, como se verifica pela redação do art. 36, *caput*, do CPC/2015 ("O procedimento da carta rogatória (...) é de jurisdição *contenciosa* ..."). Enfim, "presume-se a existência de uma lide, a ser resolvida pela corte, com decisão revestida da força de coisa julgada" (FINKELSTEIN, Cláudio. *Comentários ao Código de Processo Civil*: Arts. 1º. a 317. Coordenador: Cassio Scarpinella Bueno. São Paulo: Saraiva, 2017. p. 334).

Devido processo legal: a atividade que se desenvolve via procedimento da carta rogatória possui natureza *jurisdicional*, como expressamente anuncia o *caput* do art. 36 do CPC/2015. Logo, é indispensável o respeito ao devido processo legal, cujas garantias fundamentais que lhe dão conteúdo (contraditório, ampla defesa, igualdade ante a lei, imparcialidade judicial, direito à defesa técnica, duração razoável, fundamentação e publicidade das decisões judiciais) asseguram a liberdade de litigância das partes e servem de escudo contra eventuais excessos e/ou abusos praticados pela autoridade judicial.

Objeto litigioso: há atividade jurisdicional contenciosa no âmbito do *procedimento da carta rogatória perante o STJ*. De um lado, fulano postula tutela jurisdicional com o intento de obter algum benefício; de outro, sicrano resiste à providência a fim de evitar situação que o desfavoreça. A discussão entre as partes restringir-se-á ao atendimento dos requisitos para que o pronunciamento judicial estrangeiro produza efeitos no Brasil (CPC, art. 36, §1º). Enfim, trata-se de um debate circunscrito a questões de ordem formal, atinentes à presença ou não de elementos exteriores indispensáveis à concessão do *exequatur* à carta rogatória, e que, portanto, não avança para a verificação da *substância* do pronunciamento judicial estrangeiro que se quer fazer produzir efeitos no Brasil ("... é vedada a revisão do mérito do pronunciamento judicial estrangeiro pela autoridade judiciária brasileira"; CPC/2015, art. 36, §2º). Admite-se, no entanto, o debate sobre o *conteúdo* do provimento judicial estrangeiro em hipóteses de ofensa à soberania nacional, à dignidade da pessoa humana e/ou à ordem pública (CPC/2015, art. 39 c/c RISTJ, art. 216-P).

Regulamentação do procedimento: o *procedimento da carta rogatória perante o STJ*, além de encontrar algum regramento no CPC/2015, está detalhado no RISTJ. Algumas minudências: i) compete ao Presidente do STJ conceder *exequatur* a cargas rogatórias, salvo se houver impugnação ao pedido, quando os autos poderão ser distribuídos para julgamento pela Corte Especial (RISTJ, arts. 216-O e 216-T); ii) atos decisórios ou não decisórios podem ser alvo da concessão de *exequatur* (RISTJ, art. 216-O, §1º); iii) serão devolvidos ao Ministério da Justiça para as providências necessárias ao cumprimento por auxílio direto pedidos de cooperação jurídica internacional que tiverem por objeto atos que não ensejam juízo deliberatório do STJ (RISTJ, art. 216-O, §2º); iv) a intimação das partes para, no prazo de quinze dias, manifestarem sobre o pedido de concessão do *exequatur* (RISTJ, art. 216-Q); v) a medida solicitada por carta rogatória poderá ser realizada *inaudita altera parte* para evitar ineficiência da cooperação internacional – espécie de *tutela provisória de urgência* (RISTJ, art. 216-Q, §1º); vi) ao revel ou incapaz, dar-se-lhe-á curador especial (RISTJ, art. 216-R); vii) o Ministério Público terá vista dos autos, no prazo de quinze dias, podendo impugnar o pedido de concessão do exequatur (RISTJ, art. 216-S); viii) caberá agravo contra as decisões do Presidente ou do relator (RISTJ, art. 216-U); ix) após a concessão do *exequatur*, a carta rogatória será remetida ao Juízo Federal competente para cumprimento (RISTJ, art. 216-V, *caput*); x) das decisões proferidas pelo Juiz Federal competente no cumprimento da carta rogatória caberão, no prazo de dez dias, embargos, julgando-os o Presidente do STJ (RISTJ, art. 216-V, §1º); xi) os aludidos embargos poderão versar sobre qualquer ato referente ao cumprimento da carta rogatória, exceto sobre a própria concessão da medida ou o seu mérito (RISTJ, art. 216-V, §2º); xii) contra a decisão que julgar os embargos cabe agravo (RISTJ, art. 216-W, *caput*); xiii) o Presidente ou o relator do agravo, quando possível, poderá ordenar diretamente o atendimento à medida solicitada (RISTJ, art. 216-W, parágrafo único); xiv) cumprida a carta rogatória ou verificada a impossibilidade do seu cumprimento, será devolvida ao Presidente do STJ no prazo de dez dias, e ele remeterá, em igual prazo, por meio do Ministério da Justiça ou do Ministério das Relações Exteriores, à autoridade estrangeira de origem (RISTJ, art. 216-X).

Seção IV

DISPOSIÇÕES COMUNS ÀS SEÇÕES ANTERIORES

Art. 37. O pedido de cooperação jurídica internacional oriundo de autoridade brasileira competente será encaminhado à autoridade central para posterior envio ao Estado requerido para lhe dar andamento.

Correspondente

Sem correspondente no CPC/1973.

Disciplina legal da cooperação internacional: o Capítulo II, situado no Título II, Livro II da Parte Geral do CPC/2015, está dividido em quatro seções: *Disposições Gerais* (CPC/2015, arts. 26 e 27), *Do Auxílio Direto* (CPC/2015, arts. 28 a 34), *Da Carta Rogatória* (CPC/2015, art. 36) e *Disposições Comuns às Seções Anteriores* (CPC/2015, arts. 37 a 41). Todas elas, somadas ao RISTJ, aos tratados e acordos internacionais dos quais o Brasil faz parte, formam o conjunto de regras dedicado à disciplina da cooperação jurídica internacional.

Autoridade central: autoridade central é o órgão responsável pela boa condução da cooperação jurídica que cada país realiza com os demais, cabendo a ela, como forma de conferir mais agilidade ao procedimento, receber, analisar, adequar, transmitir e acompanhar o cumprimento dos pedidos formulados, sempre em atenção aos requisitos previstos na legislação do Estado requerido, aos seus costumes, bem assim ao tratado envolvido (SAADI, Ricardo Andrade (Org.). *Cartilha Cooperação Jurídica Internacional em Matéria Cível*. Brasília: Secretaria Nacional de Justiça, 2014. p. 7).

Auxílio direto ativo: o art. 37 do CPC/2015 não incide indistintamente às duas modalidades de cooperação internacional. Ao contrário –

leciona Cândido Rangel Dinamarco –, o aludido dispositivo legal comporta interpretação mais estrita, aplicando-se apenas às solicitações de auxílio direto, pois "se também a carta rogatória tivesse essa tramitação mais simplificada, os dois institutos seriam equivalentes, não havendo razão para a convivência entre ambos no mesmo ordenamento jurídico". Ou seja, é preciso entender que "as cartas rogatórias continuam a tramitar por via diplomática, como sempre foi", uma vez que, de outro modo, "não haveria como solicitar a cooperação de um juiz estrangeiro quando no Estado destinatário não existisse um órgão ou organismo equivalente à autoridade central brasileira". De todo modo, há circunstâncias, devidamente regulamentadas por tratados e/ou acordos internacionais em que as cartas não tramitarão pela via diplomática, e sim diretamente pela autoridade central, como se verifica, por exemplo, na *Convenção sobre a Obtenção de Provas no Estrangeiro em Matéria Civil ou Comercial*, que "aproximou significativamente as operações por via das cartas rogatórias àquela que se faz mediante o auxílio direto" (DINAMARCO, Cândido Rangel. *Comentários ao Código de Processo Civil*. v. I. Coordenadores: José Roberto F. Gouvêa, Luis Guilherme A. Bondioli e João Francisco N. da Fonseca. São Paulo: Saraiva, 2018. p. 255).

Art. 38. O pedido de cooperação oriundo de autoridade brasileira competente e os documentos anexos que o instruem serão encaminhados à autoridade central, acompanhados de tradução para a língua oficial do Estado requerido.

Correspondente

Sem correspondente no CPC/1973.

Solicitação de auxílio direto ativo: o art. 38 do CPC/2015 estabelece um requisito formal a ser obrigatoriamente observado em solicitações de auxílio direto oriundos da autoridade central brasileira para países estrangeiros (= auxílio direto ativo). Em miúdos: exige-se que essas solicitações e os documentos anexos que a instruírem sejam encaminhados à autoridade central estrangeira acompanhados de tradução para a língua oficial do Estado requerido. Tal exigência cairá por terra, no entanto, se dispensada por força de tratado internacional, como ocorre, por exemplo, no Decreto nº 2.067/1996, que promulgou a cooperação e assistência judicial entre os países do Mercosul (FINKELSTEIN, Cláudio. *Comentários ao Código de Processo Civil*: Arts. 1º. a 317. Coordenador: Cassio Scarpinella Bueno. São Paulo: Saraiva, 2017. p. 335).

Art. 39. O pedido passivo de cooperação jurídica internacional será recusado se configurar manifesta ofensa à ordem pública.

Correspondente

Sem correspondente no CPC/1973.

Referências

CPC/2015, art. 26, I, II, III e §3º, do CPC/2015.
RISTJ, art. 216-P.

Respeito à ordem pública: os instrumentos de cooperação jurídica internacional permitem ao Estado brasileiro solicitar assistência de países a fim de assegurar o funcionamento do seu sistema de justiça em território estrangeiro (= cooperação ativa), permitindo-o, de outro lado, atender solicitações de outros Estados para que seus próprios sistemas de justiça tenham efetividade no território brasileiro (= cooperação passiva). O art. 39 do CPC/2015 aplica-se tanto às solicitações de *auxílio direto* como às *cartas rogatórias* e incide também em circunstâncias envolvendo *ação de homologação de sentença estrangeira*. Se deseja o Estado estrangeiro cooperação jurídica do Brasil (= cooperação internacional passiva), o pedido formulado não pode ofender a ordem pública; do contrário, será negado. Um bom parâmetro sobre aquilo que integra o *conteúdo aberto* de *ordem pública*, sobretudo em atenção ao tema cooperação jurídica internacional, é aferido pela leitura do art. 26, I a III, e seu §3º do CPC/2015. Importante: especificamente em relação às cartas rogatórias, o art. 39 do CPC/2015 repisa conteúdo que já constava, com mais detalhamentos, do RISTJ: "Não será concedido *exequatur* à carta rogatória que ofender a soberania nacional, a dignidade da pessoa humana e ou a ordem pública" (RISTJ, art. 216-P).

Art. 40. A cooperação jurídica internacional para execução de decisão estrangeira dar-se-á por meio de carta rogatória ou de ação de homologação de sentença estrangeira, de acordo com o art. 960.

Correspondente
Sem correspondente no CPC/1973.

Eficácia das decisões estrangeiras: a decisão estrangeira somente terá eficácia no Brasil após devidamente homologada ou concedido o *exequatur* às cartas rogatórias, salvo disposição em sentido contrário em lei ou tratado (CPC/2015, art. 961 c/c RISTJ, art. 216-B). E, segundo prevê a Constituição de 1988, a competência para tanto cabe *exclusivamente* ao STJ (CF/88, art. 105, I, i). A regra do art. 40 do CPC/2015 abarca decisões interlocutórias, monocráticas, sentenças e acórdãos, de mérito ou não, seja qual for a natureza delas, incluídas as chamadas medidas de urgência (CPC/2015, art. 960, §3º). As exceções existem, a exemplo da *sentença estrangeira de divórcio consensual*, que produz efeitos no território brasileiro independentemente da homologação pelo STJ (CPC/2015, art. 960, §5º), e outras tantas, cuja via de cooperação internacional é a solicitação por auxílio direto, conforme autorização por tratados dos quais o Brasil faz parte, como decisões ordenando citações, intimações notificações ou produção de provas. Os arts. 960 a 965 do CPC/2015 trazem prescrições acerca dos procedimentos de homologação de decisão estrangeira e da concessão do *exequatur* à carta precatória.

Art. 41. Considera-se autêntico o documento que instruir pedido de cooperação jurídica internacional, inclusive tradução para a língua portuguesa, quando encaminhado ao Estado brasileiro por meio de autoridade central ou por via diplomática, dispensando-se ajuramentação, autenticação ou qualquer procedimento de legalização.

Parágrafo único. O disposto no caput não impede, quando necessária, a aplicação pelo Estado brasileiro do princípio da reciprocidade de tratamento.

Correspondente
Sem correspondente no CPC/1973.

Autenticidade documental: é tido por autêntico o documento que instruir pedido de cooperação jurídica internacional, modalidades *auxílio direto* ou *carta rogatória*, sem a necessidade de quaisquer procedimentos de legalização (ajuramentação ou autenticação, por exemplo). Tem-se nisso tão somente uma metodologia de desburocratização, cujo intuito é imprimir celeridade e efetividade às relações de assistência entre as nações. De todo modo, trata-se de *presunção relativa*, nada impedindo que alguma das partes coloque em dúvida, mediante fundamentos sérios, a autenticidade do documento (DINAMARCO, Cândido Rangel. *Comentários ao Código de Processo Civil*. v. I. Coordenadores: José Roberto F. Gouvêa, Luis Guilherme A. Bondioli e João Francisco N. da Fonseca. São Paulo: Saraiva, 2018. p. 259).

Reciprocidade de tratamento: havendo exigência legal oriunda do Estado requerente que destoe daquilo previsto no *caput* do art. 41, está o Estado brasileiro autorizado, *com espeque no princípio da reciprocidade de tratamento*, a exigir do órgão competente determinado procedimento de legalização capaz de comprovar a autenticidade do documento que instruir pedido de cooperação internacional passivo. Afastar-se-á, em tal circunstância, a presunção de autenticidade.

Título III

DA COMPETÊNCIA INTERNA

Capítulo I

DA COMPETÊNCIA

Seção I

DISPOSIÇÕES GERAIS

Art. 42. As causas cíveis serão processadas e decididas pelo juiz nos limites de sua competência, ressalvado às partes o direito de instituir juízo arbitral, na forma da lei.

Correspondente

CPC/1973, art. 86.

Referências

CF/88, art. 5º, XXXV.
CPC/2015, art. 3º, §1º.
CPC/2015, art. 337, X e §§5º e 6º.
Lei nº 9.307/1996.

Juízo natural: exige a Constituição de 1988 que hão sempre de preexistir aos fatos envolvidos no julgamento tanto o *órgão judicial devidamente investido no cargo* quanto as regras de competência às quais ele se encontra vinculado (CF/88, art. 5º, XXXVII e LIII). Não se admitem, por conseguinte, julgadores e regras de competência concebidos a partir do aporte fático formador do litígio a ser solucionado pela via jurisdicional. Trata-se de preceito normativo que robustece, a um só tempo, *imparcialidade judicial* (considerada em sentido amplo) e *igualdade entre as partes* (= igualdade ante a lei), ambas garantias fundamentais que conferem substância ao devido processo legal. Sobre a impropriedade da locução juiz natural (e não juízo natural), amplamente aceita pela doutrina, consultar: CARVALHO DIAS, Ronaldo Brêtas de. *Processo Constitucional e Estado Democrático de Direito*. 4. ed. Belo Horizonte: Del Rey, 2019. pp. 158-160; LEAL, Rosemiro Pereira. *Teoria Geral do Processo*: Primeiros Estudos. 7. ed. Porto Alegre: Síntese, 2008. p. 108.

Fracionamento da jurisdição: é a jurisdição *serviço público* (= poder, função e atividade) realizado por juízes e tribunais que tem por finalidade, *mediante a aplicação do direito objetivo*, resolver conflitos de interesses (= jurisdição contenciosa) ou tutelar determinadas pretensões cuja materialização não dependa da mera vontade do(s) interessado(s) (= jurisdição voluntária). A competência, por sua vez, é alusiva aos critérios legislativos adotados para se distribuir, entre os vários órgãos judiciários, as atribuições relativas ao desempenho da atividade jurisdicional (THEODORO JUNIOR, Humberto. *Curso de Direito Processual Civil*. v. I. 56. ed. Rio de Janeiro: Forense, 2015. pp. 187-188). Conquanto juízes e tribunais exerçam jurisdição, não quer isso significar que sejam competentes para conhecer e julgar *todos* os litígios; afinal de contas, numa sociedade medianamente organizada, é indispensável aproximar o órgão judicial da lide e dos litigantes, aumentando assim a efetividade da justiça, diminuindo seus custos e abreviando o trâmite procedimental (ASSIS, Araken. *Processo civil brasileiro*. Parte Geral: fundamentos e distribuição de conflitos. v. I. Tomo I. São Paulo: Revista dos Tribunais, 2015. p. 1.020). Detalhadamente, o fracionamento da jurisdição a partir de regras de competência justifica-se em função dos seguintes objetivos: i) racionalização da administração da justiça para lhe assegurar eficiência operacional mediante a especialização de cada órgão jurisdicional no julgamento de dados tipos de causa; ii) facilitação do acesso à justiça e exercício do direito de defesa pelos litigantes, vinculando o serviço jurisdicional ao juízo da área geográfica mais próxima às partes, aos bens ou aos fatos a ela submetidos; iii) preservação da estrutura hierárquica e piramidal do Poder Judiciário, em cuja base estão os órgãos mais numerosos, compostos por juízes mais novos e que realizam o primeiro exame da maioria das causas, sobrepondo a eles, sucessivamente, órgãos menos numerosos, compostos de juízes mais experientes e com grau de qualificação mais elevado e que, em regra, reexaminam o julgamento proferido pelos primeiros quando uma das partes não se conformou com a primeira decisão (GRECO, Leonardo. *Instituições de direito processual civil*. v. 1. Rio de Janeiro: Forense, 2009. pp. 129-131).

Competências internacional e interna: o legislador do CPC/2015 selecionou abstratamente e atribuiu, com exclusividade ou não, à justiça brasileira algumas espécies de lide (CPC/2015, arts. 21 a 25) e, quase na sequência, regulamentou quais os órgãos judiciários nacionais devem se encarregar do processamento e solução de tais ou quais causas (CPC/2015, arts. 42 a 53) (THEODORO JUNIOR, Humberto. *Curso de Direito Processual Civil*. v. I. 56. ed. Rio de Janeiro: Forense, 2015. pp. 187-188). No primeiro caso, tem-se a chamada competência internacional; no derradeiro, a competência interna – o tema competência internacional, porém, relaciona-se mais propriamente com a jurisdição, não com o seu fracionamento via regras de competência (conferir: DINAMARCO, Cândido Rangel. *Comentários ao Código de Processo Civil*. v. I. Coordenadores: José Roberto F. Gouvêa, Luis Guilherme A. Bondioli e João Francisco N. da Fonseca. São Paulo: Saraiva, 2018. p. 216).

Determinação da competência interna: sabidamente, "competência é critério de repartir a jurisdição" (PONTES DE MIRANDA, Francisco Cavalcanti. *Comentários ao Código de Processo Civil*. Tomo II. Rio de Janeiro: Editora Forense, 1974. p. 158). Ou, na lição de Lopes da Costa, instituídos "vários juízes, foi preciso distribuir entre eles o trabalho, dando a cada um certo número de causas", estabelecendo-lhes assim a *competência*, a qual é, objetivamente falando, a quantidade de poder jurisdicional e, subjetivamente, a limitação desse poder (LOPES DA COSTA, Alfredo Araújo. *Manual Elementar de Direito Processual Civil*. Revisor e atualizador: Sálvio de Figueiredo Teixeira. 3. ed. Rio de Janeiro: Forense, 1982. p. 75). Há clássica lição doutrinária apontando que a operação utilizada para determinar a *competência interna*, frente a cada caso concreto, segue sucessivas etapas, uma a uma, traduzindo-se num problema a ser superado: i) *competência da justiça*: definir qual das justiças (sistema integrado e autônomo de órgãos do Judiciário) é a competente; ii) *competência originária*: definir qual órgão judiciário, inferior ou superior, é o competente para a causa; iii) *competência de foro (ou territorial)*: definir, já estabelecido que a atribuição pertence a órgão de primeira instância, qual a comarca (justiça dos estados) ou seção judiciária competente (Justiça Federal); iv) *competência de juízo*: definir, havendo dois ou mais órgãos judiciários (de primeira instância) em um único foro, qual vara é a competente; v) *competência interna*: definir qual dos juízes é o competente entre aqueles que atuam numa mesma vara, câmara, grupo de câmaras, turmas ou seção no mesmo tribunal; vi) *competência recursal*: definir de quem é a competência para conhecer do recurso, do próprio órgão judiciário que proferiu a decisão impugnada ou de um superior (ARAÚJO CINTRA, Antonio Carlos de; GRINOVER, Ada Pelegrini; DINAMARCO, Cândido. *Teoria Geral do Processo*. 26. ed. São Paulo: Malheiros Editores, 2010. pp. 258-261).

Competência em matéria cível (1): segundo o art. 42 do CPC/2015, "as causas cíveis serão processadas e decididas pelo juiz nos limites de sua competência...". Trata-se de uma alusão legislativa à chamada *competência em matéria cível*, que é *residual*, ou seja, excluídas as matérias atribuídas às justiças especiais (trabalhista, militar e eleitoral), bem assim os temas de direito penal, o *resíduo* confere a tonalidade do que se convencionou chamar de *jurisdição civil*, que é exercida pelas justiças *federal, dos estados e do Distrito Federal*, e abrange temas que superam o universo do direito civil, a exemplo dos direitos constitucional, administrativo e empresarial (THEODORO JÚNIOR, Humberto. *Curso de Direito Processual Civil*. v. I. 56. ed. Rio de Janeiro: Editora Forense, 2015. p. 200).

Competência em matéria cível (2): coube à Constituição de 1988 delimitar, *a partir de critérios ligados aos sujeitos (= ratione personae) e à matéria (= ratione materiae)*, as causas cíveis cujas competências tocam à Justiça Federal (CF/88, art. 109). Na lição de Humberto Theodoro Júnior: "Diante do esquema de competência da Justiça Federal (...), conclui-se que sua posição no quadro geral do sistema judiciário pátrio é (...) a de um *órgão especial da Justiça ordinária*, ou seja, da *Justiça* que se encarrega das ações cíveis e criminais, em contraposição às verdadeiras 'Justiças Especiais', que, como o próprio nome indica, cuidam de matérias também *especiais* (eleitoral, trabalhista e militar). A *Justiça ordinária*, à que se filia a Justiça Federal, ao lado das Justiças Estaduais, é (...) a que exerce a jurisdição residual em todos os campos do direito material não atribuídos às Justiças Especiais, e que pela Constituição Federal, abrange (...) jurisdição civil e jurisdição penal. Na jurisdição ordinária (civil e penal), as questões não atribuídas à Justiça Federal, pela Constituição, são da competência das Justiças Estaduais ou locais. Essa competência é, dessa forma, residual. A própria Constituição Federal, no entanto, exclui algumas causas que, naturalmente, seriam da competência da Justiça Federal (*ratione materiae* e *ratione personae*) para atribuí-las explicitamente às Justiças locais" (THEODORO JÚNIOR, Humberto. *Curso de Direito Processual Civil*. v. I. 56. ed. Rio de Janeiro: Editora Forense, 2015. pp. 201-202). *Enfim, a competência das justiças estaduais e distrital é residual em relação à competência da Justiça Federal.*

Particularidades do caso concreto e restrição judicial imposta à liberdade do autor na escolha do foro competente: segundo o art. 5º da Lei nº 4.717/1965, a competência para processamento e julgamento da *ação popular* deve ser aferida em atenção à *origem do ato impugnado*. A referida legislação, no entanto, não fixa o foro no qual a ação popular deve ser promovida, limitando-se a estabelecer que se aplicam a ela supletiva e subsidiariamente as regras do Código de Processo Civil (art. 22). Naquilo que importa aqui: as ações populares (ou outras quaisquer) intentadas contra a União poderão ser aforadas na seção judiciária em que for domiciliado o autor, naquela onde houver ocorrido o ato ou fato que deu origem à demanda ou onde esteja situada a coisa ou, ainda, no Distrito Federal (CF/88, art. 109, §2º). A despeito do *leque de opções* ofertado pelo constituinte, o STJ tem entendimento no sentido de que, *a depender das particularidade do caso*, deve-se restringir a esfera de liberdade do autor na escolha do foro competente em ação popular promovida contra a União. Alguns trechos de julgado (desastre de Brumadinho): i) "[n]ão se desconhece a jurisprudência do STJ favorável a que, sendo igualmente competentes o juízo do domicílio do autor popular e o do local onde houver ocorrido o dano (local do fato), a competência para examinar o feito é aquele em que menor dificuldade haja para o exercício da ação popular" (STJ, CC nº 47.950/DF, 1ª Seção, rel. Min. Denise Arruda, julgamento: 11.04.2007, disponível em: www.stj.jus.br); ii) "[m]algrado isso, as circunstâncias do caso concreto devem ser analisadas de forma que se ajuste o direito à realidade", sendo "mister recordar os percalços que envolveram a definição da competência jurisdicional no desastre de Mariana/MG, o que levou o STJ a eleger um único juízo para todas as ações" e assim "evitar decisões conflitantes e possibilitar que a Justiça se realize de maneira objetiva, célere e harmônica"; iii) "[a] hipótese dos autos apresenta inegáveis peculiaridades que a distinguem dos casos anteriormente enfrentados pelo STJ, o que impõe a adoção de solução mais consentânea com a imprescindibilidade de se evitar tumulto processual em demanda de tamanha magnitude social, econômica e ambiental"; iv) é "necessário superar, excepcionalmente, a regra geral contida nos precedentes invocados", em especial porque "a tragédia ocorrida em Brumadinho/MG invoca solução prática diversa, a fim de entregar, da melhor forma possível, a prestação jurisdicional à população atingida", impondo-se ao "STJ adotar saída pragmática que viabilize resposta do Poder Judiciário aos que sofrem os efeitos da inominável tragédia"; v) "[a] solução encontrada é de *distinguishing*", em respeito às peculiaridades do caso concreto, "e não de revogação universal do entendimento do STJ sobre a competência para a ação popular, precedentes que devem ser mantidos, já que lastreados em sólidos e atuais fundamentos legais e justificáveis argumentos políticos, éticos e processuais"; vi) "na atual hipótese, tem-se que a ação popular estará competindo e concorrendo com várias outras ações populares, ações civis públicas, bem como com centenas, talvez milhares, de ações individuais, razão pela qual, em se tratando de competência concorrente, deve ser eleito o foro do local do fato"; vii) "a definição do foro competente para a apreciação da ação popular, máxime em temas como o de direito ambiental, reclama a aplicação, por analogia, da regra pertinente contida no art. 2º da Lei da Ação Civil Pública, medida que "se mostra consentânea com os princípios do direito ambiental, por assegurar a apuração dos fatos pelo órgão judicante que detém maior proximidade com o local do dano e, portanto, revela melhor capacidade de colher as provas de maneira célere e de examiná-las no contexto de sua produção" (STJ, CC nº 164.362/MG, 1ª Seção, rel. Min. Herman Benjamin, julgamento: 12.06.2019, disponível em: www.stj.jus.br).

Arbitragem: as *pessoas capazes* de contratar poderão valer-se da arbitragem para dirimir litígios atinentes a *direitos patrimoniais disponíveis*. Só tem ela lugar frente a uma *convenção de arbitragem* que indique a vontade inequívoca das partes em dispensar a jurisdição estatal em favor de uma solução arbitral para o conflito de interesses. É regulada pela Lei nº 9.307/1996, com acréscimos feitos pela Lei nº 13.129/2015.

Jurisdição e arbitragem: não é o juízo arbitral exceção à jurisdição. Algo assim seria inconcebível, sobretudo por desatender o art. 5º, XXXV, da CF/88. Indo ao ponto: a arbitragem não excepciona a jurisdição, traduzindo-se em método de solução de conflitos que segue paralelamente a ela, vale dizer, trata-se de um modelo com características próprias, à disposição daqueles que se ajustem às exigências previstas na Lei nº 9.307/1996. Importante: embora polêmica a questão no âmbito doutrinário, a arbitragem não detém natureza jurisdicional, sendo atividade de índole contratual ou privada – *a autonomia da vontade das partes em conflito é a sua base legitimadora*. Nesse sentido, a lição de Eduardo José da Fonseca Costa: "(...) a CF/88 fala de (...) juízes e tribunais como representantes judiciários do povo (logo, magistrados não são propriamente servidores públicos, mas agentes políticos, que ocupam cargos em órgãos de soberania popular). Aliás, tão apenas juízes e tribunais. Nada se diz sobre o árbitro. Não é ele emanação jurisdicional do povo. O poder jurisdicional é emanado do povo, devotado para o povo e exercido pelo povo diretamente, nos termos da Constituição, ou mediante 1) juízes e 2) tribunais. Não há um *tertium*. (...) Por isso, é inconstitucional a interpretação da arbitragem como jurisdição. Nada impede que se lhe admita residualmente uma natureza contratual. Nesse caso, a sentença arbitral será um título executivo judicial *ex vi legis*, não *ex vi suae essentiae* (CPC, art. 515, VII)" (FONSECA COSTA, Eduardo José. O Poder Judiciário diante da soberania popular: o impasse entre a democracia e a aristocracia. *Revista Brasileira de Direito Processual – RBDPro*, Belo Horizonte, ano 27, n. 106, pp. 351-363, abr./jun. 2019).

Convenção de arbitragem e limites para atuação do árbitro: reza a lei que as partes estão autorizadas, por *convenção de arbitragem* (= cláusula compromissória ou compromisso arbitral), a submeter a solução de seus litígios ao juízo arbitral (Lei nº 9.304/1996, art. 3º). Ou seja, havendo convenção arbitral, nenhum dos contratantes pode promover demanda sobre aquilo que integra seu objeto, salvo se declarada pelo próprio árbitro, de ofício ou por provocação, nula, inválida ou ineficaz (Lei nº 9.304, arts. 8º, parágrafo único, 20, 32 e 33). Aliás, em várias oportunidades já decidiu o STJ: "Nos termos do art. 8º, parágrafo único, da Lei de Arbitragem a alegação de nulidade da cláusula arbitral instituída em acordo judicial homologado e, bem assim, do contrato que a contém, deve ser submetida, em primeiro lugar, à decisão do próprio árbitro, inadmissível a judicialização prematura pela via oblíqua do retorno ao juízo" (STJ, REsp nº 13029000.MG, 3ª Turma, rel. Min. Sidnei Beneti, julgamento: 09.10.2012, disponível em: www.stj.jus.br). O que faz o árbitro, portanto, é proferir decisão *sobre os limites da sua própria atuação em vista do que estabelece a convenção de arbitragem*, e não propriamente acerca de conflito de competências – nesse sentido, criticando o uso da expressão princípio da competência-competência (*kompetenz-kompetenz*), largamente empregada pelos tribunais, conferir: MEDINA, José Miguel Garcia. *Direito Processual Civil Moderno*. São Paulo: Revista dos Tribunais, 2015. p. 156.

Convenção de arbitragem: incumbe ao réu, *em preliminar de contestação*, arguir a existência de *convenção de arbitragem* (CPC/2015, art. 337, X), sendo vedado ao juiz conhecer a matéria de ofício (CPC/2015, art. 337, §5º). Acolhida a alegação, o procedimento jurisdicional será julgado extinto, *sem resolução de mérito*. Importante: ausente a alegação de existência de convenção de arbitragem, na forma de preliminar de contestação, ter-se-á como consequência a renúncia ao juízo arbitral e a aceitação da jurisdição estatal (CPC/2015, art. 337, §6º).

Art. 43. Determina-se a competência no momento do registro ou da distribuição da petição inicial, sendo irrelevantes as modificações do estado de fato ou de direito ocorridas posteriormente, salvo quando suprimirem órgão judiciário ou alterarem a competência absoluta.

Correspondente

CPC/1973, art. 87.

Referências

Súmula nº 58 (STJ). Proposta a execução fiscal, a posterior mudança de domicílio do executado não desloca a competência já fixada.

Súmula nº 367 (STJ). A competência estabelecida pela EC nº 45/2004 não alcança os processos já sentenciados.

Fixação da competência: fixar competência é *estabelecer* o órgão judicial responsável pelo processamento e julgamento de determinada causa. Rezava o art. 263 do CPC/1973 que a ação se considerava proposta quando a petição inicial fosse despachada pelo juiz ou, simplesmente, com a sua distribuição onde existisse mais de uma vara. Hoje, com o advento do CPC/2015, são dois os fatos jurídicos a partir dos quais pode ocorrer a identificação do juízo competente: i) o momento do registro da petição inicial; ou ii) o momento da distribuição da petição inicial. Importante: todos os processos sujeitam-se a registro, devendo ser distribuídos onde houver mais de um juiz (CPC/2015, art. 284). Assim é que, havendo na localidade *mais de um juiz* (a despeito do número de cartórios, se um, dois ou mais), a distribuição far-se-á indispensável e, a partir dela, ocorrerá a fixação da competência. De outro lado, onde haja *um único juiz*, pouco importando o número de cartórios auxiliares, dispensar-se-á a distribuição, de modo que a fixação da competência terá como marco o próprio registro.

Perpetuação da competência: pela via do registro ou da distribuição da petição inicial, tem-se espécie de *estabilização* do órgão judicial, pois a competência fixada para o processamento e julgamento do feito se tornará, muito provavelmente, invariável. É a regra da *perpetuatio iurisdictionis*, atrelada exclusivamente à *competência relativa*, mediante a qual se busca, de uma banda, tutelar a posição do autor, enquanto demandante, e, de outra, obstar que mudanças (no estado de fato e/ou de direito) afetem a ordem e o rendimento da atividade jurisdicional (ALVIM, Arruda. *Manual de Direito Processual Civil*: Teoria Geral do Processo e Processo de Conhecimento. 17. ed. São Paulo: Revista dos Tribunais, 2017. p. 347) – nesse sentido: STJ, REsp nº 579.372/SC, 1ª Turma, rel. Min. José Delgado, julgamento: 20.11.2003, disponível em: www.stj.jus.br. Exemplos: i) proposta a ação, eventual mudança do domicílio do executado (alteração do estado de fato) não deslocará a competência já estabelecida (STJ, Súmula nº 58); ii) não haverá deslocamento para outro juízo de ação em curso porque alterada legislativamente regra de competência relativa.

Exceções à perpetuação da competência: quer em razão da *supressão de órgão judiciário*, quer porque se *alterou regra de competência absoluta*, quer ainda em função da incidência de alguma regra respeitante à *modificação de competência* (CPC/2015, arts. 54 a 63), não se terá a perpetuação de competência já fixada.

Art. 44. Obedecidos os limites estabelecidos pela Constituição Federal, a competência é determinada pelas normas previstas neste Código ou em legislação especial, pelas normas de organização judiciária e, ainda, no que couber, pelas constituições dos Estados.

Correspondente

CPC/1973, arts. 91 e 93.

Princípio da supremacia constitucional: é certo que normas de natureza constitucional colocam-se acima de quaisquer outras, premissa válida obviamente para aquelas cuja finalidade seja delimitar ou fracionar o exercício da jurisdição. Se há regras constitucionais, enfim, regulando a competência em dadas situações, a sua prevalência e observância sobre todas as demais são inquestionáveis.

Fontes das normas sobre competência: além da Constituição Federal, são fontes de normas sobre competência o CPC/2015, as legislações especiais, as normas de organização judiciária e, no que couber, as constituições estaduais. Importante: o art. 44 do CPC/2015 limita-se a apontar um rol de fontes normativas, não se prestando a impor uma ordem de prevalência.

Art. 45. Tramitando o processo perante outro juízo, os autos serão remetidos ao juízo federal competente se nele intervier a União, suas empresas públicas, entidades autárquicas e fundações, ou conselho de fiscalização de atividade profissional, na qualidade de parte ou de terceiro interveniente, exceto nas ações:

I – de recuperação judicial, falência, insolvência civil e acidente de trabalho;

II – sujeitas à justiça eleitoral e à justiça do trabalho.

§1º Os autos não serão remetidos se houver pedido cuja apreciação seja de competência do juízo perante o qual foi proposta a ação.

§2º Na hipótese do §1º, o juiz, ao não admitir a cumulação de pedidos em razão da incompetência para apreciar qualquer deles, não examinará o mérito daquele em que exista interesse da União, de suas entidades autárquicas ou de suas empresas públicas.

§3º O juízo federal restituirá os autos ao juízo estadual sem suscitar conflito se o ente federal cuja presença ensejou a remessa for excluído do processo.

Correspondente

Sem correspondente.

Referências

Súmula nº 42 (STJ). Compete à justiça comum estadual processar e julgar causas cíveis em que é parte sociedade de economia mista e os crimes praticados em seu detrimento.

Súmula nº 553 (STJ). Nos casos de empréstimo compulsório sobre o consumo de energia elétrica, é competente a justiça estadual para o julgamento de demanda proposta exclusivamente contra a Eletrobras. Requerida a intervenção da União no feito após a prolação de sentença pelo juízo estadual, os autos devem ser remetidos ao Tribunal Regional Federal competente para o julgamento da apelação se deferida a intervenção.

Súmula nº 150 (STJ). Compete à Justiça Federal decidir sobre a existência de interesse jurídico que justifique a presença, no processo, da União, suas autarquias ou empresas públicas.

> Súmula nº 556 (STF). É competente a justiça comum para julgar as causas em que é parte sociedade de economia mista.

Competência da Justiça Federal: ao dispor sobre a competência da Justiça Federal, a Constituição de 1988 prescreve que, aos juízes federais, compete processar e julgar: i) as causas em que a União, entidade autárquica ou empresa pública federal forem interessadas na condição de autoras, rés, assistentes ou oponentes, exceto as de falência, as de acidentes de trabalho e as sujeitas à Justiça Eleitoral e à Justiça do Trabalho; ii) as causas entre Estado estrangeiro ou organismo internacional e município ou pessoa domiciliada ou residente no país; iii) as causas fundadas em trabalho ou contrato da União com Estado estrangeiro ou organismo internacional; iv) os crimes políticos e as infrações penais praticadas em detrimento de bens, serviços ou interesse da União ou de suas entidades autárquicas ou empresas públicas, excluídas as contravenções e ressalvada a competência da Justiça Militar e da Justiça Eleitoral; v) os crimes previstos em tratado ou convenção internacional, quando, iniciada a execução no país, o resultado tenha ou devesse ter ocorrido no estrangeiro, ou reciprocamente; vi) as causas relativas à grave violação de direitos humanos, havendo a necessidade de assegurar o cumprimento de obrigações decorrentes de tratados internacionais de direitos humanos dos quais o Brasil seja parte, hipótese em que o Procurador-Geral da República pode suscitar, perante o Superior Tribunal de Justiça, em qualquer fase do inquérito ou processo, incidente de descolamento de competência para a Justiça Federal; vii) os crimes contra a organização do trabalho e, nos casos determinados por lei, contra o sistema financeiro e a ordem econômico-financeira; viii) os *habeas corpus*, em matéria criminal de sua competência ou quando o constrangimento provier de autoridade cujos atos não estejam diretamente sujeitos a outra jurisdição; ix) os mandados de segurança e *habeas data* contra ato de autoridade federal, excetuados os casos de competência dos tribunais federais; x) os crimes cometidos a bordo de navios ou aeronaves, ressalvada a competência da Justiça Militar; xi) os crimes de ingresso ou permanência irregular de estrangeiro; xii) a execução de carta rogatória, após o *exequatur*; xiii) a execução de sentença estrangeira, após a homologação; xiv) as causas referentes à nacionalidade, inclusive a respectiva opção, e à naturalização; xv) a disputa sobre direitos indígenas (CF/88, art. 109).

Competência cível da Justiça Federal: a competência cível da Justiça Federal é delimitada *objetivamente*, vale dizer, encontra-se definida quer em razão da matéria (CF/88, art. 109, III, X, XI), quer em razão da presença, em determinada causa, das pessoas jurídicas de direito público elencadas no art. 109, I, da Constituição de 1988 (União, entidade autárquica ou empresa pública federal).

Exceções à competência da Justiça Federal: é a Constituição que define quais causas civis tocam à Justiça Federal, e o faz a partir de critérios ligados à matéria (= *ratione materiae*) e aos sujeitos (= *ratione personae*) envolvidos no litígio (THEODORO JÚNIOR, Humberto. *Curso de Direito Processual Civil*. v. I. 56. ed. Rio de Janeiro: Editora Forense, 2015. p. 201). Não só isso, pois também traz exceções estabelecendo não competir aos juízes federais as causas de falência, acidente de trabalho e as sujeitas à Justiça Eleitoral e à Justiça do Trabalho (CF/88, art. 109, I). A respeito do último ponto, enfim, o art. 45 do CPC/2015 repisa a normatização constitucional. Importante: já se decidiu que o "fato de se tratar de pedido de falência de empresa em liquidação extrajudicial, ou seja, sob intervenção do Banco Central, não tem o condão de deslocar a competência do feito para a Justiça Federal (STJ, REsp nº 1.162.469-PR, 3ª Turma, rel. Min. Paulo de Tarso Sanseverino, julgamento: 12.04.2012, disponível em: www.stj.jus.br).

Deslocamento para a Justiça Federal: o art. 45 do CPC/2015 confere solução para problema envolvendo causas que sofrem a intervenção, na qualidade de parte ou de terceiro interveniente, da União, suas empresas públicas, entidades autárquicas e fundações ou conselho de fiscalização de atividade profissional, mas que não tramitam no juízo federal. Se uma hipótese tal materializar-se, haverá *deslocamento de competência* da ação judicial em curso para a Justiça Federal, exceto nas causas para as quais ela é incompetente, a saber: recuperação judicial, falência, insolvência civil, acidente de trabalho e as sujeitas à Justiça Eleitoral e à Justiça do Trabalho.

Fundações e conselho de fiscalização de atividade profissional: a Constituição de 1988, no inciso I do art. 109, prescreve que "aos juízes federais compete processar e julgar (...) as causas em que a União, entidade autárquica ou empresa pública federal forem interessadas na condição de autoras, rés, assistentes ou oponentes, exceto as de falência, as de acidentes de trabalho e as sujeitas à Justiça Eleitoral e à Justiça do Trabalho". Veja-se, portanto, que o constituinte não fez alusão às *fundações* e aos *conselhos de fiscalização de atividade profissional*, de modo que o CPC/2015 traz palavreado que extrapola a Carta Magna. Essa *libertinagem legislativa* não escapou à perspicácia de Salomão Viana, que advoga, a partir da leitura do art. 45 do CPC/2015, a possibilidade de apenas três raciocínios interpretativos: i) o legislador infraconstitucional reconheceu que fundações e conselhos de fiscalização de atividades profissionais são o que o sistema jurídico equipara a "entidades autárquicas federais", circunstância que tornaria inútil a referência feita aos tais entes; ii) o legislador infraconstitucional reportou-se às fundações e aos conselhos de fiscalização de atividades profissionais que não possuem natureza autárquica, dispondo que a Justiça Federal estaria exercitando uma competência implícita (*implied power*), o que jamais pode ser admitido, pois não há vácuo normativo; e iii) ao mencionar fundações e conselhos de fiscalização de atividades profissionais, a intenção do legislador infraconstitucional foi a de ampliar a competência da Justiça Federal, *que é constitucionalmente limitada*, e assim fazendo *desbordou*, de maneira reprovável, os lindes constitucionais da sua atuação (VIANA, Salomão. *Breves Comentários ao Novo Código de Processo Civil*. Organizadores: Teresa Arruda Alvim Wambier, Fredie Didier Jr., Eduardo Talamini e Bruno Dantas. São Paulo: Revista dos Tribunais, 2015. pp. 160-182).

Sociedades de economia mista: compete à justiça estadual ou distrital processar e julgar ações nas quais sociedades de economia mista federal figurem como parte. *Afinal de contas, o rol de competência da Justiça Federal é taxativo e nele não há qualquer alusão às sociedades de economia mista (CF/88, art. 109)*. Nesse sentido, aliás, os Enunciados Sumulares, respectivamente do STJ e do STF, nº 42 ("Compete à Justiça Comum Estadual processar e julgar causas cíveis em que é parte sociedade de economia mista e os crimes praticados em seu detrimento") e 556 ("É competente a Justiça Comum para julgar as causas em que é parte sociedade de economia mista").

Com equívoco, porém, já se decidiu, numa ação de improbidade administrativa em função de atos praticados em prejuízo de sociedade de economia mista federal: "(...) o mero ajuizamento da ação pelo Ministério Público Federal, por entender estar configurado ato de improbidade administrativa, fixa a competência na Justiça Federal" (STJ, AgRg no CC nº 122.629-ES, 1ª Seção, rel. Min. Benedito Gonçalves, julgamento: 13.11.2013, disponível em: www.stj.jus.br).

Sociedades de economia mista e a intervenção anômala: tem-se admitido, *com fundamento no art. 5º da Lei nº 9.469/97*, a intervenção da União – *se necessário, com o consequente deslocamento de competência para a Justiça Federal* – em feitos nos quais figure, como autora ou ré, *sociedades de economia mista* (ou ainda autarquias, fundações públicas e empresas públicas federais). Mais: a aludida intervenção está autorizada nas causas cuja decisão possa ter reflexos, ainda que indiretos, de natureza econômica, *independentemente da demonstração de interesse jurídico* (Lei nº 9.469/97, art. 5º, parágrafo único). É o que a doutrina denomina de *intervenção anômala*. Importante: o STJ admite a intervenção não a partir dos moldes positivados na citada legislação, pois exige da União a demonstração do seu legítimo interesse jurídico na causa, sendo insuficiente a mera alegação de interesse econômico (STJ, AgRg no CC nº 107.590, 1ª Seção, rel. Min. Castro Meira, julgamento: 25.08.2015, disponível em: www.stj.jus.br).

Pedido de intervenção após proferida a sentença: há orientação jurisprudencial no sentido de que, formulado pedido de intervenção da União depois de concluído o julgamento em primeira instância, se terá o deslocamento da causa para o Tribunal Regional Federal, que deverá examinar o requerimento de ingresso na lide e, se caso for, prosseguir no julgamento. Logo, não há se falar, *de acordo com esse posicionamento*, em automática anulação da sentença proferida pelo juízo estadual (STJ, REsp nº 1.111.159-RJ, 1ª Seção, rel. Min. Benedito Gonçalves, julgamento: 11.11.2009, disponível em: www.stj.jus.br). No mesmo sentido a Súmula 553 do STJ.

Cumulação de pedidos: admite-se a cumulação de pedidos que: i) sejam compatíveis entre si; ii) tenha por competente para deles conhecer o mesmo juízo; e iii) ajustem-se ao procedimento em curso (CPC/2015, art. 327, §1º, incisos I, II e III). Intervindo no feito a União ou alguma das entidades descritas no *caput* do art. 45 do CPC/2015, é indispensável, antes de determinar a remessa dos autos para o juízo federal, verificar se há pedido formulado cuja apreciação seja da competência do juízo perante o qual foi proposta a demanda. Configurando tal hipótese, diante da vedação legal de cumulação de pedidos (CPC/2015, art. 327, §1º, II), os autos não serão remetidos, estando o juiz proibido de examinar o mérito daquele pedido em que exista interesse da União, de suas entidades autárquicas ou de suas empresas públicas (CPC/2015, art. 45, §§1º e 2º). De modo mais técnico: o que se terá, *em relação ao pedido cuja competência é do juízo federal*, é julgamento de extinção *sem resolução de mérito*.

Exclusão do ente federal: cumpre ao juízo federal, que recebeu os autos em função do deslocamento da competência, devolvê-los ao juízo estadual de origem *sem suscitar conflito de competência* sempre que o ente federal, cuja presença ensejou a remessa, for excluído do processo (CPC/2015, art. 45, §3º).

Art. 46. A ação fundada em direito pessoal ou em direito real sobre bens móveis será proposta, em regra, no foro de domicílio do réu.

§1º Tendo mais de um domicílio, o réu será demandado no foro de qualquer deles.

§2º Sendo incerto ou desconhecido o domicílio do réu, ele poderá ser demandado onde for encontrado ou no foro de domicílio do autor.

§3º Quando o réu não tiver domicílio ou residência no Brasil, a ação será proposta no foro de domicílio do autor, e, se este também residir fora do Brasil, a ação será proposta em qualquer foro.

§4º Havendo 2 (dois) ou mais réus com diferentes domicílios, serão demandados no foro de qualquer deles, à escolha do autor.

§5º A execução fiscal será proposta no foro de domicílio do réu, no de sua residência ou no do lugar onde for encontrado.

Correspondente
CPC/1973, art. 94.

Competência territorial: em seus arts. 46 a 53, o CPC/2015 disciplina a competência territorial, *ou competência de foro*, para as causas cíveis em primeira instância. A competência territorial resulta da distribuição geográfica da competência entre as centenas de unidades jurisdicionais em que se divide todo o território nacional – os chamados *foros*, representados pelas *comarcas* (justiças dos estados) e *subseções judiciárias* (Justiça Federal) – e traduz-se em regras de *determinação* do foro comum, dos especiais, dos foros concorrentes e dos subsidiários, além da disciplina das possíveis *modificações* do foro competente (DINAMARCO, Cândido Rangel. *Comentários ao Código de Processo Civil*. v. I. Coordenadores: José Roberto F. Gouvêa, Luis Guilherme A. Bondioli e João Francisco N. da Fonseca. São Paulo: Saraiva, 2018. p. 279-280).

Regra geral de competência territorial: a regra geral, no que toca à competência territorial, indica que *a demanda deve ser proposta no domicílio do réu*, incidindo sobre ações fundadas *em direito pessoal* ou *em direito real sobre bens móveis*. A opção legislativa funda-se num *critério de ordem pessoal*, seguramente eleito em nome sobretudo da *isonomia*. De mais a mais, por ser seu domicílio, mais fácil é encontrá-lo, além do que ali estão os bens que possui, os informes sobre a sua vida de negócios porque o domicílio civil, como definido pelo direito material, é o lugar onde indivíduos estabelecem a sua residência com ânimo definitivo (PONTES DE MIRANDA, Francisco Cavalcanti. *Comentários ao Código de Processo Civil*. Tomo II. Rio de Janeiro: Editora Forense, 1974. p. 213). Se, diante de certas particularidades do caso concreto, as regras *específicas* sobre competência territorial restarem afastadas (CPC/2015, arts. 47 a 53), terá então aplicação a *regra geral* (e suas minudências) prevista no art. 46 do CPC/2015. Notas sobre o domicílio: i) o domicílio da pessoa natural é o lugar onde ela estabelece a sua residência com ânimo definitivo (CC/2002, art. 70); ii) se, no entanto, a pessoa natural possuir diversas residências, onde viva alternadamente, considerar-se-á seu domicílio qualquer delas (CC/2002, art. 71); iii) considera-se domicílio da pessoa natural, quanto às relações concernentes à profissão, o lugar onde esta é exercida e se acaso exercitar profissão em lugares diversos, cada um deles constituirá domicílio para as relações que lhe corresponderem (CC/2002, art. 72, *caput* e parágrafo único); iv) considera-se o domicílio da pessoa natural, que não tenha residência habitual, o lugar onde for encontrada (CC/2002, art. 73); v) muda-se o domicílio transferindo a residência, com intenção manifesta de o mudar (CC/2002, art. 74); vi) o domicílio da União é o Distrito Federal (CC/2002, art. 75, I); vii) o domicílio dos estados e territórios são as respectivas capitais (CC/2002, art. 75, II); viii) o domicílio dos municípios são os lugares onde funcionam a sua administração municipal (CC/2002, art. 75, III); ix) o domicílio das demais pessoas jurídicas é o lugar onde funcionam as respectivas diretorias e administrações, ou onde elegerem domicílio especial no seu estatuto ou atos constitutivos (CC/2002, art. 75, IV); x) tendo a pessoa jurídica diversos estabelecimentos em lugares diferentes, cada um deles será considerado domicílio para os atos nele praticados (CC/2002, art. 75, §1º); xi) se a administração, ou diretoria, tiver a sede no estrangeiro, haver-se-á por domicílio da pessoa jurídica, no tocante às obrigações contraídas por cada uma das suas agências, o lugar do estabelecimento, sito no Brasil, que ela corresponder (CC/2002, art. 75, §2º); xii) têm domicílio necessário o incapaz (= o do seu representante ou assistente), o servidor público (= o lugar em que exercer permanentemente suas funções), o militar (= onde servir e, sendo da Marinha ou da Aeronáutica, a sede do comando a que se encontrar imediatamente subordinado), o marítimo (= onde o navio estiver matriculado) e o preso (= o lugar que cumprir a sentença) (CC/2002, art. 76, *caput* e parágrafo único); xiii) o agente diplomático do Brasil que, citado no estrangeiro, alegar extraterritorialidade sem designar onde tem, no país, o seu domicílio poderá ser demandado no Distrito Federal ou no último ponto do território brasileiro onde o teve (CC/2002, art. 77); xiv) nos contratos escritos, poderão os contratantes especificar domicílio onde se exercitem e cumpram os direitos e obrigações deles resultantes (CC/2002, art. 78).

Regra geral sobre competência territorial e minudências: a regra geral sobre competência territorial, aplicável às ações fundadas em *direito pessoal* ou em *direito real sobre bens móveis*, impõe que a demanda deve ser promovida no domicílio do réu (CPC/2015, art. 46, *caput*). No entanto, a lei prevê detalhamentos até para cobrir problemas que a realidade da vida impõe: i) tendo mais de um domicílio, o réu será demandado no foro de qualquer deles; ii) sendo incerto ou desconhecido o domicílio do réu, ele poderá ser demandado onde for encontrado ou no foro de domicílio do autor; iii) quando o réu não tiver domicílio ou residência no Brasil, a ação será proposta no foro de domicílio do autor e, se este também residir fora do Brasil, a ação será proposta em qualquer foro; iv) havendo dois ou mais réus com diferentes domicílios, serão demandados no foro de qualquer deles, à escolha do autor (CPC/2015, art. 46, §§1º, 2º, 3º e 4º).

Execução fiscal: no que diz respeito à competência para intentar execuções fiscais, a lei estabelece alguma flexibilização à regra geral, certamente porque em jogo interesse público, e fornece ao credor a opção de escolher ou o foro de domicílio do réu-executado, ou o da sua residência, ou ainda o do lugar onde ele for encontrado. Importante: parcela da doutrina tem defendido – ao que parece, equivocadamente – o alargamento das opções de foros competentes para a execução fiscal, de modo que o credor estaria autorizado a intentá-la, por exemplo, no foro do devedor (ou de qualquer deles, havendo mais de um), no da sua residência ou no lugar onde for encontrado, no da situação dos bens a elas sujeitos, no foro do lugar em que se praticou o ato ou em que ocorreu o fato que deu origem ao título – nesse sentido: BALEEIRO NETO, Diógenes; DIAS, Paulo Fernando Cardoso. O novo Código de Processo Civil e a competência para o processamento da execução civil. *Revista Jurídica da Advocacia-Geral do Estado de Minas Gerais*, n. 1, jan./dez. 2015, pp. 69-74).

Art. 47. Para as ações fundadas em direito real sobre imóveis é competente o foro de situação da coisa.

§1º O autor pode optar pelo foro de domicílio do réu ou pelo foro de eleição se o litígio não recair sobre direito de propriedade, vizinhança, servidão, divisão e demarcação de terras e de nunciação de obra nova.

§2º A ação possessória imobiliária será proposta no foro de situação da coisa, cujo juízo tem competência absoluta.

Correspondente
CPC/1973, art. 95.

Ações fundadas em direito real sobre imóveis – regra geral: o art. 47 do CPC/2015 traz regras sobre competência que são *específicas* para *ações fundadas em direito real sobre imóveis*, não para ações relativas a imóveis fundadas em *direitos pessoais*, a exemplo das que nascem do comodato, da locação, do depósito, bem assim ações de imissão de posse sobre imóvel, as quais, sendo petitórias, nem sempre terão algum direito real como fundamento (SILVA, Ovídio A. Baptista. *Comentários ao Código de Processo Civil*: Vol. 1. Do Processo de Conhecimento. Arts. 1º a 100. São Paulo: Revista dos Tribunais, 2000. p. 422). Enfim, como *regra geral*, as causas *fundadas em direito real sobre imóveis* devem ser processadas e julgadas no foro da situação da coisa litigiosa, qualquer que seja a sua natureza, "tanto a ação de reivindicação, quanto a simplesmente declaratória de domínio, ou as ações que tenham por fim anular ou, por outra razão qualquer, desconstituir algum registro imobiliário constitutivo de direito real sobre imóvel; não o é porém, para as ações destinadas a anular compra e venda promovida por interditando que, sendo ações pessoais, devem ser propostas no domicílio do réu" (SILVA, Ovídio A. Baptista. *Comentários ao Código de Processo Civil*: Vol. 1. Do Processo de Conhecimento. Arts. 1º a 100. São Paulo: Revista dos Tribunais, 2000. pp. 422-423). A partir dessa específica determinação de competência, tem-se o chamado *forum rei sitae* – herança romana da época imperial –, justificada na conveniência oriunda da diminuição de despesas e redução de tempo na prática de certos atos, além de possibilitar ao julgador, se necessário, o exame direto do imóvel sobre o qual a decisão deve incidir (SANTOS, Moacyr Amaral. *Primeiras Linhas de Direito Processual Civil*. v. 1. 5. ed. São Paulo: Saraiva, 1977. p. 199). Há divergência acerca da natureza dessa regra: uns a veem como competência *territorial*, ao passo que outros advogam tratar-se de competência *funcional* – neste último sentido: GARCIA MEDINA, José Miguel. *Novo Código de Processo Civil Comentado*. 3. ed. São Paulo: Revista dos Tribunais, 2015. p. 119). A despeito do critério adotado, "a competência para as ações fundadas em direito real sobre bem imóvel (...) é *absoluta* e, portanto, inderrogável, de modo a incidir o princípio do fórum *rei sitae*, tornando-se inaplicável o princípio da *perpetuatio jurisdictionis*" (STJ, REsp nº 885.557, 1ª Turma, rel. Min. Luiz Fuz, julgamento: 11.12.2007, disponível em: www.stj.jus.br).

Contrato que tenha por objeto imóvel: a lei confere ao autor liberdade para optar entre *foro de domicílio do réu* e *foro de eleição* sempre que o litígio, decorrente de ação fundada em direito real sobre imóveis, não recair sobre direito de propriedade, vizinhança, servidão, divisão e demarcação de terras e de nunciação de obra nova.

Ação possessória imobiliária: já alertava Ovídio A. Baptista da Silva, quando da vigência do CPC/1973, que o legislador incidia na costumeira confusão entre *direito real* e *ação real*, a ponto de referir, entre as "ações fundadas em direito real sobre imóveis", às ações possessórias, "que não são nunca fundadas em direito, quanto mais em direito real" (...) – "nelas se protege a posse, não o eventual direito à posse" (SILVA, Ovídio A. Baptista. *Comentários ao Código de Processo Civil*: Vol. 1. Do Processo de Conhecimento. Arts. 1º a 100. São Paulo: Revista dos Tribunais, 2000. pp. 422-423). Se, segundo costumeira regra de hermenêutica, deve-se examinar os parágrafos em atenção à cabeça do dispositivo legal, não seguiu o legislador bom caminho ao tratar da *ação possessória imobiliária* no bojo de norma jurídica cujo enfoque se concentra nas *ações fundadas em direito real*; ou seja, a confusão permanece. De todo modo, o CPC/2015 é claríssimo ao impor que a ação possessória imobiliária será proposta no foro de situação da coisa, cujo juízo detém competência *absoluta*.

Compromisso de compra e venda: tem-se decidido acertadamente que a *ação de resolução de compromisso de compra e venda* assenta-se em *direito pessoal* (REsp nº 1.114.244/SP, 3ª Turma, rel. Min. Marco Aurélio Bellizze, julgamento: 21.11.2017, disponível em: www.stj.jus.br). Daí porque inaplicável a regra de competência absoluta insculpida no art. 47, *caput*, do CPC/2015. Conquanto inúmeras leis busquem nivelar *compromissário comprador* (= titular de compromisso irrevogável e irretratável) e *proprietário*, não se pode esquecer que tal equiparação circunscreve-se a certos e específicos efeitos, jamais se prestando a *transformar* um em outro: "O direito do promitente comprador continua tendo como fonte o contrato, não o domínio (...); seu direito, portanto, é pessoal, e o registro empresta-lhe *eficácia* real" (SILVA, Ovídio A. Baptista. *Comentários ao Código de Processo Civil*: Vol. 1. Do Processo de Conhecimento. Arts. 1º a 100. São Paulo: Revista dos Tribunais, 2000. p. 425). Em miúdos: o foro para processamento e julgamento de ação de resolução de compromisso de compra e venda é o domiciliar (CPC/2015, art. 46), admitindo-se, além disso, cláusula de eleição de foro (CPC/2015, art. 63).

Art. 48. O foro de domicílio do autor da herança, no Brasil, é o competente para o inventário, a partilha, a arrecadação, o cumprimento de disposições de última vontade, a impugnação ou anulação de partilha extrajudicial e para todas as ações em que o espólio for réu, ainda que o óbito tenha ocorrido no estrangeiro.

Parágrafo único. Se o autor da herança não possuía domicílio certo, é competente:

I – o foro de situação dos bens imóveis;

II – havendo bens imóveis em foros diferentes, qualquer destes;

III – não havendo bens imóveis, o foro do local de qualquer dos bens do espólio.

Correspondente
CPC/1973, art. 96.

Competência territorial: o art. 48 do CPC/2015 regula a competência para processamento e julgamento de inventários, partilhas, arrecadações, cumprimento de disposições de última vontade, impugnação ou anulação de partilha extrajudicial e de *todas* as ações judiciais em que o espólio for réu, ainda que o óbito tenha ocorrido no estrangeiro. Importante: tem-se aqui regra de competência territorial *relativa,* seja porque regida por um conjunto normativo infraconstitucional, seja ainda por inexistir regramento legal dispondo de modo diferente (VIANA, Salomão. *Breves Comentários ao Novo Código de Processo Civil.* Organizadores: Teresa Arruda Alvim Wambier, Fredie Didier Jr., Eduardo Talamini e Bruno Dantas. São Paulo: Revista dos Tribunais, 2015. pp. 197-199).

Partilha extrajudicial: o art. 48 está perfeitamente ajustado à Lei nº 11.441/2007, que trouxe para a realidade normativa brasileira a *partilha extrajudicial de bens.* Agiu bem o legislador, não só por fazer referência expressa às ações de impugnação ou anulação de partilha extrajudicial, senão por incluí-las no mesmo regramento a que estão submetidas situações correlatas (VIANA, Salomão. *Breves Comentários ao Novo Código de Processo Civil.* Organizadores: Teresa Arruda Alvim Wambier, Fredie Didier Jr., Eduardo

Talamini e Bruno Dantas. São Paulo: Revista dos Tribunais, 2015. pp. 197-199).

Regras de competência: são quatro as regras de competência para demandas que versem sobre a sucessão de bens ou que tenham o espólio como réu. De um lado, o foro de domicílio do autor da herança, no Brasil, é o competente para o processamento e julgamento de todas essas ações, ainda que o óbito tenha ocorrido no estrangeiro. Nesse sentido, já se decidiu que o foro de domicílio do autor da herança é o competente para processar inventário, sendo irrelevante o lugar da situação dos bens, da sua residência ou do óbito (STJ, REsp nº 32.213-SP, 4ª Turma, rel. Min. Antonio Torreão Braz, julgamento: 30.05.1994, disponível em: www.stj.jus.br). De outro lado, se era desconhecido o domicílio do autor da herança, é competente: i) o foro de situação dos bens imóveis; ii) havendo bens imóveis em foros diferentes, qualquer deles será o competente, a critério do autor; e iii) não havendo bens imóveis, o foro do local de qualquer dos bens do espólio, também a critério do autor.

Art. 49. A ação em que o ausente for réu será proposta no foro de seu último domicílio, também competente para a arrecadação, o inventário, a partilha e o cumprimento de disposições testamentárias.

Correspondente
CPC/1973, art. 97.

Ausência: a *ausência* caracteriza-se pela incerteza sobre a existência de pessoa desaparecida do seu próprio domicílio, sem dar notícias e que sequer deixou representante ou procurador (DUARTE, Nestor. *Código Civil Comentado*: Doutrina e Jurisprudência. 8. ed. Coordenação: Ministro Cezar Peluso. São Paulo: Manole, 2014. p. 39). Em tal circunstância, via requerimento formulado por qualquer interessado ou mesmo pelo Ministério Público, deve o órgão judiciário declarar a ausência e nomear em prol do desaparecido um curador (CC/2002, art. 22).

Competência e réu ausente: se a causa tem por réu alguém cuja ausência foi declarada judicialmente, a lei estabelece que deve ser ela promovida no foro do último domicílio dele. O mesmo juízo é o competente, ademais, para processar e julgar a arrecadação de bens do ausente, seu inventário e a partilha, bem como o cumprimento de eventuais disposições testamentárias. Trata-se de competência territorial e, assim, *relativa* (CPC/2015, art. 63).

Domicílio incerto: as ações *contra o ausente* são propostas no foro do seu último domicílio (CPC/2015, art. 49). Se, porém, seu domicílio é *incerto*, a ação *fundada em direito pessoal ou em direito real sobre bens móveis* tem por foro *o lugar em que for encontrado* ou *o domicílio do autor* (CPC/2015, art. 46, §2º); se não tem domicílio e tampouco residência no Brasil, o foro é também o *domicílio do autor* (CPC/2015, art. 46, §3º) (PONTES DE MIRANDA, Francisco Cavalcanti. *Comentários ao Código de Processo Civil*. Tomo II. Rio de Janeiro: Editora Forense, 1974. p. 229). Agora, se o autor residir fora do Brasil, a ação pode ser proposta *em qualquer foro* (CPC/2015, art. 46, §3º).

Art. 50. A ação em que o incapaz for réu será proposta no foro de domicílio de seu representante ou assistente.

Correspondente
CPC/1973, art. 98.

Incapacidade: segundo lição conhecida, a incapacidade é o reconhecimento da inexistência, numa determinada pessoa, dos requisitos que a lei considera indispensáveis para que ela exerça, de modo direto e pessoalmente, os seus direitos (RODRIGUES, Sílvio. *Direito Civil. Parte Geral.* v. 1. 32. ed. São Paulo: Saraiva, 2002. p. 41). Reza a lei que são *absolutamente incapazes* de exercer pessoalmente os atos da vida civil os menores de dezesseis anos (CC/2002, art. 3º). De outro lado, são considerados incapazes, *relativamente a certos atos ou a maneira de os exercer*, os maiores de dezesseis e menores de dezoito anos; os ébrios habituais e os viciados em tóxico; aqueles que, por causa transitória ou permanente, não puderem exprimir sua vontade; e os pródigos (CC/2002, art. 4º).

Competência e réu incapaz: as pessoas *absolutamente* incapazes são *representadas*, ao passo que as *relativamente* incapazes são *assistidas*. O CPC/2015 empregou a locução *incapacidade* em *sentido largo*, tanto que faz alusão literal, ao cabo do dispositivo legal, às expressões *representante* e *assistente* (CPC/2015, art. 50). Sendo o réu incapaz, absoluta ou relativamente, a lei estabelece que a propositura da demanda deve ocorrer no foro de domicílio do seu representante ou assistente. Já se decidiu: i) tratar-se de regra que "protege a pessoa absoluta ou relativamente incapaz, por considerá-la mais frágil na relação jurídica processual"; ii) "não há razão para diferenciar-se a posição processual do incapaz", "figure (...) como autor ou réu em qualquer ação, deve-se possibilitar ao seu representante litigar no foro de seu domicílio"; iii) "no confronto entre as normas protetivas invocadas pelas partes, entre o foro da residência da mulher e o do domicílio do representante do incapaz, deve preponderar a regra que privilegia o incapaz, pela maior fragilidade de quem atua representando, necessitando de facilitação de meios, especialmente numa relação processual formada em ação de divórcio, em que o delicado direito material a ser discutido pode envolver íntimos sentimentos e relevantes aspectos patrimoniais" (STJ, REsp nº 875.612, 4ª Turma, rel. Min. Raul Araújo, julgamento: 04.09.2014, disponível em: www.stj.jus.br).

Art. 51. É competente o foro de domicílio do réu para as causas em que seja autora a União.

Parágrafo único. Se a União for a demandada, a ação poderá ser proposta no foro de domicílio do autor, no de ocorrência do ato ou fato que originou a demanda, no de situação da coisa ou no Distrito Federal.

Correspondente
CPC/1973, art. 99.

União em juízo: o art. 51 do CPC/2015 regula a competência das causas em que a União funciona como parte, quer como *autora*, quer como *ré*. Não há aqui novidade, mesmo porque o que fez o legislador foi apenas repisar regras de competência territorial já antevistas pela Carta Constitucional, especificamente nos §§1º e 2º do art. 109. E tendo-se em vista a sua matriz constitucional, trata-se de competência *absoluta*, malgrado leve em consideração o território (VIANA, Salomão. *Breves Comentários ao Novo Código de Processo Civil.* Organizadores: Teresa Arruda Alvim Wambier, Fredie Didier Jr., Eduardo Talamini e Bruno Dantas. São Paulo: Revista dos Tribunais, 2015. pp. 200-203). Se a posição da União no litígio é de parte ativa, o foro (= seção judiciária) competente para o ajuizamento da demanda é o do domicílio do réu. De outro lado, atuando a União no polo passivo, na condição de demandada, a ação poderá ser promovida, *a critério do autor*, em quatro foros (= seções judiciárias) distintos (*competência absoluta concorrente*): i) domicílio do autor; ii) onde ocorreu o ato ou fato que originou a demanda; iii) no da situação da coisa; e iv) no Distrito Federal.

Multiplicidade de réus domiciliados em locais distintos: há reiteradas decisões no sentido de que, havendo litisconsórcio passivo e possuindo os réus domicílios diversos, a parte – inclusive a União – pode intentar a demanda em qualquer deles. Nessa linha: STJ, REsp nº 721.614/RJ, 4ª Turma, rel. Min. Fernando Gonçalves, julgamento: 18.08.2009, disponível em: www.stj.jus.br.

Multiplicidade de autores domiciliados em locais distintos: tem-se admitido aos demandantes, *havendo litisconsórcio ativo facultativo*, escolher o foro do domicílio de qualquer deles para intentar ação contra a União (STJ, AgRg no Ag nº 1.251.166-SP, 2ª Turma, rel. Min. Eliana Calmon, julgamento: 01.06.2010, disponível em: www.stj.jus.br). Assim também o entendimento do STF: "Os litisconsortes, nas ações contra a União, podem optar pela propositura da ação no domicílio de qualquer deles" (STF, RE nº 484.235, rel. Min. Ellen Gracie, julgamento: 25.08.2009, disponível em: www.stf.jus.br).

Art. 52. É competente o foro de domicílio do réu para as causas em que seja autor Estado ou o Distrito Federal.

Parágrafo único. Se Estado ou o Distrito Federal for o demandado, a ação poderá ser proposta no foro de domicílio do autor, no de ocorrência do ato ou fato que originou a demanda, no de situação da coisa ou na capital do respectivo ente federado.

Correspondente
CPC/1973, art. 100, IV, d.

Estados ou Distrito Federal em juízo: semelhantemente àquilo previsto no dispositivo anterior (CPC/2015, art. 51), que regula a competência das causas em que a União funciona como parte, o CPC/2015 traz regras de competência territorial para feitos nos quais atue no polo ativo ou passivo o Estado ou Distrito Federal (CPC/2015, art. 52). Importa o seguinte: i) sendo *de parte ativa* a posição do Estado ou Distrito Federal no litígio, o foro (= comarca) competente para o ajuizamento da demanda é o do domicílio do réu; ii) atuando o Estado ou Distrito Federal na condição de demandado, a ação poderá ser promovida, *a critério do autor*, em quatro foros (= comarcas) distintos (*competência relativa concorrente*), a saber: no do domicílio do autor, onde ocorreu o ato ou fato que originou a demanda, no da situação da coisa, ou no da capital do respectivo ente federado.

Competência relativa: o art. 52 do CPC/2015 segue a orientação geral segundo a qual normas jurídicas que fixam a competência em razão *do valor* e *do território* são relativas (CPC/2015, art. 63). Não obstante a semelhança entre os arts. 51 e 52 do CPC/2015, ambos detêm origens distintas: o primeiro reproduz aquilo já antevisto no âmbito da Constituição Federal (CF/88, art. 109, §§1º e 2º); o derradeiro, por sua vez, representa nada mais que um regramento cuja base é infraconstitucional. Daí a razão de possuírem naturezas diversas, respectivamente, regras de competência *absoluta* e *relativa*. É o que ensina a boa doutrina: "Diferentemente do que acontece com o art. 51 e seu parágrafo único do CPC/2015, as normas extraídas da interpretação do art. 52 e seu parágrafo único são de competência relativa. (...) [V]ale observar que tanto o art. 51 como o art. 52 utilizam o critério territorial. Entretanto, (...) a interpretação dos enunciados do art. 51 e seu parágrafo único do CPC/2015 produz exatamente o mesmo resultado da interpretação dos textos dos §§1º e 2º do art. 109 da CF/88, o que revela que as normas dele extraídas são, em verdade, normas constitucionais e, por isso, determinam competência absoluta. De sua vez, o tema sobre o qual dispõe o caput e o parágrafo único do art. 52 não mereceu atenção do legislador constituinte, em razão do que a competência territorial foi traçada, integralmente, pelo legislador infraconstitucional. Ao fazê-lo, o legislador infraconstitucional apenas inspirou-se nas opções feitas pelo legislador constitucional, o que, nem de longe, dá, às normas extraídas do art. 52 e seu parágrafo único do CPC/2015, o status de normas constitucionais. E como, no âmbito da legislação ordinária, não existe norma que, neste específico caso, dê conotação absoluta ao critério territorial, a competência estabelecida no art. 52 e seu parágrafo único do CPC/2015 é, sem qualquer margem a dúvida, relativa" (VIANA, Salomão. *Breves Comentários ao Novo Código de Processo Civil*. Organizadores: Teresa Arruda Alvim Wambier, Fredie Didier Jr., Eduardo Talamini e Bruno Dantas. São Paulo: Revista dos Tribunais, 2015. pp. 203-205).

Art. 53. É competente o foro:

I – para a ação de divórcio, separação, anulação de casamento e reconhecimento ou dissolução de união estável:

a) de domicílio do guardião de filho incapaz;

b) do último domicílio do casal, caso não haja filho incapaz;

c) de domicílio do réu, se nenhuma das partes residir no antigo domicílio do casal;

d) de domicílio da vítima de violência doméstica e familiar, nos termos da Lei nº 11.340, de 7 de agosto de 2006 (Lei Maria da Penha);

II – de domicílio ou residência do alimentando, para a ação em que se pedem alimentos;

III – do lugar:

a) onde está a sede, para a ação em que for ré pessoa jurídica;

b) onde se acha agência ou sucursal, quanto às obrigações que a pessoa jurídica contraiu;

c) onde exerce suas atividades, para a ação em que for ré sociedade ou associação sem personalidade jurídica;

d) onde a obrigação deve ser satisfeita, para a ação em que se lhe exigir o cumprimento;

e) de residência do idoso, para a causa que verse sobre direito previsto no respectivo estatuto;

f) da sede da serventia notarial ou de registro, para a ação de reparação de dano por ato praticado em razão do ofício;

IV – do lugar do ato ou fato para a ação:

a) de reparação de dano;

b) em que for réu administrador ou gestor de negócios alheios;

V – de domicílio do autor ou do local do fato, para a ação de reparação de dano sofrido em razão de delito ou acidente de veículos, inclusive aeronaves.

Correspondente

CPC/1973, art. 100.

Referências

Súmula nº 1 (STJ). O foro do domicílio ou da residência do alimentando é o competente para a ação de investigação de paternidade, quando cumulada com alimentos.

Súmula nº 383 (STJ). A competência para processar e julgar as ações conexas de interesse de menor é, em princípio, do foro do domicílio do detentor de sua guarda.

Súmula nº 540 (STJ). Na ação de cobrança do seguro DPVAT, constitui faculdade do autor escolher entre os foros do seu domicílio, do local do acidente ou ainda do domicílio do réu.

Lei nº 8.069/1990.
Lei nº 13.894/2019.

Ações de divórcio, separação, anulação de casamento e reconhecimento ou dissolução de união estável: segundo o CPC/1973, era competente o foro da residência da mulher para ações de separação, conversão de separação em divórcio e para a anulação de casamento. Tratava-se, à evidência, de regra (de competência relativa) que buscava materializar o princípio da isonomia, vale dizer, tratar desigualmente os desiguais na medida em que se desigualavam, sobretudo porque as mulheres estavam em situação menos favorável do ponto de vista econômico e financeiro (STF, RE nº 227.114-SP, 2ª Turma, rel. Min. Joaquim Barbosa, julgamento: 22.11.2011, disponível em: www.stf.jus.br). A opção legislativa atual é distinta, de modo que ações de divórcio, separação, anulação de casamento e reconhecimento ou dissolução de união estável devem, *a partir de um critério sucessivo*, ser promovidas: i) no domicílio do guardião de filho incapaz; ii) no último domicílio do casal, caso não haja filho incapaz; e iii) no domicílio do réu, se nenhuma das partes residir no antigo domicílio do casal. Verifica-se que, em primeiro plano, o legislador norteou-se pelo interesse do incapaz, em atenção aos princípios do Estatuto da Criança e do Adolescente (ECA, art. 147, I e II) – no mesmo sentido, a Súmula nº 383 do STJ ("A competência para processar e julgar ações conexas de interesse de menor é, em princípio, do foro do domicílio do detentor de sua guarda").

Vítima de violência doméstica e familiar: a Lei nº 13.894/2019 acresceu, ao final do inciso I do art. 53 do CPC/2015, uma nova alínea estabelecendo a competência do foro de domicílio da vítima de violência doméstica e familiar para ações de divórcio, separação, anulação de casamento e reconhecimento ou dissolução de união estável. Quis-se ajustar o CPC/2015 à chamada Lei Maria da Penha, segundo a qual se configura violência doméstica e familiar contra a mulher qualquer ação ou omissão baseada no gênero que lhe cause morte, lesão, sofrimento físico, sexual ou psicológico e dano moral ou patrimonial: i) no âmbito da unidade doméstica, compreendida como o espaço de convívio permanente de pessoas, com ou sem vínculo familiar, inclusive as esporadicamente agregadas; ii) no âmbito da família, compreendida como a comunidade formada por indivíduos que são ou se consideram aparentados, unidos por laços naturais, por afinidade ou por vontade expressa; e iii) em qualquer relação íntima de afeto, na qual o agressor conviva ou tenha convivido com a ofendida, independentemente de coabitação (Lei nº 11.340/2006, art. 5º). Aqui a boa hermenêutica imprime à nova hipótese de competência uma ordem de importância que se segue àquela prevista no *caput* do art. 53. Ou seja, havendo interesse de incapaz, a competência prevalecente é a do foro do domicílio do seu guardião. Aliás, já se decidiu que "a competência estabelecida no art. 147, I, do ECA tem natureza absoluta" (STJ, AgRg no CC nº 94.250/MG, 2ª Seção, rel. Min. Aldir Passarinho Junior, julgamento: 11.06.2008, disponível em: www.stj.jus.br). Não havendo filho incapaz e caracterizada violência doméstica e familiar contra mulher, será competente, para processamento e julgamento das ações previstas no *caput* do art. 53, o foro do domicílio da vítima. Tem-se nisso o reconhecimento da vulnerabilidade da mulher vítima de violência doméstica e familiar, imprimindo-lhe tratamento especial para legitimar regra de competência territorial que lhe seja benéfica.

Ação de alimentos: para a ação em que se pedem alimentos, é competente o foro de domicílio ou residência do alimentando. Segundo já se decidiu, é competente para o processamento da execução de alimentos o foro de domicílio ou residência do alimentando, ainda que a sentença exequenda tenha sido proferida em foro diverso (STJ, AgInt no REsp nº 1560639/MS, rel. Min. Moura Ribeiro, julgamento:

01.02.2016, disponível em: www.stj.jus.br). Há, ademais, orientação sumular no seguinte sentido: "O foro do domicílio ou da residência do alimentando é o competente para a ação de investigação de paternidade, quando cumulada com a de alimentos" (Súmula nº 1, STJ).

Ações em que for parte pessoa jurídica: têm-se, no inciso III do art. 53 do CPC/2015, três hipóteses de competência territorial em causas nas quais for parte pessoa jurídica. Porventura se encontre ela no polo passivo, o foro competente para processamento e julgamento do feito é o do lugar onde estiver localizada a sua sede (CPC/2015, art. 53, III, a). Trata-se, como se vê, de regra semelhante àquela do art. 46. Não obstante, se a hipótese envolver ré que seja sociedade ou associação desprovida de personalidade jurídica, o foro competente para intentar a ação é o do lugar onde suas atividades são exercidas (CPC/2015, art. 53, III, c). Por fim, tratando-se de demanda atinente às obrigações que a pessoa jurídica contraiu, o foro competente para processamento e julgamento da ação é o do lugar onde se acha sua agência ou sucursal (CPC/2015, art. 53, III, b).

Onde a obrigação deve ser satisfeita: para demandas cujo pedido seja o cumprimento de obrigação, o foro para processamento e julgamento é o do local onde deva ser ela satisfeita (CPC/2015, art. 53, III, d). Segundo posicionamento jurisprudencial, o foro do lugar onde ocorrerá o cumprimento da obrigação pactuada é o competente para ações em que se executa ou se postula a desconstituição de cláusula contratual (STJ, REsp nº 119.383/DF, 3ª Turma, rel. Min. Waldemar Zveiter, julgamento: 17.02.1998, disponível em: www.stj.jus.br).

Foro da residência do idoso: em se tratando de causa cujo tema seja referente a direito previsto na Lei nº 10.741/2003, prevê o CPC/2015 que o foro competente para intentá-la é o da residência do Idoso (CPC/2015, art. 53, III, e). Observe-se que tal previsão está em consonância com o Estatuto do Idoso, pois nele há regra estabelecendo a *competência absoluta* do foro do domicílio do idoso para processar e julgar causas relacionadas às hipóteses previstas no seu Capítulo III, intitulado *Da Proteção Judicial dos Interesses Difusos, Coletivos e Individuais Indisponíveis ou Homogêneos*, a exemplo daquelas referentes à omissão ou ao oferecimento insatisfatório de acesso às ações e serviços de saúde e ao atendimento especializado do idoso portador de deficiência, com limitação incapacitante, ou ainda portador de doença infectocontagiosa (Lei nº 10.741/2003, art. 79).

Danos gerados pela serventia extrajudicial: versando a causa sobre reparação de danos causados pela serventia extrajudicial (tabelionatos, registros de imóveis, cartórios de títulos e documentos), o foro competente para seu processamento e julgamento é o da sede da serventia notarial ou de registro (CPC/2015, art. 53, III, f).

Ações de reparação de dano: o lugar do ato ou fato é o foro competente para processamento e julgamento de ações, cuja finalidade é a reparação de danos (CPC/2015, art. 53, IV, a). Segundo forte orientação jurisprudencial: i) as demandas que visam reparar danos, com fundamento em responsabilidade contratual ou extracontratual, devem ser propostas no local onde se produziu o dano, e não no domicílio do réu; e ii) trata-se, porém, de competência territorial relativa, admitindo-se assim derrogação por contrato, de modo a prevalecer o foro de eleição (STJ, REsp nº 930.875/MT, 3ª Turma, rel. Min. Sidnei Beneti, julgamento: 14.06.2011, disponível em: www.stj.jus.br).

Réu administrador ou gestor de negócios alheios: o lugar do ato ou fato é o foro competente para processar e julgar ações em que o réu for administrador ou gestor de negócios alheios (CPC/2015, art. 53, IV, b). Nesse rumo: STJ, REsp nº 611.903, 1ª Turma, rel. Min. Teori Albino Zavascki, julgamento: 16.11.2004, disponível em: www.stj.jus.br.

Delito ou acidente de veículos e aeronaves: em se tratando de causas de reparação de dano sofrido em razão de delito ou acidente de veículo, incluídos os acidentes com aeronaves, o foro competente para seu processamento e julgamento é o do domicílio do autor ou do local do fato (CPC/2015, art. 53, V). Importante: a expressão *delito* possui sentido abrangente, alcançando tanto os ilícitos de natureza civil quanto aqueles de cunho penal (STJ, AgInt no REsp nº 1.579.737/MG, 4ª Turma, rel. Min. Antonio Carlos Ferreira, julgamento: 07.11.2019, disponível em: www.stj.jus.br). Confira-se, por fim, a seguinte orientação sumular: "Na ação de cobrança do seguro DPVAT, constitui faculdade do autor escolher entre os foros do seu domicílio, do local do acidente ou ainda do domicílio do réu" (Súmula nº 540, STJ).

Seção II

DA MODIFICAÇÃO DA COMPETÊNCIA

Art. 54. A competência relativa poderá modificar-se pela conexão ou pela continência, observado o disposto nesta Seção.

Correspondente
CPC/1973, art. 102.

Competência absoluta e competência relativa: a depender do interesse envolvido, se público ou privado, o legislador impinge à competência as qualidades, respectivamente, *absoluta* e *relativa*. Segundo dispõe a lei, são *absolutas* as competências em razão da *matéria*, da *pessoa* e da *função* (CPC/2015, art. 62), ao passo que são *relativas* as competências em razão do *valor* e do *território* (CPC/2015, art. 63). *O legislador, porém, não raramente traz exceções a essas regras*. Alguns detalhes apontados pela boa doutrina: i) a competência absoluta não comporta modificação; a relativa é prorrogável pela vontade das partes e por força de lei; ii) a incompetência absoluta é matéria de ordem pública, declarável de ofício a qualquer tempo e grau de jurisdição, não se sujeitando à preclusão; a incompetência relativa não pode ser conhecida de ofício pelo juiz e está sujeita à preclusão (não é matéria de ordem pública); iii) a incompetência absoluta acarreta nulidade absoluta, sanável pelo decurso do prazo de dois anos para o ajuizamento de ação rescisória; a relativa gera nulidade relativa, sanável pela preclusão (decurso do prazo para a contestação *in albis*); iv) a arguição da incompetência absoluta tem natureza de objeção; a arguição da incompetência relativa tem natureza de exceção – a forma de arguição da incompetência, absoluta e relativa, é a mesma, vale dizer, devem ser suscitadas na contestação (CPC/2015, art. 337, II); v) a competência absoluta do juízo é pressuposto processual de validade; a competência relativa não é pressuposto processual (PIZZOL, Patrícia Miranda. *Comentários ao Código de Processo Civil*: Arts. 1º a 317 – Parte Geral. Coordenador: Cassio Scarpinella Bueno. São Paulo: Saraiva, 2017. p. 374).

Modificação da competência: apenas as regras de competência *relativa*, por serem disponíveis, admitem flexibilização, fenômeno denominado modificação ou prorrogação de competência. Segundo Pontes de Miranda, citando J. J. C. Pereira e Sousa, "o conceito assente, velho e novo, de prorrogação é o de se tornar competente juiz que não o é" (PONTES DE MIRANDA, Francisco Cavalcanti. *Comentários ao Código de Processo Civil.* Tomo II. Rio de Janeiro: Editora Forense, 1974. p. 253). Isso ocorre quer por *vontade legal* (= hipótese na qual duas demandas, ajustadas na moldura normativa dos arts. 55 e 56 do CPC/2015, que tramitam simultaneamente em órgãos jurisdicionais distintos, podem ser reunidas para processamento e julgamento em conjunto, em prol da economia processual e do combate a decisões contraditórias), quer por *vontade tácita* (= hipótese em que o réu ou outro legitimado não alega, no prazo para resposta, a incompetência relativa), quer ainda por *vontade expressa* (= hipótese em que as partes, mediante expressa manifestação da sua vontade, alteram em abstrato, e antes do ajuizamento de demandas, regras de competência relativa – a chamada *cláusula de eleição de foro*).

Conexão e continência: o legislador utiliza os chamados "elementos da ação" (= partes, causa de pedir e pedido) para comparar e identificar semelhanças e diferenças entre duas ou mais demandas propostas, seja para reuni-las, quando semelhantes, seja para extinguir as idênticas a outra já em trâmite (litispendência) (KLIPPEL, Rodrigo; BASTOS, Antonio Adonias. *Manual de Processo Civil.* Rio de Janeiro: Lumen Juris, 2011. p. 138). Reputam-se *conexas* duas ou mais ações quando lhes for comum o pedido ou a causa de pedir (CPC/2015, art. 55, *caput*); tem-se a *continência* entre duas ou mais causas quando houver identidade em relação às partes e à causa de pedir, mas o pedido de uma, por ser mais amplo, abrange o das demais (CPC/2015, art. 56). O que há, portanto, entre causas conexas e continentes não é identidade, e sim afinidades ou similitudes em relação a alguns elementos da ação. Sobre a temática, confiram-se alguns detalhamentos gerais colhidos da doutrina de Wambier e Talamini: i) a conexão e a continência constituem liames de afinidade existentes entre duas ações, que justificam "a reunião dos processos para que tramitem em conjunto e sejam decididos concomitantemente"; ii) o princípio da economia processual (partilha da mesma fase probatória, bem assim das provas que darão origem às sentenças), somado ao intento de evitar decisões contraditórias, é o objetivo pretendido pelo legislador para estabelecer a reunião de processos; iii) para que haja reunião das ações continentes ou conexas, é necessário que o juízo perante o qual tramitarão seja competente em relação a ambas em função de critérios relativos à competência absoluta – eventual incompetência relativa para alguma delas é irrelevante; iv) é *dever* do juiz reunir os processos conexos, exceto se um deles já tiver sido sentenciado (CPC/2015, art. 55, §1º) – o legislador não enxergou utilidade em juntar processos quando, por exemplo, um deles já se encontrar em avançada fase recursal e o outro ainda em fase inicial; v) no que tange à continência (= identidade quanto às partes e à causa de pedir, mas o pedido de uma, por ser mais amplo, abrange o das demais), que envolve litispendência parcial, "se a ação continente tiver sido proposta antes da ação contida, não haverá a reunião dos processos, devendo o segundo, na medida em que repita o primeiro, ser extinto sem resolução de mérito" (CPC/2015, art. 57) – somente cabe a reunião dos processos quando a ação cujo pedido for menor tiver sido intentada antes da ação com pedido mais abrangente; e vi) "a conexão que enseja a reunião de causas é aquela que decorre da identidade do pedido ou da causa de pedir, seja esta próxima ou remota" (WAMBIER, Luiz Rodrigues; TALAMINI, Eduardo. *Curso Avançado de Processo Civil*: Teoria Geral do Processo. v. 1. 5. ed. São Paulo: Revista dos Tribunais, 2016. pp. 149-165).

Art. 55. Reputam-se conexas 2 (duas) ou mais ações quando lhes for comum o pedido ou a causa de pedir.

§1º Os processos de ações conexas serão reunidos para decisão conjunta, salvo se um deles já houver sido sentenciado.

§2º Aplica-se o disposto no caput:

I – à execução de título extrajudicial e à ação de conhecimento relativa ao mesmo ato jurídico;

II – às execuções fundadas no mesmo título executivo.

§3º Serão reunidos para julgamento conjunto os processos que possam gerar risco de prolação de decisões conflitantes ou contraditórias caso decididos separadamente, mesmo sem conexão entre eles.

Correspondente

CPC/1973, art. 103.

Referências

Súmula nº 235 (STJ). A conexão não determina a reunião dos processos, se um deles já foi julgado.

Súmula nº 489 (STJ). Reconhecida a continência, devem ser reunidas na Justiça Federal as ações civis públicas propostas nesta e na justiça estadual.

Modificação de competência – observações gerais: não se tem reunião de causas para julgamento conjunto quando incidente regra de competência *absoluta* (em razão da *matéria, função* ou *pessoa*). Ou seja, a modificação da competência pela *conexão* apenas será possível em casos nos quais a competência for *relativa*. Por isso, inadmissível a reunião para julgamento simultâneo de *ação anulatória* e *ação de execução fiscal*, uma em trâmite no Juizado Especial Cível e a outra na Justiça Federal, "(...) porque a conexão não possibilita a modificação da competência absoluta (...), devendo ambas as ações tramitarem separadamente" (STJ, CC nº 106.041/SP, 1ª Seção, rel. Min. Castro Meira, julgamento: 28.10.2009, disponível em: www.stj.

jus.br). São duas as justificativas da regra que determina a reunião de "processos de ações conexas para decisão conjunta" (CPC/2015, art. 55, §1º): evitar provimentos contraditórios e obter economia processual. Observações: i) modificada a competência em razão do reconhecimento da conexão pelo órgão judiciário, *ex officio* ou a *requerimento da parte*, ter-se-á como resultado o deslocamento da atribuição de processar e julgar determinada causa de um juízo para outro (por vezes até de uma comarca para outra), não sendo lícito ato decisório destinado à extinção do feito, pois a remessa dos autos em si é ato material, e o ofício da distribuição realizará as anotações devidas nos registros (ASSIS, Araken. *Processo Civil Brasileiro*. Parte Geral: Fundamentos e Distribuição de Conflitos. São Paulo: Revista dos Tribunais, 2015. p. 842); ii) há, contudo, inovação legislativa em relação à continência (= espécie de conexão), ou seja, se a ação continente tiver sido proposta anteriormente, será proferida sentença, sem resolução de mérito, para extinguir a ação contida (CPC/2015, art. 57).

Relações de conexidade: o art. 55 do CPC/2015 não esgota a definição do fenômeno chamado *conexão*. Muito pelo contrário, deixa-a em aberto e limita-se a identificar *algumas* modalidades de conexidade entre feitos em trâmite na justiça brasileira. Aliás, é ilustrativa, nesse sentido, a previsão contida no §3º do art. 55, que nitidamente sugere espécie de conexão *de mais amplitude ou extensão*. É, portanto, papel da doutrina elucidar, de modo geral e sistematizado, aquilo que se entende por relações de conexidade, suas hipóteses e liames que unem as ações conexas entre si. Exemplos de causas conexas (em sentido abrangente): o locatário promove ação de consignação de alugueis perante o locador, enquanto o locador, paralelamente, promove ação de despejo contra o locatário em função do inadimplemento de aluguéis; ação de busca, apreensão e restituição e ação de reconhecimento de paternidade socioafetiva cumulada com posse e guarda, que tenham o mesmo objeto (= guarda do menor); a execução fundada em título executivo extrajudicial e a ação de embargos à execução promovida pelo executado; ações individuais promovidas contra um motorista responsável por acidente automobilístico que gerou danos a uma variedade de pessoas.

Conexão: causas conexas não são causas idênticas, não havendo se falar em coincidência de todos os "elementos da ação" (partes, causa de pedir e pedido; CPC/2015, art. 337, §2º). Logo, *litispendência* e *conexão* são institutos diversos. De maneira geral, inserem-se na rubrica da conexão os vínculos presentes em duas ou mais causas que acarretem risco da prolação de decisões conflitantes ou contraditórias (ASSIS, Araken. *Processo Civil Brasileiro*. Parte Geral: Fundamentos e Distribuição de Conflitos. São Paulo: Revista dos Tribunais, 2015. p. 829). Em específico, *atento unicamente ao que dispõe o caput do art. 55*, há entre causas conexas uma comunhão lógica entre *pedidos* ou *causas de pedir* (= conexão própria ou em sentido estrito), circunstância hábil para deflagrar julgamentos conflitantes. É prevalecente na doutrina o entendimento de que apenas os aspectos *mediato* do pedido (= bem da vida, valor, utilidade ou vantagem de ordem prática que se pretende obter) e *remoto* da causa de pedir (= narrativa fática sobre a qual se apoia o pedido) são capazes de gerar vínculos de conexão entre duas ou mais demandas (OLIVEIRA, Bruno Silveira. *Breves Comentários ao Novo Código de Processo Civil*. Coordenadores: Teresa Arruda Alvim Wambier, Fredie Didier Jr., Eduardo Talamini e Bruno Dantas. São Paulo: Revista dos Tribunais, 2015. pp. 218-220). O debate, porém, perdeu muito do seu sentido prático originário frente àquilo que reza o §3º do art. 55 do CPC/2015. Ora, tem-se nessa regra espécie de "cláusula draga", que atrai a consequência da conexão até para causas *não ajustadas na moldura do caput do art. 55*, de modo que bastará, para serem reunidas em um único órgão judiciário, *o risco de prolação de decisões conflitantes ou contraditórias caso formuladas em separado* (= conexão em sentido lato ou imprópria). Em outros termos: a identidade de causas de pedir ou pedidos é meramente exemplificativa, bastando um laço mais remoto e frágil para justificar a reunião de processos em razão da conexidade (ASSIS, Araken. *Processo Civil Brasileiro*. Parte Geral: Fundamentos e Distribuição de Conflitos. São Paulo: Revista dos Tribunais, 2015. pp. 829-831). Obviamente não está o juiz autorizado a agir por mera intuição, sendo que a Constituição lhe inflige a tarefa, democrática e republicana, de construir fundamentação adequada que justifique a possibilidade, por ele antevista, de decisões conflitantes ou contraditórias na hipótese de julgamento em separado das causas. Aliás, essas *razões de decidir* serão examinadas pelo outro julgador, que poderá, quem sabe, não acolher a competência declinada e suscitar conflito de competência (CPC/2015, art. 66, parágrafo único).

Efeito da conexão: a conexão implica a *reunião das causas* e a consequente *modificação de competência em relação a uma delas* para que sejam conjunta e simultaneamente decididas por um único órgão judicial. Dois detalhes: i) estando em curso perante juízos diferentes, haverá alteração da competência em relação a um deles, que redirecionará a causa para o juízo prevento (= aquele perante o qual a primeira causa foi registrada ou distribuída); ii) reunir "processos de ações conexas" não implica perda da individualidade, mas apenas o apensamento dos autos e a possibilidade de se praticarem atos processuais (atos instrutórios, por exemplo) cujos efeitos possam se irradiar a todos os feitos conexos (PEREIRA, Hélio do Valle. *Manual de Direito Processual Civil. Processo de Conhecimento.* 2. ed. Campinas: Conceito Editorial, 2008. p. 283).

Obrigatoriedade da reunião de causas conexas: se o CPC revogado dava a entender que o juiz tinha a *faculdade* de reunir causas conexas – afinal de contas, rezava o então art. 105: "Havendo conexão ou continência, o juiz (...) *pode* ordenar a reunião de ações propostas em separado (...)" –, o CPC/2015, por outro lado, é claríssimo ao *impor* que os "processos de ações conexas *serão* reunidos para decisão conjunta" (CPC/2015, art. 55, §1º). Ou seja, a obrigatoriedade (= dever) de reunião de duas ou mais ações com identidade de pedido ou causa de pedir é extraível da própria dicção legal. Em síntese: a moldura normativa tem um caráter de exemplar objetividade, exigindo apenas *dois* elementos de fato: um *positivo* (= identificação de pedidos ou causas de pedir comuns em duas ou mais causas, ou ainda o mero risco da prolação de decisões conflitantes ou contraditórias caso os feitos sejam decididos em separado; CPC/2015, art. 55, *caput*, e §3º) e outro *negativo* (= ausência de sentença em uma das causas conexas). Bem ou mal, foi essa a opção legislativa, inexistindo espaço para juízos de conveniência relacionados a fatores não previstos na lei, cuja margem de abertura criativa corroboraria para o recrudescimento da desordem e insegurança jurídica. Não tem sido essa, porém, a orientação jurisprudencial prevalecente:

"A jurisprudência do Superior Tribunal de Justiça reconhece certa e relativa margem de discricionariedade na avaliação do julgador, quanto à intensidade da conexão, mas devendo essa avaliação ser sempre orientada pela máxima de que as decisões não devem se contradizer" (STJ, AgInt nos EDcl no AgInt no AREsp nº 479.470/SP, 4ª Turma, rel. Min. Luis Felipe Salomão, julgamento: 17.09.2019, disponível em: www.stj.jus.br). Há, outrossim, entendimento sugerindo a obrigatoriedade da reunião de causas conexas: "Definida a conexão entre as ações, impõe-se a reunião para julgamento conjunto em um dos juízos que, no caso, será aquele que primeiro promoveu a citação válida" (STJ, CC nº 39.604/RJ, 2ª Seção, rel. Min. Fernando Gonçalves, julgamento: 28.05.2008, disponível em: www.stj.jus.br). Defendendo a ausência de poder discricionário: PIZZOL, Patrícia Miranda. *Comentários ao Código de Processo Civil*: Arts. 1º a 317 – Parte Geral. Coordenador: Cassio Scarpinella Bueno. São Paulo: Saraiva, 2017. p. 378; OLIVEIRA, Bruno Silveira. *Breves Comentários ao Novo Código de Processo Civil*. Coordenadores: Teresa Arruda Alvim Wambier, Fredie Didier Jr., Eduardo Talamini e Bruno Dantas. São Paulo: Revista dos Tribunais, 2015. pp. 218-220.

Marco temporal: é a conexão, em todas as suas modalidades, *questão preliminar*, vale dizer, incumbe ao réu alegá-la em contestação antes de discutir o mérito (CPC/2015, art. 337, VIII). Nada obstante, conquanto deva ser, de ordinário, arguida na contestação, por tratar-se de matéria de ordem pública pode dela o órgão judiciário conhecer, *ex officio*, a qualquer tempo, a teor do art. 337, §5º, do CPC/2015 – *não há, portanto, preclusão* (ASSIS, Araken. *Processo Civil Brasileiro*. Parte Geral: Fundamentos e Distribuição de Conflitos. São Paulo: Revista dos Tribunais, 2015. p. 836). Reza a lei, de outro lado, que a *implicação* oriunda da conexidade (= reunião de causas para julgamento conjunto) somente tem lugar na ausência sentença prolatada em quaisquer dos casos envolvidos. Esse era, aliás, o entendimento prevalecente enquanto vigente o CPC/1973, a despeito da inexistência de previsão expressa – a matéria foi sumulada pelo STJ (Súmula nº 235. "A conexão não determina a reunião dos processos, se um deles já foi julgado").

Desnecessidade de pedido expresso: a exemplo do que previa o CPC revogado ("havendo conexão ou continência, o juiz, *de* *ofício* ou a requerimento de qualquer das partes, pode ordenar a reunião de ações propostas em separado [...]"; CPC/1973, art. 105), o reconhecimento da conexão pode dar-se, hoje ainda, até por atuação oficiosa (= sem provocação da parte) do órgão judicial, sendo lícito a qualquer dos juízes envolvidos que assim decida, quer para declinar a competência, quer para avocar, a depender da concordância do outro juiz, o processo conexo – havendo resistência, será preciso instaurar conflito de competência (PEREIRA, Hélio do Valle. *Manual de Direito Processual Civil*: Processo de Conhecimento. 2. ed. Campinas: Conceito Editorial, 2008. p. 283). O CPC/2015 traz redação diversa, mas, bem lido o art. 55, verifica-se nele um tom de *impositividade* ("os processos de ações conexas *serão* reunidos [...]"; CPC/2015, art. 55, §1º), a indicar que a posição já firmada, quando da vigência do CPC/1973, deve permanecer. E não se despreze o art. 337, §5º, do CPC/2015, que coloca uma pá de cal sobre a questão ao determinar incumbir ao réu, antes de discutir o mérito, alegar, entre tantas matérias, a conexão, *a qual o juiz está autorizado a conhecer de ofício.*

Julgamento conjunto e identidade entre as causas conexas: verificada a conexão, as causas propostas em separado *deverão* ser reunidas (= apensamento dos autos) perante o juízo prevento para julgamento conjunto (CPC/2015, art. 58). Reunir ações conexas "para decisão conjunta" não acarreta perda de individualidade de cada qual delas, mas apenas o apensamento dos autos e a possibilidade de se praticarem atos processuais cujos efeitos possam se irradiar a todos os feitos conexos (PEREIRA, Hélio do Valle. *Manual de Direito Processual Civil*: Processo de Conhecimento. 2. ed. Campinas: Conceito Editorial, 2008. p. 283). Em outros termos: o juiz oficiará em todos as causas conexas e realizará, sempre que possível e recomendável, atos conjuntos (por exemplo, coleta de provas), não sendo aceitável a fusão dos objetos litigiosos, pois não é dado ao órgão judicial modificar, *ex officio*, o objeto litigioso, cuja configuração integra o domínio das partes"; não fosse assim, "o processo civil ultrapassaria os limites do modelo autoritário e ingressaria no perigoso terreno do modelo totalitário", (...) "feição (...) incompatível com o Estado Constitucional Democrático" (ASSIS, Araken. *Processo Civil Brasileiro*. Parte Geral: Fundamentos e Distribuição de Conflitos. São Paulo: Revista dos Tribunais, 2015. pp. 842-843). Embora haja entendimento diverso, a melhor técnica sugere a elaboração de tantas sentenças quanto sejam as causas conexas, evitando-se distorções de identidade e confusões porventura decorrentes da prolação de uma sentença unificada.

Nulidade de atos decisórios: conquanto haja divergências doutrinárias e jurisprudenciais, a imperatividade da dicção legal (CPC/2015, art. 55, §§1º e 3º) implica a existência de um *dever* de reunir as causas conexas, não se tratando de mera faculdade do juiz. E se há propriamente um *dever*, a consequência lógica da ausência de reunião e julgamento conjunto de "processos de ações conexas" é a *possível* nulidade de atos decisórios. Detalhamentos extraídos da doutrina especializada: i) incide em *error in procedendo* a autoridade judicial que descumpre o dever *simultaneus processos*; ii) se, a despeito de decididas em separado, as ações conexas receberem julgamentos harmoniosos, disso não resultará prejuízo, afastada a hipótese de nulidade; e iii) se, de outro lado, despontarem decisões incompatíveis, aquela proferida pelo juízo não prevento é passível de nulidade e, ocorrendo o trânsito em julgado, abre-se ensejo à ação rescisória (CPC/2015, art. 966, V) (OLIVEIRA, Bruno Silveira. *Breves Comentários ao Novo Código de Processo Civil.* Coordenadores: Teresa Arruda Alvim Wambier, Fredie Didier Jr., Eduardo Talamini e Bruno Dantas. São Paulo: Revista dos Tribunais, 2015. pp. 227-228). Há julgado no seguinte sentido: "Tratando-se de ações conexas [ações reivindicatória e de anulação de negócios jurídicos] e tendo uma das partes requerido, oportuna e fundamentadamente, o julgamento conjunto, a desconsideração do pleito pelo órgão julgador conduz à nulidade da decisão proferida. Prejuízo advindo a uma das partes em face do julgamento realizado separadamente" (STJ, REsp nº 131.862, 4ª Turma, rel. Min. Barros Monteiro, julgamento: 28.10.2003, disponível em: www.stj.jus.br).

Conexidade entre ação coletiva e ações individuais: havendo conexidade entre *ação coletiva* (CDC, art. 81, I e II do parágrafo único) e *demandas individuais*, fundadas no mesmo fato, a solução dada pela lei segue caminho diverso. Ou seja, o autor de ação individual somente será beneficiado pelos efeitos da coisa julgada oriunda do julgamento da ação coletiva (excetuado decisão de improcedência por insuficiência de provas) se, a contar da ciência nos autos do ajuizamento desta, diligenciar, no prazo de trinta dias, a suspensão do feito. *Não haverá, portanto, reunião de causas para julgamento conjunto.*

Execução de título extrajudicial e "ações de conhecimento": mesmo antes do advento do CPC/2015, já se tinha firme orientação jurisprudencial admitindo a reunião entre "execução de título executivo" e "ações de conhecimento" (anulatórias, declaratórias de inexistência de dívida) a fim de evitar decisões conflitantes. Nesse sentido: i) "precedendo à ação anulatória uma execução, aquela passa a exercer perante esta inegável influência prejudicial a recomendar" reunião, *in simultaneo processu*, "como expediente apto a evitar decisões conflitantes"; ii) não é razoável "permitir que a ação anulatória do débito caminhe isoladamente da execução calcada na obrigação que se quer nulificar, por isso que, exitosa a ação de conhecimento, o seu resultado pode frustrar-se diante de execução já ultimada" (STJ, REsp nº 722.303/RS, 1ª Turma, rel. Min. Luiz Fux, julgamento: 15.08.2006, disponível em: www.stj.jus.br).

Execuções fundadas no mesmo título executivo: como sabido, o título executivo constitui a prova pré-constituída da causa de pedir da ação executória, a qual "consiste na alegação, realizada pelo credor na inicial, de que o devedor não cumpriu, espontaneamente, o direito ou a obrigação constante do título" (ASSIS, Araken. *Manual da Execução*. 18. ed. São Paulo: Revista dos Tribunais, 2016. p. 206). Se duas ou mais execuções civis fundam-se num mesmo título executivo, isso significa que possuem identidade (total ou parcial) de causa de pedir; por isso, reputar-se-ão conexas, nos moldes previstos no art. 55, *caput*, do CPC/2015. Nada mais adequado, portanto, que sejam elas reunidas perante o juízo prevento, quer para evitar decisões contraditórias, quer ainda em prol da economia e eficiência da atividade jurisdicional.

Conexão imprópria: já se entendia, antes do advento do CPC/2015, que as normas sobre conexão objetivam "evitar decisões contraditórias, de maneira que não precisa ser absoluta a identidade entre os objetos ou as causas de pedir das ações tidas por conexas"; basta "existir liame que torne necessário o julgamento unificado das demandas" (STJ, REsp nº 780.509, 4ª Turma, rel. Min. Raul Araújo, julgamento: 25.09.2012, disponível em: www.stj.jus.br) – na mesma linha: STJ, REsp nº 1.226.016/RJ, 3ª Turma, rel. Min. Nancy Andrighi, julgamento: 15.03.2011, disponível em: www.stj.jus.br. É o que se denomina conexão *em sentido lato* ou *imprópria*, posicionamento acolhido expressamente pelo CPC/2015, de modo que hoje perdeu-se muito do sentido prático de minudenciar em doutrina os elementos cuja presença identifica a semelhança exigida entre causas para a materialização da conexidade. Tem-se atualmente, a partir do que reza o §3º do art. 55 do CPC/2015, espécie de "cláusula draga", que atrai a consequência da conexão para feitos não adequadamente ajustados na moldura do *caput* do art. 55. Por tal razão, para as causas serem reunidas num único órgão judiciário, bastará o risco da prolação de decisões conflitantes ou contraditórias. Claro que não será suficiente ao juiz decidir pautado na mera intuição de que, permanecendo as coisas como estão, se terão, muito provavelmente, resultados decisórios capazes de entrar em rota de conflito. Em miúdos: exige-se da autoridade judicial que justifique a reunião das causas, de um lado porque é direito fundamental das partes receberem decisões inteligíveis e motivadas; de outro, para que a determinação judicial possa ser examinada pelo segundo juiz, que poderá até, quem sabe, não acolher a competência declinada e, assim, suscitar conflito de competência (CPC/2015, art. 66, parágrafo único).

Recurso: o ato decisório (= decisão interlocutória) que ordena ou rejeita a reunião de causas em virtude da conexão não comporta impugnação autônoma, pela via do agravo de instrumento, pois não está insculpido no elenco taxativo previsto no art. 1.015 do CPC/2015. Deverá, portanto, ser atacado mediante recurso de apelação (CPC/2015, art. 1.009).

Art. 56. Dá-se a continência entre 2 (duas) ou mais ações quando houver identidade quanto às partes e à causa de pedir, mas o pedido de uma, por ser mais amplo, abrange o das demais.

Correspondente
CPC/1973, art. 104.

Conexidade entre causas: o art. 55 do CPC/2015 não esgota a definição do fenômeno chamado conexão. Muito pelo contrário, deixa-a em aberto e restringe-se a identificar *algumas* modalidades de conexidade entre ações em trâmite na justiça brasileira. É ilustrativa, em tal sentido, a previsão contida no §3º do art. 55, que nitidamente sugere espécie de conexão *de mais amplitude ou extensão*. Ao fim e ao cabo, cumpre à doutrina sistematizar aquilo que se entende por relações de conexidade, suas hipóteses e os liames que unem ações conexas entre si.

Continência como espécie de conexão: continência (ou "litispendência parcial") nada mais é que espécie de conexão (CPC/2015, art. 55). Por isso, as regras sobre restrições, processamento e implicações decorrentes da conexão entre causas aplicam-se, por extensão, às situações nas quais a continência for verificada (*vide comentários ao art. 55 do CPC/2015*), salvo disposição legal em sentido contrário – por exemplo: se a ação contida for intentada depois da ação continente, não haverá reunião de causas, e sim a extinção, sem resolução de mérito, da primeira (CPC/2015, art. 57). Pontes de Miranda, com acerto, reputa inútil dispositivo legal cujo intuito é regular a continência, pois sempre que duas causas forem consideradas continentes serão elas, por conseguinte, conexas. E não há tratamento diversificado entre conexão e continência, além do que as consequências são idênticas (PONTES DE MIRANDA, Francisco Cavalcanti. *Comentários ao Código de Processo Civil.* Tomo II. Rio de Janeiro: Editora Forense, 1974. pp. 465-466) – essa conclusão hoje é reforçada pelo que dispõe o §3º do art. 55 do CPC/2015.

Continência: dá-se a continência entre duas ou mais ações quando houver identidade quanto às partes e à causa de pedir, mas o pedido de uma, por ser mais amplo, abrange o pedido da(s) outra(s) (CPC/2015, art. 56) – nesse sentido: STJ, CC nº 20.808/MS, 1ª Seção, rel. Min. Demócrito Reinaldo, julgamento: 10.12.1997, disponível em: www.stj.jus.br). A diferença entre essas ações é apenas no objeto e, ainda assim, não é *qualitativa*, e sim *quantitativa*, podendo-se indicar, como exemplo, duas ações entre as mesmas pessoas, relativas a um contrato de mútuo, sendo que, na primeira delas, cobra-se apenas uma prestação, isto é, *uma parte* do mútuo, ao passo que, na outra, cobra-se *todo* o mútuo – logo, a última ação contém a primeira (PONTES DE MIRANDA, Francisco Cavalcanti. *Comentários ao Código de Processo Civil.* Tomo II. Rio de Janeiro: Editora Forense, 1974. p. 465).

Art. 57. Quando houver continência e a ação continente tiver sido proposta anteriormente, no processo relativo à ação contida será proferida sentença sem resolução de mérito, caso contrário, as ações serão necessariamente reunidas.

Correspondente
CPC/1973, art. 105.

Ações continente e contida: *ação continente* é aquela cujo pedido se apresenta mais abrangente, que engloba o(s) pedido(s) da(s) chamada(s) *ação(ões) contida(s)*. Essa identificação tem importância porque, a depender do momento em que essas demandas foram propostas, ter-se-ão implicações práticas distintas – vale dizer, ou a extinção da ação contida, ou a reunião das ações continente e contida(s) perante o juízo prevento.

Efeitos da continência: no que tange às consequências, há parcial diferença entre as demais hipóteses de conexão e a continência – lembrando-se que a última é espécie da primeira – *vide* comentários aos arts. 55 e 56. Haverá reunião entre ações continente e contida(s) perante o juízo prevento (CPC/2015, art. 58) para julgamento conjunto tão somente se a primeira tiver sido proposta depois da(s) última(s). Na situação oposta, isto é, tendo sido a ação continente intentada anteriormente, à(s) ação(ões) contida(s) se submeterá(ão) à sentença de extinção, sem resolução de mérito. Nada mais lógico, afinal "proposta em primeiro lugar a demanda mais extensa (continente), a propositura da menos extensa (contida) consistirá em mera (...) repetição – em toda a extensão desta – dos elementos já deduzidos naquela", de modo que "vem em boa hora a cominação de extinção da segunda sem resolução de mérito" (OLIVEIRA, Bruno Silveira. *Breves Comentários ao Novo Código de Processo Civil.* Coordenadores: Teresa Arruda Alvim Wambier, Fredie Didier Jr., Eduardo Talamini e Bruno Dantas. São Paulo: Revista dos Tribunais, 2015. pp. 227-228).

Obrigatoriedade da reunião de causas: verificada a continência, e não sendo o caso de ação continente proposta anteriormente à ação contida, dispõe a lei que "as ações serão *necessariamente* reunidas" (CPC/2015, art. 57). Ou seja, não tem o juiz aqui faculdade ou poder discricionário, cumprindo-lhe o *dever* de determinar a reunião entre as causas continente e contida perante o juiz prevento para que sejam submetidas a julgamento conjunto. Há, porém, forte posicionamento em contrário: "(...) nos termos do entendimento jurisprudencial firmado por esta Colenda Corte Superior de Justiça, a reunião de ações conexas para julgamento conjunto constitui faculdade do magistrado, pois cabe a ele gerenciar a marcha processual, deliberando pela conveniência, ou não, do processamento e julgamento simultâneo. Portanto, por ser uma faculdade do julgador, a decisão que reconhece a conexão ou a continência não impõe ao magistrado a obrigatoriedade de julgamento conjunto dos feitos" (STJ, AgInt no AREsp nº 868.077/RJ, 4ª Turma, rel. Min. Marco Buzzi, julgamento: 30.09.2019, disponível em: www.stj.jus.br).

Art. 58. A reunião das ações propostas em separado far-se-á no juízo prevento, onde serão decididas simultaneamente.

Correspondente

CPC/1973, art. 106.

Referências

Súmula nº 489 (STJ). Reconhecida a continência, devem ser reunidas na Justiça Federal as ações civis públicas propostas nesta e na justiça estadual.

Juízo prevento e reunião de causas: segundo clássica lição, a competência pode ser *preventa* ou *prejudicada*: a *preventa* dá-se entre juízos igualmente competentes para a mesma causa, prevalecendo a competência do foro do juízo que primeiro tomou conhecimento da causa, ficando assim *prejudicada* a competência do foro do outro juízo (ALMEIDA JUNIOR, João Mendes de. *Direito Judiciário Brasileiro*. 2. ed. Rio de Janeiro: Typographia Baptista de Souza, 1918. p. 57). Com o advento do CPC/2015, o juízo torna-se prevento a partir do *registro* ou da *distribuição* da petição inicial – *vide* comentários ao art. 59. Ou seja, "a regra geral é a de que a competência a ser prorrogada é a do juízo em que uma das causas ligadas por conexão ou continência for primeiro registrada ou distribuída" (THEODORO JÚNIOR, Humberto. *Curso de Direito Processual Civil*. v. 1. 56 ed. Rio de Janeiro: Forense, 2015. p. 240), disso derivando a reunião, no juízo prevento, das causas atreladas por relação de conexidade para julgamento simultâneo.

Art. 59. O registro ou a distribuição da petição inicial torna prevento o juízo.

Correspondente
CPC/1973, arts. 106 e 219.

***Perpetuatio iurisdictionis* e exceções**: rezava o art. 263 do CPC/1973 que a ação se considerava proposta quando a petição inicial fosse despachada pelo juiz ou, simplesmente, com a sua distribuição onde existisse mais de uma vara. Hoje, com o advento do CPC/2015, são dois os fatos jurídicos a partir dos quais podem ocorrer a identificação do juízo competente: i) o momento do registro da petição inicial; ou ii) o momento da distribuição da petição inicial. Na verdade, todos os processos sujeitam-se a registro, devendo ser distribuídos onde houver mais de um juiz (CPC/2015, art. 284). Em síntese: havendo na localidade *mais de um juiz* (a despeito do número de cartórios, se um, dois ou mais), a distribuição far-se-á indispensável e, a partir dela, ocorrerá a fixação da competência; de outra banda, onde haja *um único juiz*, a despeito do número de cartórios auxiliares, dispensar-se-á a distribuição, de modo que a fixação da competência terá como marco o próprio registro. Pela via do registro ou da distribuição da petição inicial, tem-se espécie de *estabilização* do juízo, pois a competência fixada para processamento e julgamento do feito tornar-se-á, muito provavelmente, invariável, sendo irrelevantes eventuais modificações do estado de fato ou de direito ocorridas no futuro. É a regra da *perpetuatio iurisdictionis*, atrelada exclusivamente à competência *relativa*, mediante a qual se busca, de um lado, tutelar a posição do autor, enquanto demandante, e, de outro, obstar que mudanças (no estado de fato e ou de direito) afetem a ordem e o rendimento da atividade jurisdicional (ALVIM, Arruda. *Manual de Direito Processual Civil*: Teoria Geral do Processo e Processo de Conhecimento. 17. ed. São Paulo: Revista dos Tribunais, 2017. p. 347). Mas há exceções à *perpetuatio iurisdictionis*: quer em razão da supressão de órgão judiciário, quer porque se alterou regra de competência absoluta, quer ainda em função da incidência de alguma regra respeitante à *modificação de competência* (CPC/2015, arts. 54 a 63), não se terá a perpetuação de competência já fixada. *Não se trata, portanto, de regra absoluta.*

Art. 60. Se o imóvel se achar situado em mais de um estado, comarca, seção ou subseção judiciária, a competência territorial do juízo prevento estender-se-á sobre a totalidade do imóvel.

Correspondente
CPC/1973, art. 107.

Imóvel situado em mais de um estado, comarca, seção ou subseção judiciária: de acordo com o CPC/2015, para ações fundadas em direito real sobre imóveis é competente o foro de situação da coisa. Detalhamentos: i) o autor pode optar pelo foro de domicílio do réu ou pelo foro de eleição se o litígio não recair sobre direito de propriedade, vizinhança, servidão, divisão e demarcação de terras e de nunciação de obra nova; ii) a ação possessória imobiliária será proposta no foro de situação da coisa, cujo juízo tem competência absoluta (CPC/2015, art. 47, §§1º e 2º). Se o imóvel, porém, extravasar os limites territoriais de um estado, comarca, seção ou subseção judiciária, o foro competente será determinado pela prevenção, de modo que a competência territorial do juízo prevento, *inclusive para processamento e julgamento de causas conexas (conexão e continência)*, estender-se-á sobre a totalidade do imóvel. Nessa linha, já se decidiu que, pertencendo a área controvertida "a uma região limítrofe entre os Estados da Bahia e Goiás, (...) a competência para processar e julgar ações possessórias versando sobre imóvel localizado nesta região é definida pela regra da prevenção" (STJ, CC nº 39.766, 2ª Seção, rel. Min. Antônio de Pádua Ribeiro, julgamento: 25.08.2004, disponível em: www.stj.jus.br). Há, ademais, julgados estendendo o alcance da regra do art. 60 do CPC/2015 (correspondente ao revogado art. 107 do CPC/1973) para situações de indefinição dos limites territoriais do imóvel – nesse sentido: STJ, CC nº 9.981, 2ª Seção, rel. Min. Ruy Rosado de Aguiar, julgamento: 30.11.1994, disponível em: www.stj.jus.br).

Art. 61. A ação acessória será proposta no juízo competente para a ação principal.

Correspondente
CPC/1973, art. 108.

***Acessoriedade* entre ações**: há situações entre demandas em que se percebe uma relação de subordinação, ou seja, "uma das causas exerce sobre a outra uma inflexão de preponderância jurídica" (PEREIRA, Hélio do Valle. *Manual de Direito Processual Civil*: Processo de Conhecimento. 2ª ed. Campinas: Conceito Editorial, 2008. p. 285). Sobre o tema, Cândido Rangel Dinamarco tece observações: i) é útil, para o conceito de ação acessória, invocar o art. 92 do CC/2002, segundo o qual *principal* é o bem que existe sobre si, abstrata ou concretamente, ao passo que *acessório* é aquele cuja existência supõe a do *principal*; ii) essa relação pode se dar seja no plano jurídico-material (por exemplo, o direito aos juros é acessório ao crédito sobre o qual os juros incidem), seja no âmbito procedimental-jurisdicional, "quando se veem certas ações que só têm vida quando associadas a outras" (por exemplo, o caso das medidas urgentes que se associam a uma demanda principal) (DINAMARCO, Cândido Rangel. *Comentários ao Código de Processo Civil*. v. I. Coordenadores: José Roberto F. Gouvêa, Luis Guilherme A. Bondioli e João Francisco N. da Fonseca. São Paulo: Saraiva, 2018. p. 319). Exemplos de ações acessórias: ação de embargos de terceiro e ação de onde proveio a constrição ou ameaça de constrição sobre bens; ação de execução fundada em título executivo judicial e ação de embargos à execução; ação destinada à cobrança do valor principal e ação destinada a cobrança de juros ou perdas e danos; ação intentada pelo perito judicial para cobrar seus honorários e a ação em que ele exerceu seu ofício.

O acessório segue o principal: é conhecida a lição de que "a competência é do juiz da causa-fonte" (PONTES DE MIRANDA, Francisco Cavalcanti. *Comentários ao Código de Processo Civil*. Tomo II.

Rio de Janeiro: Editora Forense, 1974. p. 311). Ou seja, o juízo competente para a ação principal atrai a causa acessória. Com isso, pretende-se um serviço jurisdicional mais aprimorado, com economia de meios e aproveitamento de atos (em especial os atos probatórios), evitando-se ainda decisões conflitantes. Se há causa principal (pendente ou mesmo já extinta), isso significa que a acessória deve ser promovida perante o mesmo juízo já prevento, a quem cabe (ou coube, em caso de causa já extinta) processar e julgar aquela. De outro lado, sendo necessário intentar a ação acessória em primeiro lugar, deve o autor fazê-lo no juízo competente para a ação principal, de modo que este se tornará prevento, a ele competindo por óbvio processar e julgar a futura ação principal.

Competência absoluta: trata-se aqui, em relação ao que dispõe o art. 61 do CPC/2015, de competência funcional e, por isso, *absoluta* (CPC/2015, art. 62).

Art. 62. A competência determinada em razão da matéria, da pessoa ou da função é inderrogável por convenção das partes.

Correspondente
CPC/1973, art. 111.

Competência absoluta: as regras de competência *absoluta* fundam-se no *interesse público* e são traçadas primacialmente pela própria Constituição, seguindo-se para uma subdivisão de atribuições jurisdicionais de cuja regulamentação ocupa-se o legislador infraconstitucional. É a competência absoluta *pressuposto processual de validade*. Trata-se de matéria de *ordem pública*, por isso se admite à autoridade judiciária, desde que respeitado o contraditório (CPC/2015, art. 10), que a declare de ofício (CPC/2015, art. 337, §5º), em qualquer tempo e grau de jurisdição (CPC/2015, art. 64, §1º), de modo que não está sujeita à preclusão – lembre-se que a lei admite até *ação rescisória* contra decisão proferida por juízo absolutamente incompetente (CPC/2015, art. 966, II). Como aponta a doutrina: i) as regras definidoras da competência absoluta justificam-se em função da sua íntima relação com o princípio do juízo natural, corolário do devido processo legal, motivo pelo qual não se pode afastá-las nem mediante convenção entabulada pelas partes (= vedação da clausula de eleição de foro); ii) a hipótese de sentença proferida por juiz absolutamente incompetente compõe as poucas situações em que o vício do ato processual não pode ser sanado por meio de atos de aproveitamento e/ou ratificação, ainda que a partir de uma análise atenta à instrumentalidade das formas e à própria finalidade do ato praticado; iii) somente o efeito saneador geral da coisa julgada, *após o prazo da ação rescisória*, mostra-se apto para eliminar o vício gravíssimo (= "vício insanável", "nulidade de fundo", "vício essencial") oriundo de decisão proferida por órgão judicial absolutamente incompetente (MATOS, Rafael Alfredi. *A invalidade dos atos processuais no processo civil.* Dissertação (Mestrado em Direito). Programa de Pós-Graduação em Direito da Faculdade de direito da Universidade de São Paulo, 2015. pp. 117-118). Logo se vê que as regras de competência absoluta, haja vista o caráter irrevogável que as identifica, não se submetem à modificação de competência em razão da conexão ou continência, e tampouco podem ser alvo de negócios jurídicos procedimentais (CPC/2015, art. 190) – a "competência determinada em razão da matéria, da pessoa ou da função *é inderrogável por convenção das partes*" (CPC/2015, art. 62).

Critérios de competência absoluta: reza a lei que a competência absoluta é determinada em razão da matéria, da pessoa ou da função, sendo inderrogável por convenção das partes (CPC/2015, art. 62). Sobre o assunto, ensinam Klippel e Adonias Bastos: i) *em razão da matéria*: o critério adotado pelo legislador para partilhar a função jurisdicional foi *o tipo ou a espécie de lide ou conflito* (identificado por meio da análise da causa de pedir e do pedido) deduzido em juízo – por exemplo: é competência do STF processar e julgar, originariamente, ações diretas de inconstitucionalidade de lei ou ato normativo federal ou estadual e ações declaratórias de constitucionalidade de lei ou ato normativo federal (CF/88, art. 102, I, a); ii) *em razão da pessoa*: o critério adotado pelo legislador para distribuir o poder de julgar leva em consideração *quem são as partes processuais* (pouco importa o tipo de lide ou conflito de direito material), de modo que a presença de certas pessoas, físicas ou jurídicas, nos polos ativo ou passivo da demanda é o fator determinante para a fixação da competência (em doutrina fala-se em "prerrogativa de foro") – por exemplo: cumpre aos juízes federais processar e julgar as causas em que a União, entidade autárquica ou empresa pública federal forem interessadas na condição de autoras, rés, assistentes ou oponentes (CF/88, art. 109, I); e iii) *em razão da função*: aqui o critério adotado pelo legislador para partilhar o poder de julgar não diz respeito a uma peculiaridade da lide deduzida em juízo, e sim *ao exercício de determinada função (= função jurisdicional) pelo julgador* no âmbito procedimental-jurisdicional – por exemplo: todas as competências recursais seguem o critério funcional (= escolha de qual órgão competente do Judiciário é o competente para processar e julgar dado recurso); o juiz da causa principal é o competente para a causa reconvencional (KLIPPEL, Rodrigo; BASTOS, Antonio Adonias. *Manual de Processo Civil*. Rio de Janeiro: Lumen Juris, 2011. pp. 121-131).

Art. 63. As partes podem modificar a competência em razão do valor e do território, elegendo foro onde será proposta ação oriunda de direito e obrigações.

§1º A eleição de foro só produz efeito quando constar de instrumento escrito e aludir expressamente a determinado negócio jurídico.

§2º O foro contratual obriga os herdeiros e sucessores das partes.

§3º Antes da citação, a cláusula de eleição de foro, se abusiva, pode ser reputada ineficaz de ofício pelo juiz, que determinará a remessa dos autos ao juízo do foro de domicílio do réu.

§4º Citado, incumbe ao réu alegar a abusividade da cláusula de eleição de foro na contestação, sob pena de preclusão.

Correspondente

CPC/1973, art. 111.

Referências

Súmula nº 335 (STF). É válida cláusula de eleição do foro para os processos oriundos do contrato.

Súmula nº 33 (STJ). A incompetência relativa não pode ser declarada de ofício.

Competência relativa: o *interesse das partes* é a principal diretriz utilizada pelo legislador para construir a normatividade sobre a competência relativa. *Salvo exceções legais*, é justamente por primar pelo interesse privado que: i) a competência relativa não é considerada pressuposto processual; ii) as regras de competência relativa são prorrogáveis pela vontade das partes (= tácita ou expressa) e por força da lei (= conexão e continência); iii) a incompetência relativa não pode ser conhecida de ofício pelo órgão judicial e se sujeita à preclusão (= decurso *in albis* do prazo para a contestação) – afinal, não é considerada matéria de ordem pública; e iv) deve-se aproveitar atos praticados por juízo relativamente incompetente.

Herdeiros e sucessores das partes: o foro contratual obriga herdeiros e sucessores das partes (CPC/2015, art. 63, §2º). Significa, pois, que tanto a sucessão *inter vivos* como a *mortis causa* estão abrangidas pela regra – "os adquirentes dos direitos do sucedido, embora não tenham participado da formulação da cláusula de eleição de foro, estão a ela subordinados, nos casos em que ela se aplica" (DALL'AGNOL, Antônio. *Comentários ao Código de Processo Civil*. v. 2. Coordenação: Ovídio A. Baptista da Silva. São Paulo: Revista dos Tribunais, 2000. p. 56).

Critérios de competência relativa: reza a lei que a competência *relativa* é determinada em razão do valor e do território, podendo as partes eleger foro onde será proposta ação oriunda de direitos e obrigações (CPC/2015, art. 63, *caput*). Klippel e Adonias Bastos detalham estes critérios: i) *em razão do valor*: é critério cuja referência é o valor da causa, que tem por finalidade representar economicamente a vantagem que o autor pretende obter com o ajuizamento da demanda – por exemplo: compete ao Juizado Especial Federal Cível processar, conciliar e julgar causas de competência da Justiça Federal até o valor de sessenta salários mínimos (Lei nº 10.259/01, art. 3º); compete aos Juizados Estaduais Cíveis processar e julgar demandas cujo valor da causa não exceda quarenta salários mínimos (Lei nº 9.099/95, art. 3º); ii) *em razão do território*: a determinação de atribuição de julgar a órgão judiciário situado em dado território, critério muito utilizado pelo legislador e disperso por todo o ordenamento jurídico, dá-se de acordo com a pertinência que a circunscrição jurisdicional possua em relação (a) ao lugar em que as partes se localizam (domicílio ou residência), (b) ao local onde se encontra o bem da vida objeto de tutela e (c) ao lugar em que ocorreram fatos que consubstanciaram a causa de pedir – por exemplo: a ação fundada em direito pessoal ou em direito real sobre bens móveis será proposta no domicílio do réu (CPC/2015, art. 46, *caput*); a demanda fundada em relação de consumo deve ser intentada no foro do domicílio do consumidor (CDC, art. 101, I); o ajuizamento de ação civil pública para obstar dano ao ambiente deve ocorrer no local em que este foi verificado (LACP, art. 2º) (KLIPPEL, Rodrigo; BASTOS, Antonio Adonias. *Manual de Processo Civil*. Rio de Janeiro: Lumen Juris, 2011. pp. 121-131).

Cláusula de eleição de foro: se estiverem envolvidas regras de competência relativa, as partes têm a liberalidade de eleger, *via instrumento escrito e que faça alusão expressa a determinado negócio jurídico*, o foro onde será proposta eventual demanda oriunda de direito e obrigações (CPC/2015, art. 63, §1º). Exige-se, portanto, ajuste expresso, não se admitindo outra prova que não a da exibição do próprio instrumento; ou há ajuste escrito – que não pode ser genérico, e sim específico a determinado negócio jurídico –, ou nada há (DALL'AGNOL, Antônio. *Comentários ao Código de Processo Civil*. v. 2. Coordenação: Ovídio A. Baptista da Silva. São Paulo: Revista dos Tribunais, 2000. p. 55). Conquanto o *caput* do art. 63 se refira exclusivamente à "ação oriunda de direitos e obrigações", a lei admite ao autor fazer opção pelo foro de domicílio do réu ou pelo foro de eleição para ações fundadas em direito real sobre imóveis, desde que não recaia sobre direito de propriedade, vizinhança, servidão, divisão e demarcação de terras e de nunciação de obra nova (CPC/2015, art. 47, *caput* e §1º). Lembre-se: não se admite cláusula de eleição de foro em relação a regras de competência determinadas em razão da matéria, da pessoa ou da função (= competência absoluta), pois inderrogáveis por convenção entre as partes (CPC/2015, art. 62).

Momento para arguir incompetência relativa: não está o juiz autorizado a conhecer, *sem provocação*, de matéria relacionada à incompetência relativa (art. 337, §5º), de modo que cumpre ao réu alegá-la em preliminar de contestação (CPC/2015, art. 337, II) – nesse sentido, a Súmula 33 do STJ ("a incompetência relativa não pode ser declarada de ofício"). Se não o fizer em tempo e modo adequados (= inércia do réu), estará impedido de argui-la em função da barreira da preclusão. Em tal caso, ter-se-á *prorrogação de competência* – o juiz até então incompetente tornar-se-á competente para a causa.

Declaração de ofício da abusividade de cláusula de eleição de foro: sempre foi tranquilo o entendimento de que a incompetência *relativa* não pode ser declarada de ofício pelo juiz. Tanto assim que o CPC/2015, como o anterior, assinala, entre as hipóteses em que tem lugar a ação rescisória, o da sentença proferida por juiz *absolutamente* incompetente (CPC/2015, art. 966, II), não fazendo alusão à incompetência *relativa*; afinal de contas, nesse último caso, exige-se arguição da parte, em *tempo e modo adequados*, sob pena de preclusão (TESHEINER, José Maria. *Pressupostos processuais e nulidades no processo civil*. São Paulo: Saraiva, 2000. p. 54). Por isso não deixa de despertar curiosidade o comando legal que licencia o julgador, *de ofício e antes da citação*, a declarar ineficaz cláusula de eleição de foro *abusiva*, hipótese em que deve ordenar a remessa dos autos ao juízo do foro de domicílio do réu (CPC/2015, art. 63, §5º). *Abusiva* é a cláusula de eleição de foro que afaste regra de competência absoluta ou, ainda, que impinja óbice, *desde que haja previsão legal*, à parte hipossuficiente, a exemplo do que muitas vezes é verificado em contratos atinentes ao tema *relação de consumo* – prescreve o CDC: são nulas de pleno direito as cláusulas contratuais relativas ao fornecimento de produtos e serviços que estabeleçam obrigações consideradas iníquas, abusivas, que coloquem o consumidor em desvantagem exagerada, ou sejam incompatíveis com a boa-fé ou a equidade (CDC, art. 51, IV). Visivelmente o §3º do art. 63 excepciona a *dispositividade* que é inerente à competência relativa. Trata-se de uma ressalva à orientação normativa geral de que as partes estão autorizadas a modificar a competência relativa, quer de forma expressa, quer de forma tácita. Em miúdos: intentada demanda em localidade prevista em cláusula de eleição de foro, admite-se à autoridade judicial declarar, *antes da citação e de ofício*, a sua abusividade. Acontece, porém, que há problemas seriíssimos no aludido dispositivo. Em primeiro lugar, veja-se que, pelo cotejamento dos §§3º e 4º do art. 63 do CPC/2015, conclui-se que o legislador instituiu hipótese de agir oficioso do juiz restrita a uma particular etapa do procedimento jurisdicional, isto é, ele somente pode atuar sem a provocação *até a citação*; depois de citado, incumbe ao réu alegar a abusividade da cláusula de eleição do foro na contestação, sob pena de preclusão. É espécie de ordem pública "meia boca", durável até determinado ponto. Daqui até ali, tem-se indisponibilidade (= interesse público); dali em diante, disponibilidade (= interesse privado). Estranhíssima a opção legislativa! Pior ainda é a autorização para que o juiz declare a abusividade da cláusula de eleição de foro *antes da citação*, o que significa uma verdadeira licença legal para decidir em desatenção ao debate em contraditório. Afinal de contas, o CPC/2015 também dispõe, entre as *Normas Fundamentais do Processo*, que "o juiz não pode decidir, em grau algum de jurisdição, *com base em fundamento a respeito do qual não se tenha dado às partes oportunidade de se manifestar, ainda que se trate de matéria sobre a qual deva decidir de ofício*" (CPC/2015, art. 10). E não se pode encarar o §3º do art. 63 (mais específico) como exceção ao art. 10 (mais genérico) pela singela razão de que o contraditório é uma garantia fundamental do cidadão, vale dizer, possui natureza constitucional. Arremate: i) apresenta-se inconstitucional o §3º do art. 63 do CPC/2015 (= não há urgência que coloque em rota de risco eventual direito em jogo para justificar a postecipação do contraditório); ii) deve prevalecer a interpretação de que a autoridade judicial não está autorizada a declarar, antes da citação, a abusividade da cláusula de eleição de foro, de modo que somente pode fazê-lo se, depois de oportunizado o contraditório, o réu arguir o tal vício material em sede de contestação; iii) se o réu não arguir em contestação a abusividade da cláusula de eleição de foro, opera-se a preclusão e, sobretudo, ter-se-á o fenômeno da prorrogação da competência – a invalidade da cláusula não mais poderá ser suscitada, tampouco o juiz poderá reconhecê-la *ex officio* (salvo em se tratando de matéria de ordem pública, assim devidamente reconhecida pelo ordenamento jurídico).

Cláusula de eleição de foro e contrato de adesão: há firme posicionamento dos tribunais brasileiros no sentido de que é válida a cláusula de eleição de foro entabulada em contrato de adesão, desde que não obste o acesso à jurisdição, nem a necessária liberdade para contratar. Desse modo, para que seja anulada cláusula de eleição de foro, é imprescindível a constatação do cerceamento de defesa e da hipossuficiência do aderente (STJ, AgInt nos EDcl no CC nº 156.994/SP, 2ª Seção, julgamento: 10.10.2018, disponível: www.stj.jus.br).

Seção III

DA INCOMPETÊNCIA

Art. 64. A incompetência, absoluta ou relativa, será alegada como questão preliminar de contestação.

§1º A incompetência absoluta pode ser alegada em qualquer tempo e grau de jurisdição e deve ser declarada de ofício.

§2º Após manifestação da parte contrária, o juiz decidirá imediatamente a alegação de incompetência.

§3º Caso a alegação de incompetência seja acolhida, os autos serão remetidos ao juízo competente.

§4º Salvo decisão judicial em sentido contrário, conservar-se-ão os efeitos de decisão proferida pelo juízo incompetente até que outra seja proferida, se for o caso, pelo juízo competente.

Correspondente

CPC/1973, arts. 112 e 113.

Referências

Súmula nº 33 (STJ). A incompetência relativa não pode ser declarada de ofício.

Súmula nº 59 (STJ). Não há conflito de competência se já existe sentença com trânsito em julgado, proferida por um dos juízos conflitantes.

Competência absoluta e competência relativa: a depender do interesse envolvido, público ou privado, o legislador impinge à competência as qualidades, respectivamente, *absoluta* e *relativa*. Segundo dispõe a lei, são *absolutas* as competências em razão da *matéria*, da *pessoa* e da *função* (CPC/2015, art. 62), ao passo que são *relativas* as competências em razão do *valor* e do *território* (CPC/2015, art. 63). *O legislador, porém, não raramente traz exceções* *a essas regras*. Alguns detalhes apontados pela doutrina: i) a competência absoluta não comporta modificação; a relativa é prorrogável pela vontade das partes e por força de lei; ii) a incompetência absoluta é matéria de ordem pública, declarável de ofício a qualquer tempo e grau de jurisdição, não se sujeitando à preclusão; a incompetência relativa não pode ser conhecida de ofício pelo juiz e está sujeita à preclusão (não é matéria de ordem pública); iii) a incompetência absoluta acarreta nulidade absoluta, sanável pelo decurso do prazo de dois anos para o ajuizamento de ação rescisória; a relativa gera nulidade relativa, sanável pela preclusão (decurso do prazo para a contestação *in albis*); iv) a arguição da incompetência absoluta tem natureza de objeção; a arguição da incompetência relativa tem natureza de exceção – a forma de arguição da incompetência, absoluta e relativa, é a mesma, vale dizer, devem ser suscitadas na contestação (CPC/2015, art. 337, II); v) a competência absoluta do juízo é pressuposto processual de validade; a competência relativa não é pressuposto processual (PIZZOL, Patrícia Miranda. *Comentários ao Código de Processo Civil*: Arts. 1º a 317 – Parte Geral. Coordenador: Cassio Scarpinella Bueno. São Paulo: Saraiva, 2017. p. 374).

Incompetência absoluta: reza o CPC/2015 que a incompetência absoluta pode ser alegada *em qualquer tempo e grau de jurisdição* (CPC/2015, art. 64, §1º). No entanto, como mostra Cândido Rangel Dinamarco, é preciso algum cuidado para interpretar esse dispositivo: i) embora a lei não faça restrição, "essa apreciação nas instâncias superiores só será possível quando a incompetência houver sido prequestionada perante o tribunal local e expressamente alegada como fundamento do recurso especial ou extraordinário – porque tais recursos são de admissibilidade estrita (...), e só comportam conhecimento nos precisos limites do prequestionamento e da interposição" (CF/88, arts. 102, III, e 105, III); e ii) "o vício de incompetência absoluta pode sobreviver ao próprio processo, sendo suscetível de alegação e apreciação em ação rescisória independentemente de qualquer manifestação do juiz ou das partes no processo de origem (...) – ou seja, sem necessidade do prequestionamento exigido para o recurso especial ou par ao extraordinário" (DINAMARCO, Cândido Rangel. *Comentários ao*

Código de Processo Civil. v. I. Coordenadores: José Roberto F. Gouvêa, Luis Guilherme A. Bondioli e João Francisco N. da Fonseca. São Paulo: Saraiva, 2018. pp. 331-332).

Incompetência e modo de arguição: antes de enfrentar o mérito da causa, incumbe ao réu alegar, entre outras matérias, a incompetência absoluta ou relativa (CPC/2015, art. 337, II). Ou seja, a arguição da incompetência deve ser formulada como *questão preliminar de contestação* (CPC/2015, art. 64, *caput*). Embora o CPC/1973 estabelecesse que a incompetência relativa devia ser alegada por exceção de incompetência, e a absoluta, via preliminar na contestação, a jurisprudência já vinha admitindo a alegação de incompetência relativa mesmo como preliminar de contestação, em respeito à instrumentalidade das formas, ao aproveitamento dos atos processuais e desde que não houvesse prejuízo à parte contrária (GARCIA MEDINA, José Miguel. *Novo Código de Processo Civil Comentado.* São Paulo: Revista dos Tribunais, 2015. p. 138). Na hipótese de incompetência *absoluta,* a ausência de arguição do grave vício em contestação não implicará óbice à parte para fazê-lo em momento posterior, até porque a autoridade judicial tem permissão legal para declará-lo mesmo *ex officio,* em qualquer tempo e grau de jurisdição (CPC/2015, art. 64, §1º c/c §5º do art. 337). O mesmo não se dará, no entanto, em se tratando de incompetência *relativa,* pois a sua não arguição em tempo e modo adequados acarretará a prorrogação da competência, e a barreira da preclusão será um impeditivo ao réu desatento (CPC/2015, art. 337, §5º). Importante: havendo alegação de incompetência relativa ou absoluta, a lei admite, nos moldes do art. 340 do CPC/2015, que a contestação seja protocolizada no foro de domicílio do réu, fato que será imediatamente comunicado ao juiz da causa, preferencialmente por meio eletrônico.

Respeito ao contraditório, definição imediata e remessa dos autos ao juízo competente: não importa a natureza da incompetência (absoluta ou relativa), tampouco quem a arrastou para os autos do processo, se o réu ou o juiz *por iniciativa própria* (na hipótese de incompetência absoluta); antes de decidir sobre a questão, impõe-se ao órgão judicial oportunizar às partes o debate em contraditório

(CPC/2015, art. 10 c/c §2º do art. 64). De mais a mais, a lei prescreve que, após a manifestação da parte contrária (ou *das partes*, em caso de atuação *ex officio* do juiz), a questão sobre a incompetência dever ser decidida *imediatamente*. Nada mais adequado, até para se evitarem possíveis nulidades, sendo de todo condenável a postura de se deixar para o final, já concluídas todas as etapas procedimentais, o julgamento de questões preliminares. Mais: declarada a incompetência, cumpre ao órgão judicial determinar a remessa dos autos para o juízo competente (CPC/2015, art. 64, §§2º e 3º), lembrando-se que eventual discordância formulada pelo segundo juízo pode deflagrar conflito negativo de competência (CPC/2015, art. 66, II). Importante: o reconhecimento da incompetência absoluta acarretará a invalidação dos atos decisórios, em atenção ao que estabelece o §4º do art. 64 do CPC/2015, jamais a extinção do feito (ASSIS, Araken. *Processo civil brasileiro*. Parte Geral: fundamentos e distribuição de conflitos. v. I. Tomo I. São Paulo: Revista dos Tribunais, 2015. pp. 1.223-1.225) – nesse sentido: STJ, REsp nº 10.766/SP, 4ª Turma, julgamento: 26.06.1999, rel. Min. Sálvio de Figueiredo Teixeira, disponível em: www.stj.jus.br.

Conservação dos efeitos de decisão proferida por juízo incompetente: tinha-se no CPC/1973 controversa regra impondo que, reconhecida a incompetência absoluta, os atos decisórios seriam nulos (CPC/1973, art. 113, §2º). A partir do advento do CPC/2015, a orientação normativa passou a seguir fluxo oposto, de modo que, salvo decisão judicial em contrário, conservar-se-ão os efeitos das decisões proferidas pelo juízo incompetente até que outra seja proferida, se caso for, pelo juízo competente (CPC/2015, art. 64, §4º). É regramento válido para situações envolvendo casos de incompetência relativa e absoluta; pouco importa. Para ilustrar a vertente acolhida pelo CPC/2015, confira-se a lição de José Miguel Garcia Medina: "As regras relativas à definição do juízo competente nem sempre são de fácil interpretação e, não raro, há, mesmo na jurisprudência dos tribunais superiores, controvérsia a respeito. Se é certo, de um lado, que as partes podem ter errado ao ajuizar a ação perante órgão incompetente, não menos certo é dizer que, tendo em vista que as hipóteses de incompetência absoluta devem ser conhecidas *ex officio* pelo juiz, não podem as partes ser prejudicas nos casos em que o vício não é corrigido *antes* de proferida a decisão. De qualquer forma, terá havido prestação jurisdicional, ainda que proporcionada por órgão incompetente. As regras relativas à atribuição de competência aos órgãos jurisdicionais existem para se aperfeiçoar a prestação do serviço jurisdicional, e os requisitos processuais existem para propiciar a obtenção, do melhor modo possível, da solução da lide. Por tal razão, deve ser afastada qualquer interpretação que não seja condizente com esta finalidade. Dispunha o art. 113, §2º do CPC/1973 que, reconhecida a incompetência absoluta, os atos decisórios seriam nulos. Sustentávamos ser incorreto entender, com fundamento em tal regra processual, que, reconhecida a nulidade, deveriam ser automaticamente cassados os efeitos da decisão judicial. Nos casos em que o vício resume-se à incompetência do juízo do qual emanou a decisão judicial, devem os efeitos (substanciais e processuais) ser conservados, até que outra decisão seja proferida pelo juízo competente. Coerentemente com esse modo de pensar, o CPC/2015 não reproduziu a regra (...) e dispôs, no art. 64, §3º, que 'salvo decisão judicial em sentido contrário, conservar-se-ão os efeitos das decisões proferidas pelo juízo incompetente, até que outra seja proferida, se for o caso, pelo juízo competente'. Aplica-se a regra, como é evidente, não apenas à hipótese de incompetência absoluta, como também, a fortiori, em casos de incompetência relativa" (GARCIA MEDINA, José Miguel. *Novo Código de Processo Civil Comentado.* 3. ed. São Paulo: Revista dos Tribunais, 2015. pp. 138-139). *Vide* também: GRECO, Leonardo. A *translatio iudicci* e a reassunção do processo. *Revista de Processo – RePro,* ano 33, n. 166, dez. 2008. São Paulo: Revista dos Tribunais, pp. 09-26.

Incompetência absoluta superveniente: às vezes, tem-se incompetência absoluta do juízo não porque o autor se equivocou na definição do juízo competente (incompetência absoluta originária), *mas por motivo cujo surgimento aparece depois.* É o que ocorre, por exemplo, quando a União intervém em causa até então processada na Justiça Estadual (CF/88, art. 109, I). Como mostra Araken de Assis: i) "toda nulidade corresponde a um vício contemporâneo à formação do ato ou do negócio jurídico", de modo que inexiste "nulidade por motivo superveniente"; ii) por isso, "nas exceções admissíveis à regra da perpetuação da competência (art. 43), principalmente nas modificações supervenientes do estado de direito em tema de competência absoluta, os atos decisórios, *emitidos até o momento da alteração da competência,* subsistirão íntegros, porque existentes e válidos" (ASSIS, Araken. *Processo civil brasileiro*. Parte Geral: fundamentos e distribuição de conflitos. v. I. Tomo I. São Paulo: Revista dos Tribunais, 2015. p. 1.223).

Decisão proferida por juízo incompetente e preclusão: lê-se no §4º do art. 64 do CPC/2015 que, "*salvo decisão judicial em sentido contrário*, conservar-se-ão os efeitos da decisão proferida pelo juízo incompetente *até que outra seja proferida*, se for o caso, pelo juízo competente". Tem-se a impressão de que a lei possibilita ao próprio juízo incompetente rever decisão por ele anteriormente tomada ("salvo decisão judicial em sentido contrário..."), embora não indique em que circunstâncias isso seria lícito. A reboque, a lei também sugere que o juízo competente estaria autorizado a decidir de modo diverso daquele decidido originariamente pelo juízo incompetente ("... até que outra seja proferida, se for o caso, pelo juízo competente"), mas igualmente sem esclarecer quando e como, pois, diante da vagueza da regra, seria no mínimo pouco prudente assumir a posição de que se teria, a partir dela, um permissivo legal para avançar sobre preclusões, como se decisões prolatadas por juízo incompetente tivessem por característica a instabilidade. Confira-se, nessa linha, a melhor solução: "A ressalva da possibilidade de que *outra decisão seja proferida, se for o caso, pelo juiz competente*, não significa coisa alguma no sistema porque (a) ou a decisão do incompetente não está coberta por preclusão e nessa situação qualquer juiz tem o poder de alterá-la, inclusive o incompetente antes de enviar os autos ao competente e o competente depois de os haver recebido, (b) ou a decisão está preclusa e nesse caso nenhum deles poderia alterá-la" (DINAMARCO, Cândido Rangel. *Comentários ao Código de Processo Civil*. v. I. Coordenadores: José Roberto F. Gouvêa, Luis Guilherme A. Bondioli e João Francisco N. da Fonseca. São Paulo: Saraiva, 2018. p. 334).

Incompetência, casos urgentes e o *translatio iudicii*: é antiguíssima a crítica doutrinária feita ao posicionamento legislativo acerca da formulação *de modo absoluto* de regras de competência para as tutelas de urgência, em desprezo às idiossincrasias que pautam o mundo da vida, *pois a lei processual civil insiste em ignorar o fato de que a urgência, não obstante assemelhados os contornos dos casos concretos, nem sempre exsurge a partir de uma nuance estática, específica e única.* Muito pelo contrário: há graus de urgência, razão por que, *em casos extraordinários*, cuja necessidade de tutela comparece exigindo quase instantaneidade, a competência para o pedido de urgência, *a ser feito em caráter antecedente ou incidental*, pode ser direcionada ao juízo do lugar onde a medida haverá de ser efetivada, porquanto são os efeitos práticos dela o que mais importa (LOPES DA COSTA, Alfredo de Araújo. *Medidas preventivas – medidas preparatórias – medidas de conservação*. Belo Horizonte: Imprensa oficial, 1953. p. 28). Se, por exemplo, em razão do risco que representa o aguardo da expedição e cumprimento da carta precatória, o autor pede medida liminar de arresto no foro do local onde estejam os bens a serem apreendidos, ao juiz incompetente cumpre, demonstrados os pressupostos, conceder a cautela a fim de dar guarida ao suposto direito ameaçado. Ou seja, o texto hermético do art. 299 do CPC/2015 não dá conta de tutelar adequadamente hipóteses que surjam com o tal colorido da *urgência urgentíssima*. A solução deve ser buscada na regra que impõe a conservação dos efeitos da decisão proferida pelo juízo incompetente até que outra seja proferida, se caso for, pelo juízo competente (CPC/2015, art. 64, §4º, do CPC/2015). Em tal circunstância, terá o juízo, para o qual foi distribuído o pedido de tutela provisória, competência *tão somente* para determinar e efetivar atos urgentes, cumprindo-lhe, *depois de suplantada a ameaça*, determinar a remessa dos autos para o juízo da causa principal, que é o competente para processar e julgar também as medidas provisórias. Veja-se, *em idêntico rumo*, a precisa lição de Eduardo José da Fonseca Costa: "A jurisdição de urgência é pronto-socorro. Longe dele, não há como o doente safar-se. Isso já seria suficiente para que a tutela de urgência tivesse disciplina autônoma em matéria de competência. Entretanto, o CPC/2015 repete a velha cantilena há décadas criticada pela doutrina especializada. Infelizmente, a competência para conhecer-se do pedido de tutela de urgência continua a definir-se pela competência para conhecer-se do pedido principal, como se a pretensão material à segurança e a pretensão material a assegurar-se fossem partes de uma única lide. (...). Todavia, diante das particularidades da tutela de urgência, não se pode levar a regra do art. 299 a ferro e fogo. Aqui é preciso flexibilidade. Se risco atual, grave e iminente de dano irreversível comprovadamente impedir a dedução do pedido de tutela de urgência [*rectius*: tutela de emergência] perante o juiz competente, poderá ela ser concedida *in limine* por juiz incompetente, que ordenará incontinenti a remessa dos autos ao juízo competente, o qual poderá ou não manter a tutela" (FONSECA COSTA, Eduardo José da. *Comentários ao Código de Processo Civil*. 2. ed. Organizadores: Lenio Luiz Streck, Dierle Nunes, Leonardo Carneiro da Cunha. São Paulo: Editora Saraiva, 2017. pp. 414-471). Duas observações: i) é indispensável respeitar-se a *competência de jurisdição*, sendo possível pedir arresto de bem localizado em Bauru ao juízo de direito estadual daquela comarca, em caso de competência do juiz estadual da capital, mas não se pode pedir a medida ao juiz *federal* de Bauru, na mesma hipótese (PIZZOL, Patrícia Miranda. *A competência no processo civil*. São Paulo: Revista dos Tribunais, 2003. p. 520); ii) cumpre ao autor demonstrar a invulgar situação de urgência que ameaça seu direito, vale dizer, *deve evidenciar ao juízo incompetente que não possui alternativa viável para o resguardo da sua pretensão principal, a não ser contar com a excepcional atuação dele no caso concreto* – nada mais que "*fair play*", ou seja, conduzir-se na arena procedimental-jurisdicional em atenção à boa-fé recomendada a todos os atores processuais (CPC/2015, art. 5º).

Juizados especiais cíveis e a *translatio iudicii*: tem-se debatido acerca da conservação ou não dos efeitos de decisão proferida por órgão incompetente em sede de juizado especial cível. E a razão, ao que tudo indica, está com aqueles que não admitem tal possibilidade. Confira-se a lição de Cândido Rangel Dinamarco: i) a disciplina geral dos juizados especiais cíveis inclui regras de competência material (= competência absoluta) e regras de competência de foro (= competência relativa), "responsáveis pela distribuição territorial das causas entre os juizados existentes em diversos lugares do país"; ii) nos juizados especiais cíveis a incompetência não é causa de remessa do feito ao órgão competente, e sim de *extinção*, uma vez que "esses juizados não se comunicam entre si e muito menos com os demais órgãos integrantes do Poder Judiciário"; iii) isso é assim, "seja em caso de incompetência dos juizados e competência das varas comuns (incompetência de juízo, absoluta), seja quando se trata de incompetência territorial do juizado em que a demanda houver sido proposta, sendo competente o juizado de alguma outra comarca ou subseção judiciária (incompetência relativa)"; iv) especificamente no caso de incompetência territorial "do juizado perante o qual a demanda houver sido proposta, a lei é expressa" em determinar a extinção do processo – "extingue-se o processo (...) quando for reconhecida a incompetência territorial" (Lei nº 9.099/95, art. 51, III); v) no que diz respeito "à extinção decorrente da incompetência absoluta (competência das varas comuns e não dos juizados), a lei não é expressa e direta mas conduz ao mesmo resultado ao estabelecer que o processo se extingue *quando inadmissível o procedimento instituído por esta lei ou seu prosseguimento, após a conciliação*" (Lei nº 9.099, art. 51, I) – "na prática, ser inadmissível esse procedimento significa ser incompetente todo e qualquer juizado especial" (CPC/2015, art. 66, II) (DINAMARCO, Cândido Rangel. *Comentários ao Código de Processo Civil*. v. I. Coordenadores: José Roberto F. Gouvêa, Luis Guilherme A. Bondioli e João Francisco N. da Fonseca. São Paulo: Saraiva, 2018. p. 333).

Acolhimento da incompetência e recurso cabível: o ato decisório que acolhe ou rejeita a arguição de incompetência, em primeira instância, é *decisão interlocutória* (art. 203, §2º); porém, não comporta impugnação autônoma pela via do *agravo de instrumento*, pois ausente previsão autorizativa para tanto no elenco taxativo do art. 1.015 do CPC/2015. Deverá, portanto, ser atacada mediante recurso de apelação (art. 1.009). Observações: i) se o juiz, por erro, extinguir o processo em lugar de remetê-lo ao órgão judicial competente (CPC/2015, art. 64, §3º), à parte vencida restará interpor apelação, que é o recurso cabível contra sentenças terminativas (art. 1.009); ii) se a arguição foi feita diretamente ao tribunal, da decisão do relator caberá agravo interno, e da resolução tomada pelo órgão fracionário, um dos recursos de estrito direito (extraordinário ou especial), respeitados os respectivos pressupostos (ASSIS, Araken. *Processo civil brasileiro*. Parte Geral: fundamentos e distribuição de conflitos. v. I. Tomo I. São Paulo: Revista dos Tribunais, 2015. p. 1.226).

Art. 65. Prorrogar-se-á a competência relativa se o réu não alegar a incompetência em preliminar de contestação.

Parágrafo único. A incompetência relativa pode ser alegada pelo Ministério Público nas causas em que atuar.

Correspondente
CPC/1973, arts. 114.

Referências
Súmula nº 33 (STJ). A incompetência relativa não pode ser declarada de ofício.

Competência relativa: o *interesse das partes* é a principal diretriz utilizada pelo legislador para construir a normatividade sobre a competência relativa. *Salvo exceções legais*, é justamente por primar pelo interesse privado que: i) a competência relativa não é considerada pressuposto processual; ii) as regras de competência relativa são prorrogáveis pela vontade das partes (tácita ou expressa) e por força da lei (conexão e continência); iii) a incompetência relativa não pode ser conhecida *de ofício* pelo órgão judicial e está sujeita à preclusão (decurso *in albis* do prazo para a contestação) – afinal, não é considerada matéria de ordem pública; e iv) deve-se aproveitar atos praticados por juízo relativamente incompetente.

Prorrogação de competência: o fenômeno da *prorrogação de competência* (= modificação de competência) é verificável somente quando incidentes regras de competência relativa, pois elaboradas unicamente em vista do *interesse das partes*, caracterizando-se pela *disponibilidade*, e, por serem disponíveis, admitem *flexibilização*. Isso ocorre quer por *vontade legal* (CPC/2015, arts. 55 e 56 do CPC/2015), quer por *vontade tácita* (= não alegação, em contestação, da matéria atinente à incompetência relativa), quer ainda por *vontade expressa* (= cláusula de eleição de foro). Importante: não arguida a incompetência *relativa* em tempo e modo adequado (= contestação), ter-se-á a incidência da *preclusão* – diferentemente da incompetência *absoluta*, que "pode ser alegada em qualquer tempo e grau de jurisdição e deve ser declarada de ofício" (CPC/2015, art. 64, §1º) –, não sendo mais possível suscitá-la, de modo que o juízo até então incompetente tornar-se-á o competente para a causa.

Vedação da atuação *ex officio* pelo juízo: se o réu não alegar a incompetência *relativa* em preliminar de contestação, a implicação será a *modificação da competência*, sendo vedada a possibilidade de atuação *ex officio* da autoridade judicial (CPC/2015, art. 337, §5º). Não há, enfim, permissibilidade legal para o julgador agir por iniciativa própria, ausente provocação da parte interessada, sem contar a arbitrariedade de tal decisão, pois atentatória a preceitos cuja finalidade é outorgar liberdade de manobra aos litigantes. Nessa linha, dispõe a Súmula nº 33 (STJ: "A incompetência relativa não pode ser declarada de ofício"). Sobre a hipótese de abusividade da cláusula de eleição de foro, verificar comentários ao art. 63, §3º, do CPC/2015.

Ministério Público e incompetência relativa: prevalece o entendimento geral, *até porque a regra não faz distinções*, de que o Ministério Público pode alegar a incompetência relativa em toda e qualquer hipótese em que atuar, seja como *parte principal*, seja como *curador de um incapaz*, seja ainda como mero *custos legis*, devendo fazê-lo no momento da sua primeira participação na causa, inclusive na contestação, se for o caso – nesse sentido: DINAMARCO, Cândido Rangel. *Comentários ao Código de Processo Civil*. v. I. Coordenadores: José Roberto F. Gouvêa, Luis Guilherme A. Bondioli e João Francisco N. da Fonseca. São Paulo: Saraiva, 2018. p. 337).

Art. 66. Há conflito de competência quando:

I – 2 (dois) ou mais juízes se declaram competentes;

II – 2 (dois) ou mais juízes se consideram incompetentes, atribuindo um ao outro a competência;

III – entre 2 (dois) ou mais juízes surge controvérsia acerca da reunião ou separação de processos.

Parágrafo único. O juiz que não acolher a competência declinada deverá suscitar o conflito, salvo se a atribuir a outro juízo.

Correspondente

CPC/1973, art. 115.

Referências

Súmula nº 59 (STJ). Não há conflito de competência se já existe sentença com trânsito em julgado, proferida por um dos juízos conflitantes.

Súmula nº 150 (STJ). Compte à Justiça Federal decidir sobre a existência de interesse jurídico que justifique a presença, no processo, da União, suas autarquias ou empresas públicas.

Súmula nº 428 (STJ). Compete ao Tribunal Regional Federal decidir os conflitos de competência entre juizado especial federal e juízo federal da mesma seção judiciária.

Conflito de competência: dois ou mais órgãos judiciários podem manifestar discordância de interpretação sobre critérios legais utilizados para partilhar a jurisdição (= competência interna), quer por se afirmarem todos competentes, quer porque se consideram incompetentes e atribuem um ao outro a competência, quer ainda quando controvertem acerca da reunião ou separação de feitos. Esse fenômeno é denominado de *conflito de competência* (CPC/2015, art. 66, I, II e III). A lei estabelece, diante da ocorrência dessa especial situação conflituosa, um *incidente procedimental* cuja deflagração pode se dar por iniciativa de qualquer das partes, pelo Ministério Público e mesmo pelo próprio julgador (CPC/2015, art. 951). Seu detalhamento (procedimento, legitimidade, competência) encontra previsão nos arts. 951 a 959 do CPC/2015.

Espécies de conflitos de competência: é *positivo* o conflito de competência quando dois ou mais órgãos judiciários se declaram competentes (CPC/2015, art. 66, I). De outro lado, se dois ou mais órgãos judiciários se consideram incompetentes, um atribuindo ao outro a competência, ter-se-á um conflito *negativo* de competência (CPC/2015, art. 66, II). Observações: i) se o juízo para quem foi endereçada a causa se der por incompetente e remetê-la para o que julga ser o competente, não se poderá falar ainda em conflito se este também se der por incompetente e remeter os autos a um terceiro juízo; ii) o conflito negativo somente se caracterizará quando um deles se der por incompetente afirmando a competência de um dos juízos que já se declarara incompetente; iii) o art. 66, III, do CPC/2015 deixou isso claro em seu texto, diversamente do seu correspondente no CPC/1973 (NERY JUNIOR, Nelson; ANDRADE NERY, Rosa Maria de. *Código de Processo Civil Comentado.* 17. ed. São Paulo: Revista dos Tribunais, 2018. p. 443).

Relações de conexidade: controvertendo-se dois ou mais juízos acerca da reunião ou separação de causas conexas (conexão ou continência), pode-se disso surgir conflito de competência (CPC/2015, art. 66, III) e, a depender da situação, tal conflito será *positivo* ou *negativo*. A hipótese prevista no inciso III do art. 66 somente estará caracterizada depois que os juízos, de modo expresso, se pronunciarem sobre a reunião ou separação de causas; antes disso, não há conflito de competência (NERY JUNIOR, Nelson; ANDRADE NERY, Rosa Maria de. *Código de Processo Civil Comentado.* 17. ed. São Paulo: Revista dos Tribunais, 2018. p. 443).

Conflito de competência explícito e implícito: há conflito de competência quando dois ou mais juízos se declaram competentes ou se considerarem incompetentes, atribuindo um ao outro a competência, ou ainda quando controverterem a respeito da reunião ou separação de causas – nesse sentido: STJ, AgRg nos

EDcl no CC nº 83.138/PR, 1ª Seção, rel. Min. Mauro Campbell Marques, julgamento: 27.08.2008, disponível em: www.stj.jus.br). Tem-se aí, nas três hipóteses, o que a doutrina denomina de conflito de competência *real* ou *explícito*. Entretanto, a jurisprudência tem admitido uma posição mais *progressista*: o conflito de competência deflagra-se mesmo sem que qualquer dos juízos tenha proferido decisão declarando a competência, a sua ou a de outro órgão judiciário, sendo suficiente a prática de atos que implicitamente denotem a tal declaração (nesse sentido: STJ, AgRg no CC nº 58.229, 1ª Seção, rel. Min. João Otávio de Noronha, julgamento: 26.04.2006, disponível em: www.stj.jus.br) – é o que se convencionou chamar de conflito de competência *potencial* ou *implícito*. No mesmo sentido: STJ, CC nº 94.788, 1ª Seção, rel. Min. Eliana Calmon, julgamento: 13.08.2008, disponível em: www.stj.jus.br.

Formas de caracterização: as *formas* pelas quais se deflagram o conflito de competência basicamente se resumem no seguinte esquema: i) o réu alega incompetência ou conexão em sede de contestação (CPC/2015, art. 337, II e VIII) e postula a reunião das causas, mas o órgão judicial *indefere* a remessa dos autos para o segundo juízo por entender ser ele próprio o competente – ter-se-á a caracterização do conflito de competência somente se o segundo juízo também já tiver afirmado a sua competência (conflito explícito) ou mesmo ter praticado atos que denotem essa declaração (conflito implícito); ii) o réu alega incompetência ou conexão em sede de contestação (CPC/2015, art. 337, II e VIII) e postula a reunião das causas, e o órgão judicial *determina* a remessa dos autos para o juízo supostamente competente – ter-se-á a caracterização do conflito de competência somente se o segundo juízo também considerar-se incompetente e atribuir ao outro a competência; iii) o órgão judicial, *ex officio* (nas hipóteses de *incompetência absoluta* ou *conexão*), remete os autos para o juízo supostamente competente – ter-se-á a caracterização do conflito de competência somente se o segundo juízo também considerar-se incompetente e atribuir ao outro a competência; e iv) o órgão judicial, *ex officio* (nas hipóteses de *incompetência absoluta* ou *conexão*), solicita os autos de outro juízo, supostamente incompetente – ter-se-á a caracterização do conflito de competência somente se o segundo juízo declarar-se igualmente competente. *Primeira observação*: não acolhendo o juízo a competência que lhe foi declinada (itens ii e iii), a lei concede a ele *duas* alternativas, isto é, ou suscitará o conflito de competência, *devendo atribuir ao primeiro a competência*, ou atribuirá a competência a um terceiro juízo (CPC/2015, art. 66, parágrafo único). *Segunda observação*: o quadro acima não é de todo perfeito porque não apenas o réu pode suscitar conflito de interesses, mas também o autor (por exemplo, arguindo incompetência absoluta ou conexão) e terceiros (partes em *sentido abrangente*, incluído o próprio Ministério Público, desde que funcione como parte principal ou assistente) – nessa linha, já se decidiu que pode "suscitar conflito de competência quem quer que esteja sujeito à eficácia da sentença que qualquer dos juízes, no conflito positivo de competência, possa proferir" (STJ, CC nº 32.461/GO, 2ª Seção, rel. Min. Nancy Andrighi, julgamento: 24.04.2002, disponível em: www.stj.jus.br).

A posição do Ministério Público em conflitos de competência: o Ministério Público somente será ouvido nos conflitos de competência relativos aos processos previstos no art. 178, mas assumirá qualidade de parte nos conflitos em que ele próprio suscitar (CPC/2015, art. 951, parágrafo único).

Entre os juízos federal e estadual: cumprirá ao juízo federal, que receber os autos em função do deslocamento da competência, devolvê-los ao juízo estadual de origem sem suscitar conflito de competência na eventualidade de o ente federal, cuja presença ensejou a remessa, ser excluído da causa (CPC/2015, art. 45, §3º). Aliás, compete à Justiça Federal decidir sobre a existência de interesse jurídico que justifique a presença, no caso concreto, da União, de suas autarquias ou empresas públicas (STJ, Súmula nº 150).

Entre os juízos federal e especial federal: em razão de decisão proferida pelo STF no RE nº 590.409, foi cancelada a Súmula nº 348 do STJ ("*compete ao Superior Tribunal de Justiça decidir os conflitos de competência* entre juizado especial federal e juízo federal, ainda que da mesma seção judiciária"). Atualmente vige o entendimento cravado na Súmula nº 428 (STJ): "Compete ao Tribunal Regional Federal decidir os conflitos de competência entre juizado especial federal e juizado federal da mesma seção judiciária".

Capítulo II
DA COOPERAÇÃO NACIONAL

Art. 67. Aos órgãos do Poder Judiciário, estadual ou federal, especializado ou comum, em todas as instâncias e graus de jurisdição, inclusive aos tribunais superiores, incumbe o dever de recíproca cooperação, por meio de seus magistrados e servidores.

Correspondente
Sem correspondente.

Referências
Recomendação nº 38 (CNJ).

Cooperação jurisdicional: muito se tem trabalhado, até em termos de tecnologia, para transformar o serviço jurisdicional brasileiro e alinhá-lo àquilo que dele se espera. Em termos de celeridade, desburocratização e efetividade, um passo importante é a *cooperação jurisdicional*. Aliás, a base-mestra, em que se assentam os arts. 67 a 69 do CPC/2015, é a garantia fundamental à duração razoável da atividade jurisdicional (CF/88, art. 5º, LXXVIII). O que se propugna, entre as diretrizes normativas ali positivadas, é a facilitação do diálogo e auxílio mútuo entre os muitos órgãos do Poder Judiciário, estaduais e federais, especializados e comuns, em todas as instâncias, o que deve envolver magistrados e servidores. De tal sorte, os órgãos judiciários variados poderão, por exemplo, formular entre si pedidos de cooperação para a prática de *qualquer* ato processual – por exemplo, prática de citação, intimação ou notificação de ato; obtenção e apresentação de provas e a coleta de depoimentos; efetivação de tutela provisória; efetivação de medidas e providências para recuperação e preservação de empresas; facilitação de habilitação de créditos na falência e na recuperação judicial; centralização de processos repetitivos; execução de decisões judiciais –, o qual deverá ser prontamente atendido, prescindindo de forma específica, e pode ser executado como auxílio direto, reunião ou apensamento de processos, prestação de informações e atos concertados entre juízes cooperantes. Nunca é demais lembrar: embora benfazeja a novidade, o limite para o que se pode fazer em termos de cooperação jurisdicional está sempre no respeito à garantia do processo (= processo como instituição de garantia a serviço da liberdade das partes).

Recomendação nº 38: o CNJ, por intermédio da Recomendação nº 38, de 03 de novembro de 2011, sugere a todos os tribunais que adotem mecanismos de cooperação, tais como os núcleos de cooperação judiciária e a figura do juiz de cooperação, com a finalidade de institucionalizar meios para dar maior fluidez e agilidade à comunicação entre os órgãos judiciários e outros operadores sujeitos do processo, não só para cumprimento de atos judiciais, mas também para harmonização e agilização de rotinas e procedimentos forenses, fomentando a participação dos magistrados de todas as instâncias na gestão judiciária. A referida recomendação traz um anexo, dividido em três capítulos – *Disposições Gerais sobre a Cooperação Nacional, Da Rede Nacional de Cooperação Judiciária* e *Dos Núcleos de Cooperação* –, e ali algumas medidas interessantes são indicadas. Algumas delas: i) pedidos de cooperação jurisdicional deverão ser prontamente atendidos, e seu processamento será informado pelos princípios da agilidade, concisão, instrumentalidade das formas e unidade da jurisdição nacional, dando-se prioridade aos meios eletrônicos; ii) admite-se a cooperação judiciária para a prática de todos os tipos de atos, providências, medidas, incidentes, procedimentos e ritos processuais; iii) pode o juiz valer-se da cooperação antes de determinar a expedição de carta precatória ou de suscitar conflito de competência; iv) pedidos de cooperação prescindem de forma especial e compreendem o auxílio direto, a reunião ou o apensamento de processos, a prestação de informações, as cartas de ordem ou a precatória e os atos concertados entre os juízes cooperantes; v) os atos concertados entre juízes cooperantes podem consistir, além de outros definidos em comum acordo, em procedimentos para a prática de citações, intimações, notificações, obtenção e apresentação de provas, coleta de depoimentos, medidas cautelares, antecipação de tutelas, medidas e providências para a recuperação e preservação de empresas, facilitação da habilitação de créditos na falência e recuperação judicial, transferência de presos, reunião de processos repetitivos, execução de decisões judiciais em geral, especialmente aquelas que versem sobre interesse transindividual; vi) pedidos de cooperação podem processar-se entre juízes de ramos judiciários distintos; vii) magistrados designados para atuar como juízes de cooperação terão a função de facilitar a prática de atos de cooperação judiciária e integrarão a Rede Nacional de Cooperação Judiciária; viii) pedidos de cooperação judiciária serão encaminhados diretamente ou por meio de um juiz de cooperação; ix) tribunais estão autorizados a constituir núcleos de cooperação judiciária com a função de sugerir diretrizes de ação coletiva, harmonizar rotinas e procedimentos, bem assim atuar na gestão coletiva de conflitos e na elaboração de diagnósticos de política judiciária, propondo mecanismos suplementares de gestão administrativa e processual, fundados nos princípios da descentralização, colaboração e eficácia. Importante: a Recomendação nº 38 encontra-se atualmente suspensa por decisão liminar acautelatória, proferida pelo relator, Min. Marco Aurélio Mello (STF), em sede dos Mandados de Segurança nº 36.550 e 36.549. É que há nela orientações no sentido de que: i) os tribunais de justiça dos estados e do Distrito Federal, os tribunais regionais federais, os tribunais trabalhistas e militares cumpram os atos normativos e as decisões proferidas pelo CNJ ainda que exista ordem judicial em sentido diverso, salvo se advinda do STF; ii) as decisões judiciais em sentido contrário à orientação do CNJ, mesmo cumpridas antes da publicação da recomendação, devem ser informadas pelo tribunal àquele órgão, no prazo de quinze dias. Para o relator, com acerto, o CNJ é um órgão de natureza estritamente administrativa, não se investindo de função jurisdicional, razão por que "não lhe compete, mediante atuação colegiada ou individual do corregedor, tornar ineficazes decisões judiciais formalizadas por juízes ou tribunais". Sobre o tema cooperação nacional, consultar: MEIRELES, Edilton. Cooperação judiciária nacional. *Revista de Processo – RePro*, 249. São Paulo: Revista dos Tribunais. pp. 59-80.

Art. 68. Os juízos poderão formular entre si pedido de cooperação para prática de qualquer ato processual.

Correspondente

Sem correspondente.

Referências

Recomendação nº 38 (CNJ).

Cooperação para prática de qualquer ato processual: pela análise dos dispositivos que regulamentam a chamada *cooperação jurisdicional*, é fácil perceber a opção pela *abertura de possibilidades*, vale dizer, adotou-se estratégia normativa direcionada à obtenção de efetividades quantitativas e qualitativas. Isso está claro no art. 68 do CPC/2015, que admite pedidos de cooperação para a prática de *qualquer* ato processual. Lembre-se: a cooperação jurisdicional não terá lugar quando a prática do ato implicar lesão ao devido processo legal.

Art. 69. O pedido de cooperação jurisdicional deve ser prontamente atendido, prescinde de forma específica e pode ser executado como:

I – auxílio direto;

II – reunião ou apensamento de processos;

III – prestação de informações;

IV – atos concertados entre os juízes cooperantes.

§1º As cartas de ordem, precatória e arbitral seguirão o regime previsto neste Código.

§2º Os atos concertados entre os juízes cooperantes poderão consistir, além de outros, no estabelecimento de procedimento para:

I – a prática de citação, intimação ou notificação de ato;

II – a obtenção e apresentação de provas e a coleta de depoimentos;

III – a efetivação de tutela provisória;

IV – a efetivação de medidas e providências para recuperação e preservação de empresas;

V – a facilitação de habilitação de créditos na falência e na recuperação judicial;

VI – a centralização de processos repetitivos;

VII – a execução de decisão jurisdicional.

§3º O pedido de cooperação judiciária pode ser realizado entre órgãos jurisdicionais de diferentes ramos do Poder Judiciário.

Correspondente

Sem correspondente.

Referências

Recomendação nº 38 (CNJ).

Dever de atendimento imediato: a leitura do *caput* do art. 69 do CPC/2015 deixa patente a criação legal de um *dever de cooperação* infligido a todos os órgãos jurisdicionais, e cuja execução precisa ocorrer *prontamente*. Afinal de contas, a base-mestra, na qual assentam os arts. 67 a 69 do CPC/2015, é a garantia fundamental à duração razoável (CF/88, art. 5º, LXXVIII). Em miúdos: juízes e tribunais *devem* atender *imediatamente* solicitações de cooperação judicial, as quais prescindem de forma específica e podem consistir, entre outros, no estabelecimento de procedimento para a prática de citação, intimação ou notificação de ato, obtenção e apresentação de provas e a coleta de depoimentos, efetivação de tutela provisória, efetivação de medidas e providências para recuperação e preservação de empresas, facilitação de habilitação de créditos na falência e na recuperação judicial, centralização de processos repetitivos e execução de decisões judiciais.

Ausência de forma específica: impõe o CPC/2015 que os múltiplos juízos em exercício no país, de diferentes ramos do Poder Judiciário (CPC/2015, art. 69, §3º), estão autorizados a formular entre si solicitações de cooperação jurisdicional, *independentemente de forma específica*, para a prática de quaisquer atos processuais (CPC/2015, art. 69, *caput*). A regra, contudo, deve ser interpretada *cum grano salis*. É que há determinados procedimentos, tradicionalmente utilizados para a efetivação da cooperação jurisdicional, cujo cumprimento se condiciona ao respeito a determinadas formalidades. Em específico, deve o órgão judiciário recusar cumprimento à carta precatória ou arbitral, devolvendo-a com decisão motivada quando "não estiver revestida dos requisitos legais" (CPC/2015, art. 267, I) – *aliás, o próprio art. 69, em seu §1º, dispõe nessa linha de sentido.* Importante: o limite para o que se pode fazer em termos de cooperação jurisdicional está sempre no respeito à garantia contrajurisdicional do processo (= devido processo legal).

Execução dos pedidos de cooperação jurisdicional: pretendeu o legislador alargar os meios procedimentais para dar ensejo a solicitações de cooperação jurisdicional formuladas entre os juízos em funcionamento no Brasil, de modo que, além das já conhecidas cartas de ordem e precatória, tem-se hoje, no elenco normativo, as figuras do auxílio direto, a reunião ou apensamento de processos, a prestação de informações e os atos concertados entre os juízes cooperantes. No que toca ao auxílio direto, com razão Cândido Rangel Dinamarco ao enxergá-lo como "algo ainda inviável" em território nacional, "dada a ausência ou indicação dos agentes públicos encarregados de prestá-lo" (DINAMARCO, Cândido Rangel. *Comentários ao Código de Processo Civil.* v. I. Coordenadores: José Roberto F. Gouvêa, Luis Guilherme A. Bondioli e João Francisco N. da Fonseca. São Paulo: Saraiva, 2018. p. 349).

Atos concertados entre juízes: a lei traz um rol, *meramente exemplificativo*, do que denomina *atos concertados entre os juízes cooperantes*, nele incluídos aqueles mais conhecidos: i) a prática de citação, intimação ou notificação de ato; ii) a obtenção e apresentação de provas e a coleta de depoimentos; iii) a efetivação de tutela provisória; iv) a efetivação de medidas e providências para recuperação de preservação de empresas; v) a facilitação de habilitação de créditos na falência e na recuperação judicial; vi) a centralização de processos repetitivos; vii) a execução de decisão jurisdicional.

REFERÊNCIAS

ABADE, Denise Neves. *Direitos fundamentais na cooperação jurídica internacional.* São Paulo: Saraiva, 2013.

ABBOUD, Georges; CARNIO, Henrique Garbellini; OLIVEIRA, Rafael Tomaz de. *Introdução à teoria e à filosofia do direito.* 3. ed. São Paulo: Editora Revista dos Tribunais, 2015.

ABBUD, André de Albuquerque Cavalcanti. *Homologação de sentenças arbitrais estrangeiras.* São Paulo: Atlas, 2008.

ADOLINA, Italo. *Cooperazione Internazionale in Matéria Giudiziaria.* Catania: Libreria Editrice Torre, 1996.

AGUIAR, Julio Cesar de. Novos paradigmas da cooperação jurídica internacional e o conceito contemporâneo de soberania. *Revista do Direito Público,* v. 12, n. 2, pp. 77-103, ago. 2017.

ALMEIDA JUNIOR, João Mendes de. *Direito Judiciário Brasileiro.* 2. ed. Rio de Janeiro: Typographia Baptista de Souza, 1918.

ALVIM, Arruda. *Manual de Direito Processual Civil*: Teoria Geral do Processo e Processo de Conhecimento. 17. ed. São Paulo: Revista dos Tribunais, 2017.

ALVIM, J. E. Carreira. *Comentários ao novo Código de Processo Civil.* v. 1. Curitiba: Juruá, 2015.

ANCHIETA, Natacha. Dimensão político-constitucional do processo. *Empório do Direito.* 04 nov. 2019. Disponível em: www.emporiododireito.com.br. Acesso em: 17 dez. 2019.

ANCHIETA, Natascha. Contraditório em "sentido forte": uma forma de compensação das posturas judiciais instrumentalistas? *Empório do Direito.* 23 set. 2019. Disponível em: www.emporiododireito.com.br. Acesso em: 20 dez. 2019.

ANDRADE, Francisco Rabelo Dourado de. *Tutela de evidência, teoria da cognição e processualidade democrática.* Belo Horizonte: Fórum, 2017.

ARAÚJO CINTRA, Antonio Carlos de; GRINOVER, Ada Pelegrini; DINAMARCO, Cândido. *Teoria Geral do Processo.* 26. ed. São Paulo: Malheiros Editores, 2010.

ARAUJO, Nadia de. *Cooperação Jurídica Internacional no Superior Tribunal de Justiça*: Comentários à Resolução n. 09/2005. Rio de Janeiro: Renovar, 2010.

ARMELIN, Donaldo. *A legitimidade para agir no direito processual civil brasileiro.* São Paulo: Revista dos Tribunais, 1979.

ARMELIN, Donaldo. Tutela jurisdicional diferenciada. *Revista de Processo – RePro,* 65. São Paulo: Revista dos Tribunais, 1992. pp. 45-55.

ARMELIN, Donaldo. Alterações da jurisprudência e seus reflexos nas situações já consolidadas sob o império da orientação superada. *In*: DELFINO, Lúcio; ROSSI, Fernando; MOURÃO, Luiz Eduardo Ribeiro; CHIOVITTI, Ana Paula (Coords.). *Tendências do moderno processo civil brasileiros. Aspectos individuais e coletivos das tutelas preventivas e ressarcitórias. Estudos em homenagem ao jurista Ronaldo Cunha Campos.* Belo Horizonte: Editora Fórum, 2008. pp. 183-202.

AROCA, Juan Montero. *Proceso Civil e Ideología*: Un prefacio, una sentencia, dos cartas y quince ensayos. Coordenador: Juan Montero Aroca. Sobre el mito autoritário de la "buena fe procesal". Valencia: Tirant lo Blanch, 2006. pp. 283-356.

AROCA, Juan Montero. Los modelos procesales civiles en el inicio del siglo XXI: entre el garantismo y el totalitarismo. *Revista Brasileira de Direito Processual – RBDPro,* Belo Horizonte, ano 25, n. 100, pp. 191-211, out./dez. 2017.

ARRUDA ALVIM, Eduardo; KRUGER THAMAY, Rennan Faria; GRANADO, Daniel Willian. *Processo constitucional.* São Paulo: Revista dos Tribunais, 2014.

ASSIS, Carlos Augusto de. Técnicas aceleratórias e devido processo legal. *Revista Brasileira de Direito Processual – RBDPro,* Belo Horizonte, ano 24, n. 95, pp. 77-93, jul./set. 2016.

ASSIS, Araken. *Processo civil brasileiro.* Parte Geral: fundamentos e distribuição de conflitos. v. I. São Paulo: Revista dos Tribunais, 2015.

ASSIS, Araken. *Processo Civil Brasileiro.* Parte Geral: institutos fundamentais. v. II. Tomo II. São Paulo: Revista dos Tribunais, 2015.

ASSIS, Araken. *Manual da Execução.* 18. ed. São Paulo: Revista dos Tribunais, 2016.

ASSUMPÇÃO NEVES, Daniel Amorim. *Manual de Direito Processual Civil.* Volume único. São Paulo: Editora Método, 2009.

ATAÍDE JÚNIOR, Jaldemiro Rodrigues de. Legalidade, incidência, motivação e controle racional das decisões judiciais. *Revista Brasileira de Direito Processual – RBDPro,* Belo Horizonte, ano 24, n. 93, pp. 95-128, jan./mar. 2016.

BALEEIRO NETO, Diógenes; DIAS, Paulo Fernando Cardoso. O novo Código de Processo Civil e a competência para o processamento da execução civil. *Revista Jurídica da Advocacia-Geral do Estado de Minas Gerais,* n. 1, jan./dez. 2015, pp. 69-74.

BARACHO, José Alfredo de Oliveira. *Direito Processual Constitucional*: Aspectos contemporâneos. Belo Horizonte: Fórum, 2008.

BARBI, Celso Agrícola. *Comentários ao Código de Processo Civil.* v. I. Rio de Janeiro: Forense, 1981.

BARCELLOS PEGINI, Adriana Regina. Reflexões acerca do processo como garantia das garantias. *Empório do Direito.* 14 out. 2019. Disponível em: www.emporiododireito.com.br. Acesso em: 17 dez. 2019.

BISSOLI DO BEM, Camila de Castro Barbosa; CAMPISTA, Fábio Farias; HILL, Flávia Pereira. A duração razoável do processo e os parâmetros jurisprudenciais dos tribunais internacionais de direitos humanos. *Revista Brasileira de Direito Processual – RBDPro,* Belo Horizonte, ano 25, n. 99, pp. 111-143, jul./set. 2017.

BORGES MOTTA, Francisco José; OLIVEIRA, Rafael Tomaz de. *Comentários ao Código de Processo Civil.* 2. ed. Organizadores: Lenio Luiz Streck, Dierle Nunes, Leonardo Carneiro da Cunha. São Paulo: Editora Saraiva, 2017. pp. 67-71.

BRUM, Guilherme Valle. A valoração da prova como ato político: notas sobre a (pretendida) sobrevivência do chamado "princípio do livre convencimento motivado" no Direito brasileiro. *Revista Brasileira de Direito Processual – RBDPro,* Belo Horizonte, ano 25, n. 100, pp. 153-168, out./dez. 2017.

BUENO, Cassio Scarpinella. *Curso Sistematizado de Direito Processual Civil*: Teoria Geral do Direito Processual Civil. v. 1. São Paulo: Editora Saraiva, 2007.

BUZAID, Alfredo. *A ação declaratória no direito brasileiro*. 2. ed. São Paulo: Editora Saraiva, 1986.

CALVINHO, Gustavo. *El proceso con derechos humanos*: Método de debate y garantia frente al poder. Bogotá: Editorial Universidad del Rosario, 2011.

CÂMARA, Alexandre Freitas. *Lições de Direito Processual Civil*. 16. ed. v. 1. Rio de Janeiro: Lumen Juris, 2004.

CÂMARA, Alexandre Freitas. Será o fim da categoria condição da ação? Uma resposta a Fredie Didier Junior. *Revista de Processo*, São Paulo: RT, jul. 2011, v. 197, pp. 261-269.

CÂMARA, Alexandre Freitas. O princípio da primazia da resolução do mérito e o novo Código de Processo Civil. *Revista do Tribunal Regional Federal da 3ª Região*, 128. São Paulo: Tribunal Regional Federal da 3ª Região, 2016. pp. 19-24.

CAMPOS, Ronaldo Cunha. *Comentários ao Código de Processo Civil*. v. I. Tomo I. Rio de Janeiro: Forense, 1979.

CANÇADO TRINDADE, Antonio Augusto. *A humanização do direito internacional*. Belo Horizonte: Del Rey, 2008.

CANTEROS, Fermín. Garantismo procesal vs activismo judicial. *Revista Brasileira de Direito Processual – RBDPro*, Belo Horizonte, ano 25, n. 99, pp. 173-190, jul./set. 2017.

CANTEROS, Fermín. La doctrina de los actos propios y el pretendido "deber de coherencia" en el proceso. *Empório do Direito*. 02 dez. 2019. Disponível em: www.emporiododireito.com.br. Acesso em: 13 dez. 2019.

CAPUCIO, Camila. Dimensões da cooperação jurídica internacional: do direito à cooperação ao dever de cooperar. *Revista da Faculdade de Direito – UFPR*, Curitiba, vol. 61, n. 3, set./dez. 2016, pp. 277-297.

CARNEIRO, Athos Gusmão. *Jurisdição e competência*. 14. ed. São Paulo: Saraiva, 2005.

CARVALHO, Luciana Benassi Gomes. O "princípio" da identidade física do juiz e a garantia arquifundamental da imparcialidade. *Revista Brasileira de Direito Processual – RBDPro*, Belo Horizonte, ano 27, n. 107, pp. 227-240, jul./set. 2019.

CARVALHO, Luciani Coimbra. Cooperação Jurídica Internacional e Direitos Humanos: para além da interação rumo à harmonização. *Revista Thesis Juris – RTJ*, São Paulo, v. 4, n. 3, pp. 521-553, set./dez. 2015.

CARVALHO DIAS, Ronaldo Brêtas de. *Responsabilidade do estado pela função jurisdicional*. Belo Horizonte: Del Rey, 2004.

CARVALHO DIAS, Ronaldo Brêtas de. A garantia da fundamentação das decisões jurisdicionais no Estado Democrático de Direito. *Revista do Instituto dos Advogados de Minas Gerais*, 12. Belo Horizonte: Editora Del Rey, 2006. pp. 25-44

CARVALHO DIAS, Ronaldo Brêtas de; SOARES, Carlos Henrique. *Técnica Processual*. Belo Horizonte: Del Rey, 2015.

CARVALHO DIAS, Ronaldo Brêtas de. *Estudo sistemático do NCPC*. Belo Horizonte: D'Plácido, 2016.

CARVALHO DIAS, Ronaldo Brêtas de. *Processo Constitucional e Estado Democrático de Direito*. 4. ed. Belo Horizonte: Del Rey, 2018.

CARVALHO DIAS, Ronaldo Brêtas de. O "indevido processo legal" no Código de Processo Civil. *Revista Brasileira de Direito Processual – RBDPro*, Belo Horizonte, ano 27, n. 106, pp. 299-313, abr./jun. 2019.

CARVALHO DIAS, Ronaldo Brêtas de. The constitutional process in the construction of the Law Democratic State. *Revista Brasileira de Direito Processual – RBDPro*, Belo Horizonte, ano 26, n. 103, pp. 321-333, jul./set. 2018.

CARVALHO DIAS, Ronaldo Brêtas de. Novo Código de Processo Civil e processo constitucional. *Revista Brasileira de Direito Processual – RBDPro*, Belo Horizonte, ano 23, n. 92, pp. 225-240, out./dez. 2015.

CARVALHO DIAS, Ronaldo Brêtas de. Que é cooperação processual? *Revista Brasileira de Direito Processual – RBDPro*, Belo Horizonte, ano 25, n. 98, pp. 283-293, abr./jun. 2017.

CARVALHO FILHO, Antônio. Desmistificando o processo justo: pela reconstrução do devido processo legal. *Empório do Direito*. 12 ago. 2019. Disponível em: www.emporiododireito.com.br. Acesso em: 17 dez. 2019.

CARVALHO SOUSA, Lorena Ribeiro. *O dever de fundamentação das decisões no Código de Processo Civil*. Belo Horizonte: Editora D'Plácido, 2019.

CASELLA, Paulo Borba; SANCHEZ, Rodrigo Elian. *Cooperação Judiciária Internacional*. Rio de Janeiro: Renovar, 2002.

CAVALCANTI CAMPOS, Eduardo Luiz. *O princípio da eficiência no processo civil brasileiro*. São Paulo: Grupo GEN, 2018.

CHOUKR, Fauzi Hassan. *Cooperação jurídica internacional*. Belo Horizonte: Fórum, 2014.

CRAMER, Ronaldo. *Comentários ao Novo Código de Processo Civil*. Organizadores: Antonio do Passo Cabral e Ronaldo Cramer. Rio de Janeiro: Forense, 2015. pp. 1.398-1.406.

CUNHA, Leonardo Carneiro da. *Direito Intertemporal e o Novo Código de Processo Civil*. Rio de Janeiro: Editora Forense, 2016.

DELFINO, Lúcio. Como construir uma interpretação garantista do processo jurisdicional? *Revista Brasileira de Direito Processual – RBDPro*, Belo Horizonte, ano 25, n. 98, pp. 207-222, abr./jun. 2017.

DELFINO, Lúcio. Poder judicial versus Garantia Fundamental à Liberdade: Recurso Ordinário em Habeas Corpus n. 99.606 (Ensaio crítico acerca do mau uso das medidas executivas atípicas). *Empório do Direito*. 05 ago. 2019. Disponível em: www.emporiododireito.com.br. Acesso em: 17 dez. 2019.

DELFINO, Lúcio. À guisa de posfácio: a narrativa de uma ablução ou purificação doutrinária. O fenômeno de diluição do processual pelo jurisdicional e o esquecimento do ser constitucional do processo. O desprezo ao direito fundamental à legalidade e o Brasil sendo assolado por decisões cujo critério de justiça é o subjetivismo do próprio intérprete. O resgate do processo como instituição de garantia e as possibilidades de controle de abusos e desvios judiciais. *Revista Brasileira de Direito Processual – RBDPro*, Belo Horizonte, ano 26, n. 101, pp. 353-371, jan./mar. 2018.

DELFINO, Lúcio. Cooperação processual: inconstitucionalidades e excessos argumentativos – Trafegando na contramão da doutrina. *RBDPro*, 93. Belo Horizonte: Editora Fórum, 2016. pp. 149-168.

DIDIER JUNIOR, Fredie. *Curso de Direito Processual Civil*. v. 1. 18. ed. Salvador: Editora JusPodivm, 2016.

DIETRICH, William Galle. Cultura constitucional em declínio e degradação do processo. *Empório do Direito*. 16 set. 2019. Disponível em: www.emporiododireito.com.br. Acesso em: 17 dez. 2019.

DINAMARCO, Cândido Rangel. *Comentários ao Código de Processo Civil*. v. I. Coordenadores: José Roberto F. Gouvêa, Luis Guilherme A. Bondioli e João Francisco N. da Fonseca. São Paulo: Saraiva, 2018.

DIMOULIS, Dimitri. *Positivismo Jurídico*: Teoria da validade e da interpretação do direito. 2. ed. Porto Alegre: Editora Livraria do Advogado, 2018.

DINIZ, Maria Helena. *Lei de introdução ao código civil brasileiro interpretada*. São Paulo: Saraiva, 1994.

DUARTE, Nestor. *Código Civil Comentado*: Doutrina e Jurisprudência. 8. ed. Coordenação: Ministro Cezar Peluso. São Paulo: Manole, 2014.

FABRÍCIO, Adroaldo Furtado. O interesse de agir como pressuposto processual. *Revista EMERJ*, Rio de Janeiro, v. 20, n. 1, pp. 164-195, jan./abr. 2018.

FARIA, Bento de. *Aplicação e retroatividade da lei*. Rio de Janeiro: A. Coelho Branco Filho, 1934.

FINKELSTEIN, Cláudio. *Comentários ao Código de Processo Civil*: Arts. 1º a 317. Coordenador: Cassio Scarpinella Bueno. São Paulo: Saraiva, 2017.

FONSECA DA COSTA, Eduardo José. Algumas considerações sobre as iniciativas judiciais probatórias. *RBDPro*, 90. Belo Horizonte: Editora Fórum, 2015. pp. 153-173.

FONSECA COSTA, Eduardo José da. Ciência processual, ciência procedimental e ciência jurisdicional. *Empório do Direito*. 20 nov. 2017. Disponível em: www.emporiododireito.com.br. Acesso em: 09 fev. 2020.

FONSECA COSTA, Eduardo José da. Presunção da inocência civil: algumas reflexões no contexto brasileiro. *Revista Brasileira de Direito Processual – RBDPro*, Belo Horizonte, n. 100, out./dez. 2017, pp. 129-144.

FONSECA COSTA, Eduardo José da. O processo como instituição de garantia. *Revista Consultor Jurídico*. 16 nov. 2016. Disponível em: www.conjur.com.br. Acesso em: 12 dez. 2017.

FONSECA COSTA, Eduardo José. *Levando a imparcialidade a sério*: Proposta de um modelo interseccional entre direito processual, economia e psicologia. Salvador: JusPodivm, 2018.

FONSECA COSTA, Eduardo José. O Poder Judiciário diante da soberania popular: o impasse entre a democracia e a aristocracia. *Revista Brasileira de Direito Processual – RBDPro*, Belo Horizonte, ano 27, n. 106, pp. 351-363, abr./jun. 2019.

FONSECA COSTA, Eduardo José da. Presunção de inocência civil: algumas reflexões no contexto brasileiro. *Revista Brasileira de Direito Processual – RBDPro*, Belo Horizonte, ano 25, n. 100, pp. 129-144, out./dez. 2017.

FONSECA COSTA, Eduardo José da. O fundamento do Ministério Público. *Revista Brasileira de Direito Processual – RBDPro*, Belo Horizonte, ano 27, n. 107, pp. 323-344, jul./set. 2019.

FONSECA COSTA, Eduardo José da. Processo: garantia de liberdade [freedom] e garantia de «liberdade» [liberty]. *Empório do Direito*. 21 ago. 2018. Disponível em: www.emporiododireito.com.br. Acesso em: 24 abr. 2019.

FONSECA COSTA, Eduardo José da. As garantias arquifundamentais contrajurisdicionais: não-criatividade e imparcialidade. *Empório do Direito*. 19 abr. 2018. Disponível em: www.emporiododireito.com.br. Acesso em: 27 fev. 2019.

FONSECA COSTA, Eduardo José. A motivação escrita e a escrita da motivação. *Empório do Direito*. 13 maio 2019. Disponível em: www.emporiododireito.com.br. Acesso em: 23 dez. 2019.

FONSECA COSTA, Eduardo José. Processo e razões de Estado. *Empório do Direito*. 28 out. 2019. Disponível em: www.emporiododireito.com.br. Acesso em: 14 dez. 2019.

FONSECA COSTA, Eduardo José. A natureza jurídica do processo. *Empório do Direito*. 22 abr. 2019. Disponível em: www.emporiododireito.com.br. Acesso em: 07 nov. 2019.

FONSECA COSTA, Eduardo José. Garantia: dois sentidos, duas teorias. *Empório do Direito*. 23 dez. 2019. Disponível em: www.emporiododireito.com.br. Acesso em: 23 dez. 2019.

FURTADO COÊLHO, Marcus Vinícius. Art. 36 do CPC – Carta rogatória. *Migalhas*. 18 jul. 2019. Disponível em: www.migalhas.com.br. Acesso em: 04 nov. 2019.

FIX-ZAMUDIO, Héctor. *Constitución y processo civil em Latinoamérica*. México: Instituto de Investigaciones Juridicas, 1974.

GAJARDONI, Fernando da Fonseca; DELLORE, Luiz; ROQUE, André Vasconcelos; OLIVEIRA JR., Zulmar Duarte de. *Teoria Geral do Processo. Parte Geral. Comentários ao CPC de 2015*. v. 1. 3. ed. São Paulo: Editora Método, 2019.

GALVÃO, Jorge Octávio. *O neoconstitucionalismo e o fim do Estado de Direito*. Tese (Doutorado em Direito) – Faculdade de Direito da USP. São Paulo, 2012.

GARCIA MEDINA, José Miguel. *Novo Código de Processo Civil Comentado*. 3. ed. São Paulo: Revista dos Tribunais, 2015.

GARGARELLA, Roberto. *La justicia frente al gobierno*. Barcelona: Editorial Ariel, 1996.

GIDDENS, Anthony. *O mundo na era da globalização*. 6. ed. Lisboa: Editorial Presença, 2006.

GOUVEIA FILHO, Roberto P. Campos. Uma crítica analítica à ideia de relação processual entre as partes. *Revista Brasileira de Direito Processual – RBDPro*, Belo Horizonte, ano 24, n. 93, pp. 255-270, jan./mar. 2016.

GOUVEIA, Lúcio Grassi de; PEREIRA, Mateus Costa; LUNA, Rafael Alves de. (Im) possibilidade jurídica: pedido (de)mérito; estudo de caso. *Revista Brasileira de Direito Processual – RBDPro*, Belo Horizonte, ano 26, n. 102, pp. 299-316, abr./jun. 2018.

GOUVEIA, Lúcio Grassi de; PEREIRA, Mateus Costa; ALVES, Pedro Spíndola Bezerra. Fundamentação adequada: da impossibilidade de projetar a sombra de nossos óculos sobre paisagens antigas e de acorrentar novas paisagens em sombras passadas. *Revista Brasileira de Direito Processual – RBDPro*, Belo Horizonte, ano 24, n. 95, pp. 175-201, jul./set. 2016.

GOUVÊA MEDINA, Paulo Roberto de. *Teoria Geral do Processo*. 2. ed. Salvador: JusPodivm, 2016.

GOUVÊA MEDINA, Paulo Roberto de. *Iura Notiv Curia*: A Máxima e o Mito. Salvador: JusPodivm, 2020.

GRECO, Leonardo. A *translatio iudicci* e a reassunção do processo. *Revista de Processo – REPro*, São Paulo: Revista dos Tribunais, ano 33, n. 166, dez. 2008, pp. 09-26.

GRECO, Leonardo. *Instituições de Processo Civil*: Introdução ao Direito Processual Civil. v. I. 2. ed. Rio de Janeiro: Editora Forense, 2010.

GRECO FILHO, Vicente. *Direito processual civil brasileiro*. v. 1. 17. ed. São Paulo: Saraiva, 2003.

GRINOVER, Ada Pellegrini. O princípio do juiz natural e sua dupla garantia. *Revista de Processo – RePro*, 29. São Paulo: Editora Revista dos Tribunais, 1983. pp. 11-33.

GUIMARÃES, Luiz Machado. *Estudos de Direito Processual Civil*. Rio de Janeiro: Editora Jurídica e Universitária Ltda., 1969.

ISAIA, Cristiano Becker; SITO, Santiago Artur Berger. Hermenêutica filosófica no direito: por que é preciso compreender hermeneuticamente o processo judicial. *Revista Brasileira de Direito Processual – RBDPro*, Belo Horizonte, ano 26, n. 103, pp. 87-107, jul./set. 2018.

JOBIM, Marco Félix. *As funções da eficiência no processo civil brasileiro*. São Paulo: Revista dos Tribunais, 2017.

KLIPPEL, Rodrigo; BASTOS, Antonio Adonias. *Manual de Processo Civil*. Rio de Janeiro: Lumen Juris, 2011.

LAURENTIIS, Lucas Catib de. *A proporcionalidade no Direito Constitucional*. São Paulo: Malheiros, 2017.

LEAL, André Cordeiro. *Instrumentalidade do processo em crise*. Belo Horizonte: Mandamentos, 2008.

LEAL, Rosemiro Pereira. *Teoria Geral do Processo*: Primeiros Estudos. 7. ed. Porto Alegre: Síntese, 2008.

LEAL, Rosemiro Pereira. *Teoria Geral do Processo*: Primeiros Estudos. 9. ed. Rio de Janeiro: Editora Forense, 2010.

LEAL, Rosemiro Pereira. Fundamentos democráticos da imparcialidade judicial no direito brasileiro. *Revista Brasileira de Direito Processual – RBDPro*, Belo Horizonte, ano 24, n. 93, pp. 271-274, jan./mar. 2016.

LEAL, Rosemiro Pereira. Fundamentos democráticos da imparcialidade judicial no direito brasileiro. *Revista Brasileira de Direito Processual – RBDPro*, Belo Horizonte, ano 24, n. 93, pp. 271-274, jan./mar. 2016.

LEAL, Rosemiro Pereira. A questão dos precedentes e o devido processo. *Revista Brasileira de Direito Processual – RBDPro*, Belo Horizonte, ano 25, n. 98, pp. 295- 313, abr./jun. 2017.

LIEBMAN, Enrico Tullio. *Estudos sôbre o processo civil brasileiro*. São Paulo: Saraiva, 1947.

LIEBMAN, Enrico Tullio. *Manuale di Diritto Processuale Civile*. v. 1. 3. ed. Milão: Giuffrè, 1973.

LOPES DA COSTA, Alfredo Araújo. *Manual Elementar de Direito Processual Civil*. Revisor e atualizador: Sálvio de Figueiredo Teixeira. 3. ed. Rio de Janeiro: Forense, 1982.

LUCCA, Rodrigo Ramina de. *O dever de motivação das decisões judiciais*: Estado de Direito, segurança jurídica e teoria dos precedentes. Salvador: JusPodivm, 2019.

MACHADO, A. Paupério. *Introdução ao estudo do direito*. 7. ed. Rio de Janeiro: Forense, 1986.

MARINONI, Luiz Guilherme; ARENHART, Sérgio Cruz; MITIDIERO, Daniel. *Novo Curso de Processo Civil*. São Paulo: Revista dos Tribunais, 2015.

MEDINA, José Miguel Garcia. *Direito Processual Civil Moderno.* São Paulo: Revista dos Tribunais, 2015.

MEIRELES, Edilton. Cooperação judiciária nacional. *Revista de Processo – REPro,* 249. São Paulo: Revista dos Tribunais. pp. 59-80.

MENEES, Wagner. *Direito Internacional Privado e a Nova Cooperação Jurídica Internacional.* Belo Horizonte: Arraes Editores, 2015.

MELLO, Marco Aurélio. *Comentários ao Código de Processo Civil.* 2. ed. Coordenadores: Angélica Arruda Alvim, Araken de Assis, Eduardo Arruda Alvim e George Salomão Leite. São Paulo: Saraiva, 2017.

MIRANDA, Néstor H. Gutiérrez. El momento actual del sistema acusatorio en Latinoamérica: Principales logros, perspectivas y problemas que adopta su incorporación. *Revista Brasileira de Direito Processual – RBDPro,* Belo Horizonte, ano 26, n. 102, pp. 317-335, abr./jun. 2018.

MITIDIERO, Daniel. *Breves Comentários ao Novo Código de Processo Civil.* São Paulo: Revista dos Tribunais, 2015. p. 775.

MONTEIRO, André Luís; VERÇOSA, Fabiane. *Breves Comentários ao Novo Código de Processo Civil.* Organizadores: Teresa Arruda Alvim Wambier, Fredie Didier Jr., Eduardo Talamini e Bruno Dantas. São Paulo: Revista dos Tribunais, 2015. pp. 121-122.

MONTORO, André Franco. *Introdução à ciência do direito.* v. 2. 4. ed. São Paulo: Martins, 1973.

MOREIRA, José Carlos. Apontamentos para um estudo sistemático da legitimação extraordinária. *Revista dos Tribunais,* 404. São Paulo: Revista dos Tribunais, v. 39, 1985.

MOURÃO, Luiz Eduardo Ribeiro. As quatro espécies de coisa julgada no novo CPC. *Revista Brasileira de Direito Processual – RBDPro,* Belo Horizonte, ano 26, n. 101, pp. 247-266, jan./mar. 2018.

MÜLLER, Friedrich. *Teoria Estruturante do Direito.* v. I. 3. ed. São Paulo: Revista dos Tribunais, 2011.

NAVARRETE, Antonio María Lorca. El derecho procesal como sistema de garantias. *Boletin Mexicano de Derecho Comparado,* Nueva serie, año XXXVI, n. 107, mayo-agosto de 2003, pp. 531-557.

NERY JUNIOR, Nelson; ANDRADE NERY, Rosa Maria. *Código de Processo Civil Comentado.* 17. ed. São Paulo: Revista dos Tribunais, 2015.

NERY JUNIOR, Nelson; ANDRADE NERY, Rosa Maria de. *Código de Processo Civil Comentado.* 17 ed. São Paulo: Revista dos Tribunais, 2018.

NERY JUNIOR, Nelson; ABBOUD, Georges. *Direito Constitucional Brasileiro*: Curso Completo. São Paulo: Revista dos Tribunais, 2016.

NERY JUNIOR, Nelson; ABBOUD, Georges. O CPC/2015 e o risco de uma juristocracia: a correta compreensão da função dos tribunais superiores entre o ativismo abstrato das teses e o julgamento do caso concreto. *Revista Brasileira de Direito Processual – RBDPro,* Belo Horizonte, ano 24, n. 93, pp. 225-254, jan./mar. 2016.

OLIVEIRA, Bruno Silveira. *Breves Comentários ao Novo Código de Processo Civil.* Coordenadores: Teresa Arruda Alvim Wambier, Fredie Didier Jr., Eduardo Talamini e Bruno Dantas. São Paulo: Revista dos Tribunais, 2015.

PALADINO, Carolina de Freitas. A recepção dos tratados de direitos humanos, uma velha discussão com uma nova roupagem após a reforma do Judiciário advinda com a emenda constitucional n. 45 de 2004. *Revista Direito & Justiça*, Porto Alegre, v. 34, n. 2, pp. 82-97, jul./dez. 2008.

PASSOS, José Joaquim Calmon. Em torno das condições da ação: a possibilidade jurídica do pedido. *Revista de Direito Processual Civil*, Rio de Janeiro: Saraiva, v. 4, pp. 61-62, 1964.

PEREIRA, Caio Mário. *Instituições de direito civil*. Rio de Janeiro: Forense, 1974.

MARCHI LEVADA, Felipe Antônio. *Direito Intertemporal e a Proteção do Direito Adquirido*. Curitiba: Editora Juruá, 2011.

PEREIRA, Hélio do Valle. *Manual de Direito Processual Civil*: Processo de Conhecimento. 2. ed. Campinas: Conceito Editorial, 2008.

PEREIRA, Luciano Meneguetti. A cooperação jurídica internacional no Novo Código de Processo Civil. *Revista CEJ*, Brasília, ano XIX, n. 67, pp. 18-34, set./dez. 2015.

PEREIRA, Mateus Costa. *A teoria geral do Processo e seu tripé fundamental*: racionalismo, pensamento sistemático e conceitualismo. Florianópolis: Tirant lo Blanch, 2018.

PEREIRA, Mateus Costa. Processo e ideologia (em sentido amplo e estrito): um novo horizonte à compreensão do fenômeno processual. *Revista Brasileira de Direito Processual – RBDPro*, Belo Horizonte, ano 26, n. 103, pp. 283-296, jul./set. 2018.

PEREIRA, Mateus Costa. Da Teoria "Geral" à Teoria "Unitária" do Processo (bases): um diálogo com Eduardo Costa, Igor Raatz e Natascha Anchieta; uma resposta a Fredie Didier Jr. *Revista Brasileira de Direito Processual – RBDPro*, Belo Horizonte, ano 27, n. 105, pp. 219-238, jan./mar. 2019.

PEREIRA, Mateus Costa. Sobre o mito autoritário do livre convencimento motivado: em defesa da intersubjetividade na valoração da prova pelo homo sapiens-demens. *Revista Brasileira de Direito Processual – RBDPro*, Belo Horizonte, ano 25, n. 100, pp. 229-251, out./dez. 2017.

PEREIRA, Mateus Costa. A paridade de armas sob a óptica do garantismo processual. *Revista Brasileira de Direito Processual – RBDPro*, Belo Horizonte, ano 25, n. 98, p. 247-265, abr./jun. 2017.

PEREIRA, Mateus Costa. Processualidade, jurisdicionalidade e procedimentalidade (I): algumas reflexões sobre as origens da ciência processual e do paradigma instrumentalista. *Empório do Direito*. 11 mar. 2019. Disponível em: www.emporiododireito.com.br. Acesso em: 17 dez. 2019.

PEREIRA, Mateus Costa. Processualidade, jurisdicionalidade e procedimentalidade (II): a cooperação como "garantia" avessa ao processo. *Empório do Direito*. 07 out. 2019. Disponível em: www.emporiododireito.com.br. Acesso em: 17 dez. 2019.

PINHEIRO CARNEIRO, Paulo Cezar. *Acesso à justiça*: Juizados Especiais cíveis e ação civil pública. 2. ed. Rio de Janeiro: Editora Forense, 2000.

PIOVESAN, Flávia. *Direitos humanos e justiça internacional*. São Paulo: Saraiva, 2010.

PIZZOL, Patrícia Miranda. *Comentários ao Código de Processo Civil*: Arts. 1º a 317 – Parte Geral. Coordenador: Cassio Scarpinella Bueno. São Paulo: Saraiva, 2017.

PIZZOL, Patrícia Miranda. Legitimidade extraordinária e sua abrangência. *Revista do Instituto de Pesquisa e Estudos*, Bauru: Instituição Toledo de Ensinos, pp. 157-214, abr./jul. 1999.

PONTES DE MIRANDA, Francisco Cavalcanti. *Comentários ao Código de Processo Civil.* v. I. Tomo II. Rio de Janeiro: Forense, 1974.

PONTES DE MIRANDA, Francisco Cavalcanti. *Tratado das Ações.* Tomo 1. Atualizado por Vilson Rodrigues Alves. São Paulo: Bookseller, 1998.

PORCHAT, Reynaldo. *Da retroactividade das leis civis.* São Paulo: Duprat & Comp, 1909.

PORTANOVA, Rui. *Princípios do Processo Civil.* 6. ed. Porto Alegre: Editora Livraria do Advogado, 2005.

PRATA, Edson. Jurisdição. *Revista Brasileira de Direito Processual,* 27. Rio de Janeiro: Editora Forense, 1981. pp. 39-71.

RAMOS, Glauco Gumerato. Garantismo processual em debate. *Empório do Direito.* 25 fev. 2019. Disponível em: www.emporiododireito.com.br. Acesso em: 17 dez. 2019.

RAMOS, Glauco Gumerato. O deslegitimante ativismo judicial do juiz constitucional. *Revista Brasileira de Direito Processual – RBDPro,* Belo Horizonte, ano 25, n. 100, pp. 145-152, out./dez. 2017.

RAMOS, Glauco Gumerato. Carta de Jundiaí: pela compreensão e concretização do garantismo processual. *Revista Brasileira de Direito Processual – RBDPro,* Belo Horizonte, ano 25, n. 100, pp. 309-314, out./dez. 2017.

RAATZ, Igor. A resistência instrumentalista e o surgimento da doutrina brasileira do garantismo processual: uma breve análise em dois atos. *Empório do Direito.* 02 set. 2019. Disponível em: www.emporiododireito.com.br. Acesso em: 17 dez. 2019.

RAATZ, Igor. *Tutelas provisórias no Processo Civil brasileiro.* Porto Alegre: Livraria do Advogado, 2018.

RAATZ, Igor. O processo como direito fundamental. *Empório do Direito.* 21 out. 2019. Disponível em: www.emporiododireito.com.br. Acesso em: 25 jan. 2020.

RAATZ, Igor. O juiz defensor da moral, o juiz defensor da verdade e o juiz defensor da lei: instrumentalismo, cooperativismo e garantismo processual. *Empório do Direito.* 01 abr. 2019. Disponível em: www.emporiododireito.com.br. Acesso em: 17 dez. 2019.

RAATZ, Igor. Revisitando a "colaboração processual": ou uma autocrítica tardia, porém necessária. *Ainda não publicado* (aprovado para publicação na *REPro*).

RAMOS, André de Carvalho. Cooperação jurídica internacional e o diálogo das fontes no direito internacional privado contemporâneo. *Revista de la Secretaría del Tribunal Permanente de Revisión,* Paraguay, ano 5, n. 10, pp. 56-72, out. 2017.

ROCHA, Marcelo Hugo da; JOBIM, Marco Félix. As escolas de Processo Civil e a influência das editoras jurídicas. *Revista Brasileira de Direito Processual – RBDPro,* Belo Horizonte, ano 24, n. 94, pp. 159-183, abr./jun. 2016.

RODRIGUES, Sílvio. *Direito Civil*: Parte Geral. v. 1. 32. ed. São Paulo: Saraiva, 2002.

ROSSI, Júlio Cesar. O garantismo estrutural. *Empório do Direito.* 27 maio 2019. Disponível em: www.emporiododireito.com.br. Acesso em: 17 dez. 2019.

SAADI, Ricardo Andrade. *Cartilha Cooperação Jurídica Internacional em Matéria Cível.* Brasília: Secretaria Nacional de Justiça, 2014.

SANT'ANNA, Lara Freire Bezerra de. *Judiciário como guardião da Constituição*: democracia ou guardiania? Rio de Janeiro: Lumen Juris, 2014.

SANTOS, Moacyr Amaral. *Primeiras Linhas de Direito Processual Civil.* v. 1. 5. ed. São Paulo: Saraiva, 1977.

SANTOS, Moacyr Amaral. *Primeiras Linhas de Direito Processual Civil.* v. 2. 23. ed. São Paulo: Saraiva, 2004.

SCHMITZ, Leonard Ziesemer. *Fundamentação das decisões judiciais*: A crise na construção de respostas no processo civil. São Paulo: Revista dos Tribunais, 2015.

SOUSA, Diego Crevelin de; DELFINO, Lúcio. As associações de magistrados e o veto do NCPC no tocante ao contraditório e ao dever de fundamentação – O que está em jogo? *Empório do Direito.* 11 mar. 2015. Disponível em: www.emporiododireito.com.br. Acesso em: 23 dez. 2019.

SOUSA, Diego Crevelin de; DELFINO, Lúcio. Levando a imparcialidade a sério: o (mau) exemplo da Súmula n. 252 do Supremo Tribunal Federal (e do art. 971, parágrafo único, do Código de Processo Civil). *Revista Brasileira de Direito Processual – RBDPro,* Belo Horizonte, ano 26, n. 101, pp. 49-69, jan./mar. 2018.

SOARES, André Mattos. *Direito Intertemporal e o Novo Processo Civil*: Atualidades e Polêmicas. 2. ed. Curitiba: Editora Juruá, 2015.

SOARES, Carlos Henrique. *O advogado e o processo constitucional.* Belo Horizonte: Decágolo Editora, 2004.

SOUSA, Diego Crevelin. Distinção entre impedimento e suspeição? *Empório do Direito.* 29 jul. 2019. Disponível em: www.emporiododireito.com.br. Acesso em: 12 dez. 2019.

SOUSA, Diego Crevelin de. O caráter mítico da cooperação processual. *Empório do Direito.* 06 dez. 2017. Disponível em: www.emporiododireito.com.br. Acesso em: 17 dez. 2019.

SOUSA, Diego Crevelin de. Do dever de auxílio do juiz com as partes ao dever de auxílio do juiz com o processo: um giro de 360º. *Empório do Direito.* 17 jun. 2019. Disponível em: www.emporiododireito.com.br. Acesso em: 17 dez. 2019.

SOUSA, Diego Crevelin de; ROSSI, Júlio Cesar; DIETRICH, William Galle. Afinal, o que se deve compreender a respeito da discricionariedade judicial e do garantismo processual? *Empório do Direito.* 19 ago. 2019. Disponível em: www.emporiododireito.com.br. Acesso em: 12 jan. 2020.

SOUZA, Gelson Amaro de. *Coisa julgada*: teoria geral e temas específicos. Curitiba: CRV, 2016.

STRECK, Lenio Luiz. *Jurisdição constitucional e decisão judicial.* 3. ed. São Paulo: Revista dos Tribunais, 2013.

STRECK, Lenio Luiz. *Verdade e Consenso.* 5. ed. São Paulo: Editora Saraiva, 2014.

STRECK, Lenio Luiz; DELFINO, Lúcio; DALLA BARBA, Rafael Giorgio; LOPES, Ziel. O "bom litigante": riscos da moralização do processo pelo dever de cooperação do novo CPC. *RBDPro,* 90. Belo Horizonte: Editora Fórum, 2015.

STRECK, Lenio Luiz; DELFINO, Lúcio; SOUSA, Diego Crevelin de. Tutela provisória e contraditório: uma evidente inconstitucionalidade. *Consultor Jurídico.* 15 maio 2017. Disponível em: www.conjur.com.br. Acesso em: 29 abr. 2019.

STRECK, Lenio Luiz; DELFINO, Lúcio; LOPES, Ziel Ferreira. Ainda sobre o livre convencimento: resistência dos tribunais ao novo CPC. *In*: ALVIM, Teresa Arruda; CIANCI, Mirna; DELFINO, Lúcio (Orgs.). *Novo CPC aplicado*: visto por processualistas. São Paulo: Revista dos Tribunais, 2017. pp. 193-212.

THEODORO JUNIOR, Humberto. *Curso de Direito Processual Civil*: Teoria Geral do Direito Processual Civil e Processo de Conhecimento. v. I. 47. ed. Rio de Janeiro: Forense, 2007.

THEODORO JÚNIOR, Humberto. *Curso de Direito Processual Civil*. v. I. 56. ed. Rio de Janeiro: Forense, 2015.

THEODORO JUNIOR, Humberto; NUNES, Dierle; FRANCO BAHIA, Alexandre; PEDRON, Flávio Quinaud. *Novo CPC*: Fundamentos e Sistematização. 2. ed. Rio de Janeiro: Forense, 2015.

VIANA, Salomão. *Breves Comentários ao Novo Código de Processo Civil*. Organizadores: Teresa Arruda Alvim Wambier, Fredie Didier Jr., Eduardo Talamini e Bruno Dantas. São Paulo: Revista dos Tribunais, 2015.

VELLOSO, Adolfo Alvarado. *El garantismo procesal*. Rosario: Editorial Juris, 2010.

VELLOSO, Adolfo Alvarado. Proceso y verdad. *Revista Brasileira de Direito Processual – RBDPro*, Belo Horizonte, ano 26, n. 103, pp. 17-42, jul./set. 2018.

VELLOSO, Adolfo Alvarado. O garantismo processual. Tradução: Glauco Gumerato Ramos. *In*: FREIRE, Alexandre; DELFINO, Lúcio; OLIVEIRA, Pedro Miranda de; RIBEIRO Sérgio Luiz de Almeida (Coords.). *Processo Civil nas tradições brasileira e iberoamericana*. Florianópolis: Editora Conceito, 2014. pp. 18-30.

WAMBIER, Luiz Rodrigues; TALAMINI, Eduardo. *Curso Avançado de Processo Civil. Teoria Geral do Processo*. v. 1. 5. ed. São Paulo: Revista dos Tribunais, 2016.

WAMBIER, Luiz Rodrigues. Controvérsias sobre o Código de Processo Civil, após o primeiro ano de sua vigência. *Revista Brasileira de Direito Processual – RBDPro*, Belo Horizonte, ano 26, n. 101, pp. 267-282, jan./mar. 2018.

YARSHELL, Flávio Luiz. Brevíssimas reflexões sobe a aplicação subsidiária do CPC 2015 ao processo dos Juizados Especiais Federais. *Revista Novos Estudos Jurídicos*, Governador Valadares: UNIVALE, v. 15, 2010, pp. 65-69.

ZAVASCKI, Teori Albino. Sentenças declaratórias, sentenças condenatórias e eficácia dos julgados. *Revista de Processo – RePro*, São Paulo, 109, jan./mar. 2003, pp. 45-56.

ZULMAR, Duarte. A difícil conciliação entre o Novo CPC e a Lei de Mediação. *Revista Jota*. Disponível em: www.jota.info. Acesso em: 12 ago. 2019.

Esta obra foi composta em fonte Palatino Linotype, corpo 10,5
e impressa em papel Offset 75g (miolo) e Supremo 250g (capa)
pela Gráfica Formato, em Belo Horizonte/MG.